HERMES

在古希腊神话中，赫耳墨斯是宙斯和迈亚的儿子，奥林波斯神们的信使，道路与边界之神，睡眠与梦想之神，亡灵的引导者，演说者、商人、小偷、旅者和牧人的保护神……

西方传统 经典与解释 **HERMES**
Classici et Commentarii

柏拉图注疏集
PLATONIS opera omnia
cum commentariis

刘小枫 甘阳 ● 主编

柏拉图主义的助产士
—— 柏拉图《泰阿泰德》中的显白之辞与言下之意

The Midwife of Platonism
Text and Subtext in Plato's *Theaetetus*

[英] 赛德利 David Sedley ｜ 著

郭昊航 ｜ 译

华夏出版社

古典教育基金·"传德"资助项目

"柏拉图注疏集"出版说明

"柏拉图九卷集"是有记载的柏拉图全集最早的编辑体例,相传由亚历山大时期的语文学家、数学家、星相家、皇帝的政治顾问忒拉绪洛斯(Θράσυλλος)编订,按古希腊悲剧演出的结构方式将柏拉图所有作品编成九卷,每卷四部(对话作品35种,书简集1种,共36种)。1513年,意大利出版家Aldus出版柏拉图全集,被看作印制柏拉图全集的开端,遵循的仍是忒拉绪洛斯体例。

可是,到了18世纪,欧洲学界兴起疑古风,这个体例中的好些作品被判为伪作;随后,现代的所谓"全集"编本迭出,有31篇本或28篇本,甚至24篇本,作品前后顺序的编排也见仁见智。

俱往矣!古典学界约在大半个世纪前已开始认识到,怀疑古人得不偿失,不如依从古人受益良多。回到古传的柏拉图"全集"体例在古典学界几乎已成共识(Les Belles Lettres 自上世纪20年代始陆续出版的希法对照带注释的 *Platon Œuvres complètes*,以及 Erich Loewenthal 在上世纪40年代编成的德译柏拉图全集,均为36种+托名作品7种),当今权威的《柏拉图全集》英译本(John M. Cooper 主编,*Plato, Complete Works*, Hackett Publishing Company 1984,不断重印)即完全依照"九卷集"体例(附托名作品)。

"盛世必修典"——或者说,太平盛世得乘机抓紧时日修典。对于推进当今中国学术来说,修典的历史使命不仅是续修中国古代典籍，还得同时编修古代西方典籍。古典文明研究工作坊属内的"古典学研究中心"拟定计划，推动修译西方古代经典这一学术大业。我们主张，修译西典当秉承我国清代学人编修古代经典的精神和方法。精神即敬重古代经典，并不以为今人对世事人生的见识比古人高明；方法即翻译时从名家注疏入手掌握文本，考究版本，广采前人注疏成果。

"柏拉图注疏集"将提供足本汉译柏拉图全集（36种+托名作品7种），篇序从忒拉绪洛斯的"九卷集"。尽管参与翻译的译者都修习过古希腊文，我们还是主张，翻译柏拉图作品等古典要籍，当采注经式译法，即凭靠西方古典学者的笺注本和义疏本迻译，而非所谓"直接译自古希腊语原文"。如此注疏体柏拉图全集在欧美学界亦未见全功。德国古典语文学界于1994年着手"柏拉图全集：译本和注疏"，体例从忒拉绪洛斯，到2004年为止，仅出版不到8种；Brisson主持的法译注疏体全集九十年代初开工，迄今也尚未完成一半。

柏拉图作品的义疏汗牛充栋，而且往往篇幅颇大。这套注疏体汉译柏拉图全集以带注疏的柏拉图作品为主体，亦收义疏性质的专著或文集。编译者当紧密关注并积极吸收西方学界的相关成果，不急于求成，务求踏实稳靠，裨益于端正教育风气、重新认识西学传统，促进我国文教事业的新生。

刘小枫　甘阳
2005年元月

柏拉图注疏九卷集篇目

卷一
1. 游叙弗伦（顾丽玲 译）
2. 苏格拉底的申辩（吴飞 译）
3. 克力同（程志敏 译）
4. 斐多（刘小枫 译）

卷二
1. 克拉提洛斯（刘振 译）
2. 泰阿泰德（贾冬阳 译）
3. 智术师（柯常咏 译）
4. 治邦者（刘振 译）

卷三
1. 帕默尼德（曹聪 译）
2. 斐勒布（李致远 译）
3. 会饮（刘小枫 译）
4. 斐德若（刘小枫 译）

卷四
1. 阿尔喀比亚德前篇（戴晓光 译）
2. 阿尔喀比亚德后篇（戴晓光 译）
3. 希普帕库斯（胡镓 译）
4. 情敌（吴明波 译）

卷五
1. 忒阿格斯（刘振 译）
2. 卡尔米德（彭磊 译）
3. 拉克斯（罗峰 译）
4. 吕西斯（黄群 译）

卷六
1. 欧蒂德谟（万昊 译）
2. 普罗塔戈拉（刘小枫 译）
3. 高尔吉亚（李致远 译）
4. 美诺（郭振华 译）

卷七
1. 希琵阿斯前篇（王江涛 译）
2. 希琵阿斯后篇（王江涛 译）
3. 伊翁（王双洪 译）
4. 默涅克塞诺斯（李向利 译）

卷八
1. 克利托普丰（张缨 译）
2. 王制（史毅仁 译）
3. 蒂迈欧（叶然 译）
4. 克里提阿（叶然 译）

卷九
1. 米诺斯（林志猛 译）
2. 法义（林志猛 译）
3. 厄庇诺米斯（程志敏/崔嵬 编译）
4. 书简（彭磊 译）

杂篇 （唐敏 译）

（篇名译法以出版时为准）

目 录

译者序 ·· 1

前　言 ·· 7

一　开篇 ··· 11
 1　界定《泰阿泰德》 ·· 11
 2　解释几种 ·· 15
 3　《泰阿泰德》的作者之声 ··································· 18
 4　柏拉图主义的助产士 ·· 20
 5　柏拉图的一位论主义 ·· 27
 6　开场 ·· 30
 7　认识论抑或伦理学？ ·· 33
 8　定义问题（146c7–147c7） ································ 35
 9　数学（147c7–148d7） ······································ 45
 10　助产术与回忆说 ·· 47
 11　助产士的百宝囊 ·· 50
 12　助产术的效果 ··· 57

二 "知识即是感知" ………………………………… 60
1 进入普罗塔戈拉 ……………………………………… 60
2 流变 …………………………………………………… 62
3 三个论点 ……………………………………………… 74
4 广义的和狭义的普罗塔戈拉主义 …………………… 75

三 相对主义 ……………………………………………… 82
1 普罗塔戈拉第一批判(161b8-168c7) ……………… 82
2 普罗塔戈拉第二批判(169d3-171e9) ……………… 85
3 价值相对主义(172a1-c1) …………………………… 94
4 拓宽视角(172c2-176a1) …………………………… 98
5 神(176a2-177c4) …………………………………… 110
6 虔敬 …………………………………………………… 120
7 普罗塔戈拉最终批判(177c2-179b9) ……………… 126

四 感知 …………………………………………………… 130
1 感知与流变(179c1-183c7) ………………………… 130
2 柏拉图和流变 ………………………………………… 144
3 柏拉图与感知 ………………………………………… 149
4 先天的和经验的(184b3-185e1) …………………… 152
5 真理与知识(186a2-187a3) ………………………… 158
6 意识的统一 …………………………………………… 163
7 后果 …………………………………………………… 165
8 第一部分回顾 ………………………………………… 168

五 假的谜题 ···················· 170
   1 为何谈假？····················· 170
   2 知与不知的谜题(188a1-c9)··········· 172
   3 "是"与"不是"的解答(188c10-189b9)····· 181
   4 "相异判断"(189b10-191a5)··········· 184
   5 蜡板说(191a5-196c9)·············· 193
   6 鸟笼喻(196d1-200c6)·············· 201
   7 陪审团(200d5-201c6)·············· 213
   8 第二部分回顾···················· 216

六 解释 ························· 218
   1 梦(201b6-202d7)················ 218
   2 对梦论的批判(202d8-206c2)··········· 231
   3 第二"元素"理论(206e6-208b12)········ 239
   4 对进行区分之标志的陈述(208b12-210b3)··· 246
   5 回顾与展望····················· 252

参考文献 ····························· 257
文献出处索引 ·························· 264
总索引 ······························ 271

译者序

相传,柏拉图学园门前有一匾额,上书"不懂几何学者勿入我园"($\mu\eta\delta\varepsilon$ίς ἀγεωμέτρητος εἰσίτω μοῦ τὴν στέγην)。[①]此乃柏拉图"劝退"之法。本文序言也需仿效此法,但目的更在于给读者提供建议,以使此书真正有所助益。本书是对柏拉图《泰阿泰德》的疏解,如若对《泰阿泰德》对话本身的内容极为熟悉,那么阅读此书时定能事半功倍。即便无暇提前做好功课,本书也需要伴随这篇对话的文本一同使用,方可见良效。若反此道而行,则会举步维艰。

个中原因在于,作者往往还未对文本有预先交代,就开始铺展其精深的论述。另外,虽然作者在关键之处引用了"原文",但就如作者在本书前言中所强调的,所引文字实为作者译文。就我对照的几个英译本来看,作者译文与现有英译本的差异之精微,甚至触及希腊文原文句读和校勘的层面,可谓全面展现了作者对文本本身的独到见解。而且,书中不少论点都密切关系到作者本人在文本解释上别具一格的理解,以至于不单给阅读增加了不少困难,更给翻译提出了极大挑战。所以,我并没有按照通行惯例,简单地转

---

① Moritz, *On Mathematics and Mathematicians*, New York: Dover Publications, 1958, ch.xviii 1083.

引现有汉语译本,而是在力求契合汉语译本的基础之上,对照希腊文和作者的英译,稍加修改,从而凸显作者意欲展现之奥妙。[①]

一切古典文本解释上的创见,必定植根于扎实的古典语文学功底,从本书提供的原文翻译和文间注中不难窥见,作者本人自然不乏令人艳羡的基本功。他在语词选用上可谓相当考究,比如:1) 以 account 翻译 λόγος 一词; 2) 以 calculate 翻译 ἀναλογίζομαι; 3) 以 calculation 翻译 ἀναλόγισμα 和 λογισμός; 4) 以 other/otherness 翻译 ἕτερον, 5) 以 other-judging 翻译 ἀλλοδοξεῖν。

如伽达默尔所言,翻译即理解和解释,[②]作者的选词吐露了作者的心声。就 1) 而言,account 一词无疑是对《泰阿泰德》中第三个知识定义中附加的 λόγος 的最好翻译,不但有解释、言说、说理之意,本身也包含"账户清单"的意思,极为符合对话中苏格拉底对复合物的列举一说。[③]而 2) 和 3) 中,calculate-calculation 除了体现几个对应希腊文语词的同源性,同时也囊括了其中的两层意思,即计算、推理与考察、筹划,后者又恰巧与对话中(177c-179b、

---

① 翻译过程中主要参考的《泰阿泰德》译本有:严群(1963)、王晓朝(2002)、詹文杰(2015)、Fowler(1921)、Cornford(1935)、McDowell(1973)、Benardete(1984)、Waterfield(1987)、Cooper / Hutchinson(1997)、Rowe(2015)。参考的希腊文原文版本有:Fowler(1921)、Duke(1995)。希望读者在阅读本书时择其善者加以参考。对于其他文本,本书亦有少量征引,我在翻译时参考的现有汉语译本,《理想国》有郭斌和及张竹明(1986)、王扬(2012),《美诺》有王晓朝(2002)、王太庆(2004),亚里士多德《形而上学》有吴寿彭(1997),《物理学》有张竹明(2006),赫西俄德《工作与时日》有张竹明(1997)。以上所有引文翻译上的参考在此一并提及,正文中不再赘述。

② 伽达默尔,《真理与方法》(下卷),洪汉鼎译,北京:商务印书馆,2004,页498。

③ 书中对此本就有交代,对观原书页153。

186a–b）谈及对于未来的预判这层意思不谋而合。[①] 4) 和 5) 则更为巧妙：other 一词将 ἕτερον 和 ἀλλοδοξεῖν 中作为前缀的 ἄλλο 贯通起来，也就将《泰阿泰德》中"将一物从其他任何一物中分辨出来"的说法，同《智术师》中五个大类中的"相异"联系起来，从而强调了柏拉图思想在两部作品间的先后相继。[②]

但是，这些基于英语语言习惯的翻译和表达技巧，着实令翻译此书者头疼，拙译在绞尽脑汁之后也只能想出勉强应对之策。当然，这些词在译文中已有标注，特此提请读者在阅读相关部分时多加注意。

最后，关于术语使用和翻译问题还要再强调一点。作者通篇使用 theory of Forms 来指涉柏拉图的理念论，唯独有一处出现了 theory of Ideas（原书章一注7）。尽管后者是在引述他人观点时出现的，但也足以证明作者并不是不知道有后者这种表述，而是有意在两者当中选择了前者。虽然汉语中习惯把 Forms 译为"形式"并同亚里士多德的质料-形式学说相关联，而将 Ideas 译为"理念"来指代柏拉图的理念论，但考虑到作者的有意而为或许自有一番道理，[③] 所以本书在处理柏拉图的 Forms 时还是将它译为"形式"，以示区分。此举或许有悖汉语习惯，但陈情于此，只求读者切莫苛责。

当然，本书作者对于细节的精微把握不仅仅体现于对原文的

[①] 当然这组翻译也有一点小问题，具体参看原文章一注19。
[②] 对观本书相应部分，章五节2、3、4。
[③] 若想细究其中差异，有一篇文章可提供便利，参看陆沉，《柏拉图哲学的核心术语 εἶδος 和 ἰδέα 之翻译与解释》，载于《世界哲学》2002年第6期，页75–79。

翻译，也反映在论证过程之中。尽管作者在前言中强调，分析式的文本探究方法必须辅以历史的眼光，而本书力图展现的带有全面性和整体性的解释思路，也的确应和了一种"哲学史"-"思想史"的研究方法，但是，如果聚焦于作者面对具体文段时的实际操作，便会发现，他的做法其实是从柏拉图的文学性表述中抽离出论证思路，并运用逻辑分析的方法加以处理。这种做法的每一步无不彰显了作者本人如何长期浸润于分析哲学传统，从中接受了积极的影响。

之所以说积极，是因为此方法的确能够梳理出柏拉图笔法中暗含的主干思路，使我们不致迷失于曲折回环的显白之辞，而竟无缘于真正宝贵的言下之意。但这种从含混到明晰的道路荆棘满布，一路走来或许并不轻松，对此最好的体现就是本书中关于假判断的章节（章五）——随着阅读的深入，我们会深陷论证的泥沼。如果说，就像作者在收官章节中所言，《泰阿泰德》这篇对话本身再现了助产士苏格拉底开设的"产前培训课"（页181），那么，这本著作就是培训课程的辅导材料了。只要读者们不在智慧上怠惰，按照这本材料的指引，终能冲破分析方法固有的繁琐，独享这种方法带来的明晰性和条理性。

细心阅读这本"课程辅导材料"的读者会发现，其中还设置了不少思考题留给学有余力者。乍看起来，这些思考题触及的门类相当庞杂，关涉心灵哲学、现代知识论甚至科学哲学中的突现论，但这绝不表示本书作者在无的放矢，而恰恰反映了本书作者的问题意识和讨论视野。书中每一点延伸于文本之外的部分，都是作者面对某些切近的棘手问题时尝试给出的解答。也就是说，本书作者在着手处理柏拉图的故纸堆时，并没有被文本本身的历史性缚住手脚，而是积极投身于当下的哲学问题之中，始终追随某些热点话题。如此,《泰阿泰德》这根老藤才得以开出新花。

但是,对于我们而言,本书这一不大明显的特征反倒构成了一个问题。显然,作者参与其中的讨论空间由他本人所处的学术大环境所打造,而我们作为以汉语为母语的研究者,在面对同样的古代文本时,是否应该热衷于参与另一种语言的学术讨论,是否应该极力融入另一种学术大环境呢?换言之,究竟是钻研旧时文本更有价值,还是追随新颖问题更有价值?然而,眼下现实的情况是,这两个层面中无论缺失了哪一个,"我们"都弄不懂"他们"到底在说什么——这的确是个值得思考的大问题。

最后,要感谢所有为本书的翻译提供帮助的人,其中有我的师长,也有不少朋友。正是这本书将他们从四面八方牵引而来,即便远在天涯,也仿佛近在咫尺。尤其感谢在本书翻译阶段时常就具体哲学问题同我展开讨论的磨胤伶同学;那是一段同纯粹智慧相伴的不可多得的美妙经历。

郭昊航

2018年11月20日于海淀黄庄

2020年1月25日改于海德堡

前　言

[v]本书的目的,既不是试图取代也不是意在贬低最近几十年来向《泰阿泰德》(*Theaetetus*)投射出的璀璨的哲理之光,而是提供一面在解读这篇对话时用得上的历史性的矫正镜。不过我认为,唯经这块透镜,光线才能聚焦于这篇对话中极具哲学意味之处,先前所言的全部光路都未能引导光亮在这里汇聚闪耀,而此处所包含的乃是柏拉图创作此对话的真正原因。

我由粗及细地表述了一种策略,它旨在清理《泰阿泰德》解释上的主要谜团。如若我追求的结果可为人所接受,那么此策略必将释放出新的历史洞察力,进而回归到这篇对话的哲学价值,从而使我们免于被解释上的大量争议牵引而误入歧途。本书力图改进《泰阿泰德》研究方法的诉求,尤其受到两位牛津学者Richard Robinson和G. E. L. Owen在20世纪50年代所做工作的鼓舞。这两位学者的作品,特别是在英语学界的柏拉图研究中占有举足轻重的地位已逾三十载。他们的研究方法是将《泰阿泰德》仅视为柏拉图的一篇批判性的或非学说式的(non-doctrinal)对话,这种做法即便没有彻底抛弃,也在一定程度上忽视了柏拉图中期的形而上学。

尽管许多诸如此类的——大部分乃是分析的——方法在对话解释上毋庸置疑地取得了极佳的哲学收效,但我仍坚持认为它们所传达出的尚不及真实情况的一半。在言说者苏格拉底所实施的批判辩证法（critical dialectic）之下，潜藏着柏拉图的立言大计（doctrinal agenda），只要我们摒弃认为作者和言说者实际上可以互换这一司空见惯的看法，这种观点便很容易理解。我认为，一旦将作者和言说者截然分开，如下要旨就会显现：苏格拉底，即柏拉图早期对话中所描绘的准史实的（semi-historical）苏格拉底，尽管还不是一个柏拉图主义者，却已成为柏拉图主义的助产士（the midwife of Platonism）。柏拉图很看重自己毕生作品的连续性，他不断评估从苏格拉底那里所继承的遗产的意义，揭示它如何铺设了通向自己当下的形而上学之路，并利用它指明之后的课题。

[vi]我的解释方法是否奏效，将取决于每一位读者对本书结论寸积铢累的评价，而非书中的刍荛之见。我斗胆提醒大家注意章三节3-7，我相信，此处的文字会构成一个针对这种解读极好的例证。这部分的中心乃是离题漫谈（Digression）及其直接后果。将这些意味深长的补述同对话的论述主线进行关联，总会产生令解释者们头痛不已的问题，其中一些解释者更乐意直接跳过这个问题，对其保持沉默。我相信，笔者针对这部分对话提出的拆解分层的解释方法，在揭示对话的整体性和联系性上远胜于与之相对的方法。但是，我必须耐心等待我的读者们对于此问题及诸如此类的其他问题发策决科。

原则上，我希望能引起对柏拉图有着先入之兴趣的各种读者的注意。如果说我的提议大体可行，那么我所提供的便绝不仅仅是对一部哲学著作的全新阐释，而是从中复原出可用作柏拉图对其早期作品中苏格拉底形象之评述的那部分内容。

笔者旨在使自己的解释也同样适用于无希腊文基础的读者，所以，我在行文间对主体文本中难以绕开的希腊文进行了直译或意译，仅在脚注中注明与希腊文相关的学术观点。所有柏拉图文本的翻译都由我独立完成。我尽一切可能维持原有的句子结构，并保持关键语词翻译上的一贯性，在符合英语习惯的标准下尽可能贴近希腊文表达。当然，我也希望读者在阅读本书时辅以一本完整的《泰阿泰德》原文或译本。值得庆幸的是，有两部出色的英语译本已被人广泛使用——Jane Levett 译本（Myles Burnyeat 修订）和 John McDowell 译本。后者更加贴近柏拉图的行文，我在写作本书的过程中也越发感受到此译本的准确性、一致性及其处理细节时的敏锐性。

我的部分论点获自许许多多听众的批判性评论——在亚里士多德学会（Aristotelian Society）和心灵协会（Mind Association）于伯明翰联合举办的会议上，在马切拉塔大学、佛罗伦萨大学、俄亥俄州立大学、麦吉尔大学、加州大学圣芭芭拉分校、波莫纳大学、利兹大学、布达佩斯的中欧大学、[vii] 布达佩斯的厄缶洛兰大学、奥斯陆大学，在达特茅斯大学举办的波士顿区古代哲学专题研讨会上，以及在剑桥大学我自己的学院里。1997年3月，我在马切拉塔大学柏拉图系列讲座上发表演讲时，第一次萌生了详述我主要论点的想法。我要特别感谢热情的主持人 Maurizio Migliori 及他那些极具辩证能力的学生。本书的意语版将由他主编的"柏拉图系列讲座丛书"负责出版。

多年来我多有机会同剑桥大学的本科生和研究生讨论《泰阿泰德》，从中受益匪浅，不过我的兵器库中最近才添置了本书中所提出的《泰阿泰德》的解释方法这件宝刃。这一切皆缘于研究古代《泰阿泰德》评注传统，从中我认识到，我早先从 John McDowell 的宝贵评注中所习得的依赖于分析方法的解读，并不能够充分彰显这篇对话的价值。我无从列举在课题早期工作中帮助和支持我的人，并一一表示感谢，可我必须着重提及 Fernanda Decleva Caizzi

和Guido Bastianini,他们是我慷慨又神通广大的同事,我们曾在20世纪90年代初一起编辑记有《泰阿泰德》佚名评注的莎草纸本(以Bastianini和Sedley的名义在1995年出版发行)。

那些针对本书草稿或连草稿都算不上的只言片语写下评论的人们令我着实感激,他们是Lesley Brown、Myles Burnyeat、Joseph DeFilippo、Pierluigi Donini、Anna Maria Ioppolo、Mary Margaret McCabe、Mark McPherran以及Alice van Harten。慷慨为本书的完整初稿写评论的有Christopher Bobonich、Nick Denyer、Gail Fine、Tony Long、Stephen Menn、Malcolm Schofield、Robert Wardy、James Warren以及牛津大学出版社的一位匿名读者。所有这些评论都对我有极大帮助,其中一些篇幅很大(尤其是Gail Fine的和Stephen Menn的评论),显然作者对此倾注了大量时间。所以我衷心感谢这些评论的作者。

我还欠Raphael Woolf一个人情,他针对我在2002年波士顿区古代哲学专题研讨会上宣讲的本书梗概(Sedley 2003c)写了一篇探究性评论(Woolf 2003),帮助我避免了一些错误——然而,我在书中可能还留下了不少别的错误。网络杂志《柏拉图》(*Plato*)的编辑Christopher Gill助我发表了[viii]本书章四节1的一个版本(Sedley 2003a),这对我改良我的论述结构给予了建设性的帮助。给予我帮助的还有牛津大学出版社,Peter Momtchiloff提供了宝贵的支持和建议,Laurien Berkeley则从专业审稿的角度对我进行了技术指导。

在写作本书的过程中,我时常意识到自己对Myles Burnyeat深切的感恩之情,自打在20世纪70年代聆听了他关于这篇对话极具启发性的讲座后,我便追随他研习《泰阿泰德》。可我必须强调,尽管我创作本书的想法大多因他而起,但他与我在此妄图重读这篇对话的行为无涉,他无需承担责任,更不是攻击的靶子。

一 开 篇

1 界定《泰阿泰德》

[1]《泰阿泰德》是一篇富有争议的对话,在柏拉图作品集中显得异常突兀——提出这样的观点并不是标新立异。如今可能没有人会把《泰阿泰德》界定在柏拉图的早期"苏格拉底"阶段(early "Socratic" phase),① 但这部对话却近乎囊括了我们通常所认为的这一阶段作品的全部特征。在此仅提及众多特征中最为明显的一点:在《泰阿泰德》中,公开承认自己无知的苏格拉底寻求关

---

① 我并未发觉近两个世纪——即自施莱尔马赫(Schleiermacher)以来——有任何人将《泰阿泰德》视作柏拉图最早的对话之一。然而,即便开篇悼念泰阿泰德之死的情节将对话成文时间系于公元前369年左右,仍有证据(Anonymus, *In Platonis Theaetetum* 3.28-37;参见 Bastianini and Sedley 1995, ad loc.)表明另有一成文更早的开篇在古代流传;一些学者正是由此证据出发,认为我们今天所见的《泰阿泰德》乃是柏拉图自己对一篇更早对话的再加工——这一观点被 Guthrie(1962-1981:V 62)讨论并拒斥,但是由 Tarrant(1988:117-118)复兴。不管怎样,Nails(2002:274-277)最近再次提出泰阿泰德之死其实更早的说法,她指出将之追溯到公元前391年似乎更为可信:《泰阿泰德》成文只可能在此之后。

于某个成问题项的定义，并用辩证法检验了一系列备选答案，最后承认失败。再无其他一般被视作中期或晚期的作品出现这种情况。为什么柏拉图在其哲学成熟期又回归到早期的问答辩证法阶段？

当然，我的提问中确实预设了对于柏拉图作品的常规划分。根据这一划分，柏拉图的创作起始于早期阶段，此时苏格拉底被描绘为这样一种形象：他对一个或多个对话者——通常或是青年或是智术师——进行盘诘，从根基上动摇他们提出的观点，有时也会在即便已明显放弃了寻找该知识的情况下，为自己重要的道德论点做辩护。中期阶段则以诸多经典对话为代表，诸多如《斐多》(Phaedo)、《理想国》(Republic)和《斐德若》(Phaedrus)等，此时柏拉图发展了自己关于形式的形而上学理论(theory of Forms)，以及相伴随的回忆说、[2]灵魂不朽论和灵魂复杂的意志结构说。《美诺》(Meno)作为柏拉图所有对话中与《泰阿泰德》联系最为密切的一篇，通常被视为在柏拉图早期和中期之间起承上启下的作用。（这篇对话的大部分内容被普遍认为是原原本本的苏格拉底式的，而这正是我在本书中将与之达成一致的观点，我多次引用《美诺》中的段落来作为对"苏格拉底式"观念的印证。）

柏拉图晚期作品则以《智术师》(Sophist)、《治邦者》(Politicus)、《蒂迈欧》(Timaeus)和《法义》(Laws)等几部重量级作品为代表，对于这些作品，除文体形式之外，很难在其他方面总结出一套一以贯之的特点。但我认为，如下说法至少是保险的：苏格拉底这一形象从举足轻重的位置上隐退下来（《斐勒布》[Philebus]这一特例除外），而引入新的言说者意味着柏拉图意识到，自己如今已部分地超越了苏格拉底遗产。

要为目前仍旧通行的柏拉图作品集的划分标准提供辩护，眼下并非适当时机。尽管近些年来关于此划分标准的不满之声不绝于耳,但任何人若希望彻底颠覆这种划分标准,都必须承担起驳论的举证责任。① 其实,如果我在本书中提出的解读能够解释先前那些关于《泰阿泰德》的疑惑,那么,此解读本身会间接支持柏拉图的思想本身存在着发展变化这一流行观点。

《泰阿泰德》本身是一个三联剧(trilogy)中的第一篇,另两篇是《智术师》和《治邦者》(*Statesman*)。后两篇对话毫无疑问属于柏拉图晚期,文体上的依据已经十分明确。正因为如此,有时我们会有一种印象,似乎同属一个三联剧的《泰阿泰德》应更接近于柏拉图晚期而非中期。但文体学检测却表明《泰阿泰德》远远早于《智术师》和《治邦者》,并且[3]同《理想国》《斐德若》和《帕默尼德》(*Parmenides*)组成一个作品集团——按照常见的柏拉图作品三分法,这一集团指向柏拉图中期的终结。

在本书中,我试图勾勒出一种解释框架,此框架完全尊重甚至直接利用了那种把《泰阿泰德》界定在柏拉图中期较晚阶段的观点,尽管我也无力举证以将其排除在柏拉图晚期之外。对于我意在论证的观点来说,得以达成某种一致就已经足够,而这种一致意见就是:《泰阿泰德》不属于柏拉图早期作品。

---

① 参见 Annas and Rowe(2002)针对这一问题的种种观点。尤其应注意 Kahn(2002)以及 Young(1994)关于文体学在支持、维护惯常的对话次序排列上究竟有多大作用的中肯评价。于我而言最重要的是,文体学的确能够为把《泰阿泰德》定位在柏拉图中期较晚阶段这一观点提供支撑。正如 Kahn 所见,没有什么文体学检测可以成功将所谓"苏格拉底式"对话从显然更为成熟的对话,如《会饮》(*Symposium*)和《斐多》(*Phaedo*)中分离出来。但从来也就没有什么理由,让我们能指望柏拉图作品风格上的明显变化与其哲学上的主要变化在时间上恰巧相一致,而且假若不同的文体风格阶段当真被证实能以此方式同三个被设定的哲学阶段一一对应,则必属巧合。

在把早期的苏格拉底阶段同随后的一个或多个柏拉图阶段区分开来这一点上,[①]我并未声称,苏格拉底阶段的对话在取得历史真实性上必然获得了成功。关键在于,无论是如实地还是失实地(大多数人会认为是"如实地"),早期作品都在更广阔的意义上展现了柏拉图自己所认为的符合史实的(historical)苏格拉底,而在诸如《理想国》这样的对话中,表现符合史实的苏格拉底的目的已在相当程度上让位于柏拉图本人的哲学意图。

我在本书中经常提及的"苏格拉底",正是早期对话中出现的那个苏格拉底,而我把他更恰切地称为"准史实的苏格拉底"。其所处对话被潜在地当作对哲人苏格拉底的真实记录,就此层面而言,那个苏格拉底当然可被称为符合史实的苏格拉底。而我之所以称之为"准"史实,则是为了表明,柏拉图的观点毕竟只是针对符合史实的苏格拉底的一家之言,并且柏拉图毕竟不是在著史,[②]所以不能假定他会忠实于那些他所熟知的已然发生的对话。但我至少要假定,柏拉图无疑十分确信自己对苏格拉底的生活、目标、信念及方法的描述。

对于《泰阿泰德》,我将再次依照惯例将其结构分为三个部分。第一部分(到187a3)提出知识即感知这一定义,并加以批判。第二部分(到201c6)处理假判断(false judgement)的问题,且在概念上考量知识即真判断(true judgement)这一定义;第三部分,也是最后一部分,重新回归到知识的定义,将知识界说为"真判断加上解释(account, logos)",并以声称整个探究失败而告终。

---

① 在这一点上,我大体赞同Vlastos(1991),而对Kahn(1996)不敢苟同。

② 对观Kahn(1996, ch. 1)关于苏格拉底对话根本上就属虚构流派的观点。

2 解释几种

[4] 在几个世纪的时间里发展起来的浩繁解释中,有一些解释对于我意在论证的观点显得尤为重要,也确实有所助益。

首当其冲的一个解释在古时就广为接受,① 其当代最有名的支持者是康福德(F. M. Cornford)。② 根据这一解释,《泰阿泰德》就其原本的计划而言的确失败了,但这预先筹划好的失败无疑会起到积极作用。苏格拉底完全忽视作为知识恰切对象的诸形式(Forms),从而导致了通向知识的经验性进路,该进路恰恰通过其本身的失败,凸显出缺乏柏拉图形而上学支持的那种认识论尝试所产生的极具破坏性的后果。这种解释的有益之处在于将《泰阿泰德》与情节上与之相续的《智术师》联系得极为紧密,因为后者被视为探索形式世界(the world of Forms)的一篇对话。如此便填补了三联剧里为首的对话中令人瞩目的巨大空白:《泰阿泰德》告诉我们知识不是什么,《智术师》在告诉我们知识是什么。③ 虽然如

---

① 这种解释以及我在下文将提及的"助产术式"(maieutic)解释均在 Sedley(1996a)中得以重新建构。

② Cornford(1935)。

③ 这种表述(Sedley 1996a: 90 n. 23)来源于一个佚名的《泰阿泰德》解释者,对康福德产生了极大影响,然而他本人对于这种表述都不大认同(2.32-52;参见 Bastianini 及 Sedley 1995: 264-266)。另外,Cherniss(1936)认为,"《泰阿泰德》是在尝试证明理念论(theory of Ideas)是解决认识论问题的必要假设这一观点,而《智术师》中富有建设性的学说正揭示了这一假设是相当充分的"。我本人尽管妥协地倾向于维护此种解释的大体框架,但经典的形式理论在《智术师》中便被呈现出来这一说法却不足以使我信服。而只要至少能在《蒂迈欧》中找得到形式理论一说,对于我意在论证的观点来说就已经足够了。

此，依据这一解释，从《泰阿泰德》中看出对于形式的暗示仍然相当合理，因为对话中的苏格拉底是柏拉图的发言人，而柏拉图本人的写作正是要主张和维护自己的形而上学。

一直萦绕在我脑海中的第二个解释来自伯伊特（Myles Burnyeat）。在他看来，《泰阿泰德》更像是一部辩证法的演练，而非学说式的宣讲。柏拉图的写作方式就是创设两组辩证的冲突：一组在对话之中，另一组则在对话与读者之间。读者自身可与文本之间产生复杂的交互，并在此驱使下反思文本所呈现的哲学[5]问题。据伯伊特所言，他所做一切皆本着一种开放的探究精神，且并未在任何一点上预设存在典型的柏拉图中期学说。伯伊特比照着康福德的解释（读法A）阐发了一种自己的解释（读法B），这实际上为我们提供了机会，使我们可以在两者之间动用理性进行选择。① 尽管对观两种解读方法会很受欢迎而且极具启发性，但我要说明的是，若将此种对观妄断为只可在两种读法中择其一而从，定会造成误导。两种读法都在各自的意义上具有正确性。对伯伊特而言，对话第一部分同时存在着能为两种相互对立的解释提供佐证的材料，这不过是一种巧合（因为他认为读法A整个脱离了文本）。但在我接下来所拥护的观点看来，这一现象完全不是偶然，而是涉及对话谋篇布局的关键特征。

至此，我已经谈到了每位研究这篇对话的现代学者都应熟知的两种解释框架，但我还要补充第三种解释。这种解释虽在古代

---

① Burnyeat(1990)。在否定一切对柏拉图形而上学的依赖和参照的层面上，读法B可以同先前的一些解释进行比照，就如Cooper(1967)、McDowell(1973)和Bostock(1988)。

流传甚广,可在现代却鲜为人知。① 我将这种解释命名为"助产术式"解释。② 这篇对话在形式上看来不断接近知识的真正定义。第一次尝试以令人沮丧的失败告终,第二次有更多斩获,以此类推,逐渐逼近。在整篇对话结尾处揭示出的最终定义已经极为接近那真正的定义,以至于苏格拉底不得不在彼时彼处停下来。

为何苏格拉底必须停下来? 因为正如对话本身告诉我们的,正确的哲学方法就如助产术,在这种方法之下,必须由且只能由对话对象生育出真正的学说。只要柏拉图尽其所能将读者引领到最为接近真正的定义之处,即便没有显白地将定义陈述出来,他的工作其实就已然完成。生育并考察这个后代是否能被养大,③ 是留给读者自己的任务。顺着这个思路来判断,对话其实只是表面看起来失败了。

[6]最后,我必须提到近来由朗(A. A. Long)提出的一种《泰阿泰德》解释(Long 1998)。朗着眼之处正是他人忽视之处,即对话中的苏格拉底层面——《泰阿泰德》毕竟是柏拉图对于苏格拉底的重新评价。

我本人所要提出的解释汲取了以上四家之长。从康福德和古代先贤处,我汲取了一种思想,即《泰阿泰德》已经完全呈现了成熟的柏拉图主义。从伯伊特那里,我借用了两种读法系统性上可

---

① 这并不是在否认另有许多解释者也同样认为《泰阿泰德》将要传达或几近传达出了柏拉图式的真理:就比如,Fine(1979a)、D. Frede(1989) 和 Polansky(1992)。

② 这正是受助于那位《泰阿泰德》佚名注疏家:参见 Sedley(1996a: 101-103)。

③ 感谢 Raphael Woolf 提醒我"考察其后代是否能被养大"这一点的重要性。

共存之说,以及他关于对话内在辩证(internal dialectic)与文本和读者间的外在辩证(external dialectic)所做的区分。在此之上,我还补充了助产术式解释:无论内在辩证还是外在辩证,都以各自不同的方式体现着对哲学助产术的应用。最后,在朗的帮助下,我认识到作者柏拉图与他笔下的早期苏格拉底形象是截然分开的,后者作为前者笔下的主要言说者,经过了前者的再创造。

3 《泰阿泰德》的作者之声

请允许我就主要言说者同作者相分离这一问题多说几句。最近备受推崇的一个简单化的保守观点坚持认为,柏拉图对话就是戏剧,所以不可能直截了当地从剧中人物的言辞中读出剧作者的信念。这就是说,柏拉图与对话中的论证之间隔着一道鸿沟。[①]一些解释者甚至根据这种观点,避免把他们认为与柏拉图不相称的论述归至他名下,但却鲜见有人效仿此法,使柏拉图无涉于同自己相称的好论证。

一般而言,我偏爱更加保守的观点,从古至今几乎所有柏拉图的文本解释者,也都将这一观点反映在自己的解释学实践之中。这一观点就是:大体上可以假定,一篇对话中的主要言说者传达出了柏拉图自己的信念和论证。[②]然而,这种假定并没有[7]排除在某些情况下,作者与言说者之间会出现一些有意而为的距离,在这些情况下,距离事实上是为写作目的服务的。换言之,这种默认的

[①] M. Frede(1992)、Nails(1995)、Wardy(1996: 52-56)、Cooper(1997, pp. xviii-xxv)以及Press(2000)中的大部分作者都大同小异地表述过类似观点。

[②] Kraut(1992: 25-30)十分明确地表达了这种观点。

假定保留了作者与言说者的同一性,然而在有充分理由可将两者区分开来的情况下,又完全可以将这种同一性抛开不论。

我认为《泰阿泰德》正符合上述情况。若遵循我在本书中所提出的解读方法,我们就会明了,在作者与主要言说者的关系问题上保持开放可能有何种收获。比方说,最终的结果就不是柏拉图以必须认同其详细表述的论证为前提所得出的。毋宁说,我们将会发现,这部对话是柏拉图本人的自传性质的自我评注(autobiographical self-commentary)。正是基于这个理由,我的提议将有赖于更进一步的假设,即我们根据其他一些对话,多多少少可以知晓柏拉图本人的观点。假若作者和言说者在哲学上当真始终是彼此孤立的,那么任何解释都不再可能。但是,就《泰阿泰德》这一个案而言,我还是主张,认为二者分离对于恰切的理解它来说是必不可少的。可关于这篇对话的文献仍充斥着类似"柏拉图认为……"的句式。如果我的观点正确,这些惯用表述必然不可能成立,而且绝对是一种误导。

在先前大致介绍了作品年代之后,我已足够明显地表达了我原初的动机,那就是使《泰阿泰德》中的作者之声和字面之意在一定程度上相分离。作者自然是柏拉图,他在写作之时已经发展出了与对话中某些核心问题明显相关的主要的形而上学学说;但是他的言说者苏格拉底,不管怎样看起来,几乎都对柏拉图的形而上学一无所知。为此找寻些解释当然值得,哪怕找到的解释甚至不及这样一个不着边际的假设:柏拉图彻底推倒了他的超验形而上学,让一切回炉再造。众所周知,这个不着边际的假说的代价就是徒增一个几乎不可能完成任务——将《蒂迈欧》创作时间界定在《泰阿泰德》之前,这正是欧文(G. E. L. Owen)的著名尝试,后来再无人问津。①如果我们接受《理想国》在时间上先于《泰阿泰德》,而《蒂迈欧》在《泰阿泰德》之后——这是极为可能的,那么这两部对话都将与我们解读《泰阿泰德》息息相关。在这一前一后[8]两部作品中,柏拉图看起来要创立一种基于两个世界之间形而上学差异的认识论:一个是"变化生成的世界"(the world of becoming),它是意见(doxa)的对象,另一个是分离出来的"永恒存在的世界"(the world of being),它是知识(epistēmē)的对象。这样的一组概念显然对于《泰阿泰德》中的论证有着核心意义,所以假若解释《泰阿泰德》时完全无涉于柏拉图的形而上学,那就着实令人惊奇了。

因此,另有一种行之有效的办法,那就是通过《泰阿泰德》中的苏格拉底来进行考量。这个"苏格拉底"并不是柏拉图在哲学上饰演的角色,而是在柏拉图早期对话中所复活的符合史实的或准史实的苏格拉底的重现。

4 柏拉图主义的助产士

我将由此进入我自己的解释方案。《泰阿泰德》当然包含着柏拉图意欲传达的信息,但这一信息并非由作为言说者的苏格拉底来阐明。苏格拉底本人没法看出那些柏拉图的隐含之意,看明白的人反倒是我们这些经验老到的柏拉图解读者,我们求知若渴地想要找出并参透那些隐含之意。若被问及什么可以使柏拉图和

---

① Owen(1953)。尽管鲜有人支持欧文对柏拉图作品时间的重新界定(除 Bostock 1988),但欧文的创见还是对尝试消解掉康福德唯柏拉图化的《泰阿泰德》解释产生了极大影响。

苏格拉底在角色上的分离合理化,那么答案将是:关于助产术的构想。借用这篇对话中独有的助产士这一著名形象来说,《泰阿泰德》中的苏格拉底将自己化作了一位理智助产士。同过了生育年龄的真正的助产士相类似,苏格拉底在理智上无法生育,头脑中也没有孕育出任何待产的胎儿。然而,苏格拉底却帮助别人接生他们头脑中的胎儿,他由发问而给对话者造成的困惑之苦,实际上丝毫不亚于生育之痛。柏拉图正是以这种方式引领我们,从肯定的角度来重新解释苏格拉底发问中人所公认的否定倾向。

我的解释正是基于这样一点,即苏格拉底——在这里我所意指的是柏拉图早期对话中为人熟知的符合史实或准史实的同名人物——尽管本身不是柏拉图主义者,却可以说是一位柏拉图主义的助产士。柏拉图塑造苏格拉底作为柏拉图主义助产士的隐含形象,即便不是想要揭示他与苏格拉底之间的同一性,至少也是要解释其师长的历史功绩与柏拉图学派的真理之间深藏的延续性。

[9] 要证明这种进路需要讲几句题外话。我深信,《泰阿泰德》绝不是柏拉图打算揭示苏格拉底和他本人所做工作之延续性的第一部对话。从关于柏拉图作品演变发展的传统观点来看——我亦接受这种观点——柏拉图把言说者苏格拉底由开放的批评家和提问者,逐渐转变成了柏拉图学说的传声筒和他基础论证的坚定支持者。但是,反复强调前后两种苏格拉底形象之间延续性的,同样是柏拉图。例如《美诺》以一场大师级的演出开场,这显然是善于反复盘诘的原苏格拉底形象的手笔,但也正是这场演出,为善于大段说教的新苏格拉底形象取代原有形象做了铺垫。开篇处的苏格拉底声明他对什么是美德一无所知,并系统地驳斥了美诺定义美德的所有尝试,而且并未对此提出任何建议。但在接下来的讨论阶段,苏格拉底通过向童仆发问来揭示回忆说,强调了美诺和童仆

类似的最初困惑,如何事实上成了他发现并认识真理的必要准备:你必须首先摆脱错误信念,然后才能重新获得那在灵魂深处已然拥有的知识。

对这个例子加以提炼后我们不难看出,在柏拉图出现并带领我们领略真理之前,符合史实的苏格拉底要先打头阵,他要以恰切的问题把我们逼进困惑中,以便说服我们承认自己的无知。这相当于确证了早期苏格拉底阶段是成熟柏拉图阶段(mature Platonic phase)的必要准备。在《美诺》里,盘诘式的苏格拉底(aporetic Socrates)与论说式的苏格拉底(doctrinal Socrates)无缝对接,体现出融贯的延续性,这恰恰揭示出,史实中苏格拉底所做工作同柏拉图所做工作之间同样有着深刻的延续性。

《理想国》是上述模式的又一样本,在卷一中热衷盘诘的苏格拉底,悄然融入于其余几卷里进行体系建构的政治哲人兼形而上学家的形象当中。虽然更有争议,我还是要多说几句,当涉及柏拉图对苏格拉底人所公认的、最为彻底的背离之时,也就是他在《理想国》卷四中抛弃苏格拉底的理智主义灵魂学时,①柏拉图力求展现,他提供的是对苏格拉底观点的一种补充[10]而非拒斥。柏拉图也的确达成了目的,他在接下来的卷五到卷七之中尽述了理智主义,②在卷八到卷十中才重新回归灵魂三分。

我认为,无论是在《美诺》中还是在《理想国》中,柏拉图都试图向读者再三保证,他作为苏格拉底哲学的继承人并没有丢弃苏

---

① 对观Carone(2001)。他认为柏拉图在这里发展而非抛弃了其早期立场。

② 我这样说的意思是,这部分丝毫没有涉及或假定非理性的灵魂组成部分,而且就我们所知,接受哲学训练者的欲望也都是合乎理性的。在《理想国》卷五到卷七中,唯一出现灵魂三分的节点,正是504a4-6重新提起卷四中的论证之时。我希望能另找机会详述这一点,当前的论证与此无关。

格拉底托付给他的遗产。柏拉图在哲学问题上采取全新的肯定式进路,这并非对导师的背离,而恰恰是苏格拉底工作自然而然的延续。的确,也只有依据柏拉图的一些肯定性的结论,我们才能掌握苏格拉底先前所扮演角色的意涵及其缘由。①

从准史实的苏格拉底,到为柏拉图新近思想传声的苏格拉底,这一角色演进过程,对于把柏拉图诸作品视为一个整体的后世柏拉图主义者来说,或许并非不证自明,但对于柏拉图学园内外的所有同时代读者来说,想必都是显而易见的。例如,亚里士多德在《形而上学》(Metaphysics)M 4中重述苏格拉底思想时,极为明显地优先考察了我们视为早期作品的几部对话。我们或许可以认为,在《理想国》刚刚问世之时,读者们可以毫无障碍地辨认出,卷一中盘诘式的苏格拉底,与如今借由诸如《斐多》等对话才为我们熟知的论述式的苏格拉底之间有何差异。

《泰阿泰德》时间上与《理想国》属于同一组作品,也以同样的差异作为其隐含基础,因此可以假定,当时的读者同样能够协调这种差异。但是这一次,若我言之成理,苏格拉底与柏拉图之间的差异性和延续性,并未通过论证在哲学的先后顺序上表述出来,而是体现于贯穿始终的助产术主题,以及[11]该主题所必需的两种认识状态之间的差异———一个是辩证提问者、一个是学生。要探究

---

① 这也是一个论据,可以解释为何《理想国》卷一包含相当多提示接下来几卷中论述结果的内容:对观Kahn(1993)。另一篇适用此解释的对话是《欧绪德谟》(Euthydemus),其中,被视为真正苏格拉底式的对话被年轻的克里尼阿斯(Clinias)突如其来的一席话打断(290b7-d8),这番话中汇集了柏拉图中期的智慧,因而显得太过超凡,以至于苏格拉底和克力同(Crito)都完全不敢相信这话出自克里尼阿斯之口(290e1-291a7)。无论这种安排究竟是何意图,毋庸置疑的是,此做法确实将苏格拉底式的无果之问和僵死之局同《理想国》中成熟的哲学思想勾连起来。

提问者，就应解读苏格拉底；要探究学生，就应解读柏拉图。请允许我详为解释。

我已经强调过，对话的内在助产术（internal midwifery）失败了（正如苏格拉底在结尾处所言，泰阿泰德的胎儿没有被确证能够养得活），但实施在我们读者身上的外在助产术（external midwifery）或许能够成功。因为哲学助产术的第一条准则便是：不要将正确答案直接交到对话者手中，而要使他们能够凭自己之力生产出正确答案。所以，对话难免在关键时刻突然对核心问题的正确答案绝口不提。然而，绝不能由此推断柏拉图本人也不知道正确答案。某种程度上，外在助产术正是对话中所蕴藏的力量，这种力量将我们引至一个临界点，在这里我们已经准备好抛开形成文字的文本，让辩证法延伸至我们自身，而我们看到对话中追问无果时的困惑迷惘，其实就是我们自己在现实中努力使对知识的更精准定义降生时的生育之痛——柏拉图在对话中完全没有关于知识之定义的准确表述，而是留给他的读者们继续求索。①

似乎在此基础上再进一步也不为过：甚至在我们达到困惑这一最终状态之前，对话主体部分的论证就已经激发了我们心灵中的一些柏拉图主义观点——我将会指出旨在激发我们而采用的各种办法。但是，只有当施加于算不上精通柏拉图主义的读者时，所

---

① 根据到章六节4-5就会变得明确的某些理由，我认为，《美诺》中潜藏着的关于知识的定义，即"通过对原因的推理（calculation）而捆缚下来的真判断"（［译按］98a以下，这里的calculation在原文中对应的是 $\lambda o\gamma\iota\sigma\mu\tilde{\omega}$，即by calculation，参看下文页176-177；而在下文章四节5频繁出现的calculating和calculations一词，在原文中分别对应的是 $\dot{\alpha}\nu\alpha\lambda o\gamma\iota\zeta o\mu\acute{\epsilon}\nu\eta$ 和 $\dot{\alpha}\nu\alpha\lambda o\gamma\acute{\iota}\sigma\mu\alpha\tau\alpha$。所以，以上两处的意思稍有不同），并非如佚名解释者所认为的那样（2.52-3.25），是《泰阿泰德》结尾处隐去了的那个定义。

谓助产术才算得上真正的助产术。①更为老到的读者则必会把自己视为对话的旁观者而非受益人。

但助产术在另一种序列上的最高境界,还是只能为谙熟柏拉图观点的读者所领略。而这篇对话恰恰为他们提供了一个符合史实的洞见,即如我所言,苏格拉底虽非柏拉图主义者,却是柏拉图主义的助产士。通过运用辩证法,苏格拉底无意间推进了启蒙教化的进程,这一进程在柏拉图成熟思想中达到了顶峰。我在接下来几章里将用大篇幅集中讲述这一层面的助产术。

[12]对苏格拉底的助产术已着墨许多。可这位宣称不孕不育的助产士,没能生育出来的究竟什么呢?首先应是完善的形而上学,其次是完善的物理学。

超验形式的形而上学应是柏拉图中期的发现,即便它被不合史实地放进了苏格拉底之口。柏拉图笔下准史实的苏格拉底并非没有形而上学的好奇和观念,但终究没能形成宏大的本体论。所以将他称作形而上学家显得名不正言不顺。②

同样,加上物理学的内容则是柏拉图晚期的成果,集中体现在《蒂迈欧》之中。几乎可以确定,柏拉图在《泰阿泰德》写就之时还未动笔创作《蒂迈欧》,但是,后来在《蒂迈欧》中的观点,或许早先就已在柏拉图学园的讨论中逐渐形成了。③正如《申辩》(*Apology*)

---

① 我十分感激 Raphael Woolf 关于两种读者的区分。

② 关于苏格拉底之诸形而上学式预设的中肯评价,参见 Silverman(2002, ch. 2)。

③ 在 Sedley(1990)中,我提出一个观点:据《斐多》中关于苏格拉底学识的自传,可见他对目的论物理学表现出绝望,但《斐多》中作为收尾的神话,却为我们勾勒出了目的论物理学的轮廓。不过我并不认为这代表了言说者苏格拉底自己的想法,而是将之视为某种柏拉图的言下之意。

和《斐多》所描述的，柏拉图笔下的苏格拉底并没有物理学思想，而且如《蒂迈欧》所述，苏格拉底在其同名言说者侃侃而谈之时基本都表现为一个倾听者，而我们或许可将此同名之人详述的内容视为柏拉图的物理学理论。

我支持这种解释是想表明，苏格拉底如何在《泰阿泰德》通篇反复提及刚刚萌生的新观念，并提出亟待以柏拉图主义解释来解决的论证，而他自己则不能以柏拉图主义的模式进行明确表述。柏拉图以他自己随后的哲学洞见所投射出的光亮，引领我们回想并重见这些观点之源头，即苏格拉底思想，同时以"不孕的助产士"形象使我们得以理解，苏格拉底自己究竟缘何没能孕育出这些观点。

然而，我需要强调，我从来不认为这种半自传体主题削弱了对话中的哲学内容。甚至毋宁说，这篇对话提供了一个框架，使得柏拉图可以在其中探索一系列认识论问题。如果说柏拉图落实了这一切且正是有意识地假借苏格拉底之口，那么，这绝不仅仅是符合史实地回归他的早期思想，更是在应用一些新颖的或未经探索的、包含苏格拉底成分的论题，只不过他用自己的哲学把这应用乔装打扮了一下。

此外，我们将在接下来几章看到，这篇对话中对于其苏格拉底根源不止一次的再发现，将柏拉图引向一种哲学的洞见，而他[13]在晚期对话中将进一步探索这种洞见，那时苏格拉底已经在相当程度上从显著的位置上退隐下来。这些苏格拉底根源中最重要的是：断言思想乃是内在对话的诊断，人皆渴望"变得肖神"（becoming like god）的主题，假谜题（puzzles of falsity）最终解决办法中的诸要素，以及把物理学排除在通向知识的真正道路之外的诸理由。为了强调其毕生工作的延续性而写作的柏拉图，把从苏格拉底那里继承的遗产加以改造并重新利用。他不仅仅将这些遗产作为通向他当下的形而上学的必经之路,也作为引领他去往后来宏大课题的前进之路。

在这条进路之上有一个收获,就是我们进一步理解了为何这篇对话经常使用迂回的路径。为什么柏拉图对泰阿泰德将知识界说为感知的定义仅在184b3-187a3用寥寥篇幅就迅速解决,而对普罗塔戈拉(Protagoras)却进行了长篇大论的批判?为什么对假信念(false belief)的补充说明并未对所讨论的定义问题带来任何帮助?言说者和对话者在这些情节中或许毫无所得,但作者本人并非如此。我们正被引领着在苏格拉底的哲学建树中来一番游历,其中包括他对作为风尚的相对主义的规避,以及对认知灵魂学的发展。远远不止于此的一切都被公开展示,而此番展示自然能使读者看清,这一切都如何与柏拉图主义完美对接。

5 柏拉图的一位论主义

这里提出的读法,如何关联到对柏拉图作品的一位论派解释与发展派解释之间古老的争论?我已表明,本人在有关对话大致轮廓的问题上,认可近几十年广为接受的年代学观点,但重要的是,不应把对以年代学为依据的作品顺序的认可——毕竟很难让每个人都否认,这些对话是经过精心编排或者至少是按照一定顺序完成的——与"发展主义"混同。甚至发展主义本身就是一个模棱两可的术语。假若发展主义仅仅意味着,柏拉图的哲学历经其一生才真正发展成熟,怕是只剩下最为极端的一位论派者才可能反对这种发展主义。

不管年代顺序可能如何,假若柏拉图的思想——事实上任何

[14] 笔耕不辍逾六十载的哲人的思想也都是一样——在刚刚动笔草创未就之时就已经同晚年思想一般成熟,那也着实令人震惊。按照一般的讲法,如果发展主义用来意指柏拉图随着岁月推移不断改变自己的观点,那么我的解释显然就与此密切相关,因为我呈现柏拉图时恰恰重在其发展变化中的延续性,而非承认其间有什么颠覆性的断裂。

  讨论这一问题看似简单,但极可能造成一种谬误。每每问及柏拉图是否曾经改变了观点,就仿佛确有一些触手可及的相关事实在静候我们去重新获取,而我们心底也一直在想着,只要可以穿越时空回到过去问问柏拉图本人,就能够解决这个问题。只不过于我而言,似乎绝不可能有如此触手可及的事情。为了理解这一点,对比一个例子想来会大有启发,我们可以看到,当真正能够向一个哲人问及这类问题时会发生什么。这个例子就是1988年针对著名道德哲学家黑尔(R. M. Hare)的那本论文集。在包括自己学生在内的一系列哲人将其毕生作品置于批判性考察之下的几章内容之后,黑尔进行了统一回复。以下就是其中内容:①

> 着手于自传体笔记或许很有帮助。经常有人……认为,我在我晚期的著作中颠覆了早期著作中表述的观点。假如我真的改变了观点,于我而言也并无晚节不保之说,因为许多著名哲人诸如康德和柏拉图都做过同样的事情。但倘若在我明明没有改变立场的情况下偏要假定我改变了,则有可能导致错误的解释;而实际上,我所进行的改变可能远不及料想的多……
>
> 尽管我的观念经过了发展和延伸,而且我也找到了新途径

---

① Seanor and Fotion (1988: 201)。

为我的观念辩护,但我事实上并不需要因此就彻底拒斥我早先写就的东西……假若认为我改变了观点的人当真能查到,我早期作品中具体哪些地方同晚期作品不一致,并告诉我究竟在哪儿,那可真是帮了我一个大忙。但事实上几乎没人给出相关引文。

除了这段评述,黑尔还仔细考察了批判者为指控其思想转变而真正引出的三个例子,并一一批驳。

他关于柏拉图(一本关于柏拉图的名著正是出自黑尔之手)顺口一提的评述,着实增添了反讽意味。说一位哲人思想有转变,也许看起来是在尽力忠实于哲人的思想,但哲人的这种说法只照别人不照自己,但凡有另外的说法适用,一个哲人定会对那种用思想转变之说来解释他思想中[15]某种发展的做法嗤之以鼻。就连黑尔和他的杰出弟子威廉姆斯(Bernard Williams),在进行了一番讨论之后也不能就此问题达成一致,很容易想见,即便有柏拉图的杰出弟子亚里士多德的挑战——一般公认他赞同严格区分柏拉图的苏格拉底对话和代表柏拉图成熟思想的对话——也定将有一个极力否认或尽量减少自己作品中不延续性的柏拉图出现。我之前警示,不应期待一个与此问题相关的简单事实触手可及,说的就是这个意思。针对经历了时间长河的作品的主体部分,无论视之为统一且一步步展开的课题,还是视之为一系列被思想转变分割开来的离散阶段,这两种处理都更应被理解为一种解释角度或强调方法,而非既成事实。

依我之见,就柏拉图作品来说,实难以统一的或离散的一言蔽之。然而,我认为柏拉图与黑尔也不见得不同,因为他也心心念念,要使他的作品集团显得因循独一课题而展开。在柏拉图看来,自己的苏格拉底阶段并不是他后来会——像维特根斯坦(Wittgenstein)那样——单独分割开来的早先时期,而是一个统一的哲学课题之中不可分割的第一阶段。在本书中,我将把《泰阿泰德》呈现为柏拉图进行自我阐释的极具说服力的证词。我认为同样的证词不仅可以诉诸我已经提及的几篇对话去获取,尤其是《美诺》《理想国》及《泰阿泰德》,还可以诉诸晚期作品,如《斐勒布》《蒂迈欧》及《法义》。

6 开场

《泰阿泰德》有一个独特的开场。[①] 在麦加拉城中,欧几里德(Euclides)同忒赫珀希翁(Terpsion)陷入了一场关于泰阿泰德的对话。据说这个泰阿泰德当初在科林斯(Corinth)的战斗中表现英勇,但眼下即将死于伤口感染和痢疾。对话间,欧几里德回忆起了尚为少年的泰阿泰德同几周后[16]就要殒命的苏格拉底之间的一场谈话。原来,欧几里德听完苏格拉底讲述这场谈话后,当即就赶回家中将它完整记录下来。不仅如此,他还在随后几次造访雅典时,不失时机地同苏格拉底勘校记录中的细节问题,并随即加以调整和改动。最终结果是,欧几里德现在持有一份关于那场谈话"近

---

① 对观前文注释中关于古时所流传的另一开场,关于这一问题以及开场中故事发生的时间问题,参见最近 Carlini(1994)文中的内容。同欧里庇得斯(Euripides)《瑞索斯》(*Rhesus*)的两种开场做比照是有意义的,有假说同时转述了这部戏剧的两种开场,并认为这两种开场都流传甚广($\varphi\acute{\epsilon}\varrho\epsilon\sigma\vartheta\alpha\iota$, Anon., *In Plat. Tht.* 3.28–37 也同样有这个动词;参见 Euripides frr. 1108–1109 Nauck),而学界一般认为这两种开场皆为伪作。

乎完整"的记录(143a4-5)。

想必对于柏拉图的读者来说,这些场景定再熟悉不过。《斐德若》开场(274c5-275e6)也极其明显地强调了书写与记忆之间悬而未决的关联性,①不过我更多考察了同样精心谋篇且意蕴深远的其他几篇的开场。在《会饮》(*Symposium*)中,尽管阿波罗多洛斯(Apollodorus)并未在场,但他因为得了阿里斯托德莫斯(Aristodemus)的口述且后来还向苏格拉底求证了几个细节,所以仍能向同伴讲述那日在阿伽通(Agathon)家宴会上究竟谈了些什么(173b1-6)。在《帕默尼德》中,青年苏格拉底同帕默尼德(Parmenides)和芝诺(Zeno)之间的那场谈话,最初的见证人是皮索多鲁(Pythodorus);后来,对话由经常听皮索多鲁讲述此事的安提丰(Antiphon)向凯发卢斯(Cephalus)和他的同伴们转述;最后才由凯发卢斯本人为我们回忆关于那件事的种种说法。

这些精心设计了相似模式的开场,首先强调了柏拉图读者接下来所要面对的讲述的间接性(indirectness)。虽然《会饮》中有些细节后来曾由苏格拉底确认,但就这两篇对话来说,他都算不上最初的告密者。尽管经过训练的记忆能力不容低估,尤其在古时的严格训练之下更是如此,但为了稳妥起见还是要指出,《泰阿泰德》的开场格外与众不同,它着力凸显了接下来所讲述内容的直接性(directness):欧几里德在谈话后不出几日,便从苏格拉底处直接获知了交谈内容,那仍由他保存的、几乎可算事发时原始记录的文本,实际上经过了苏格拉底本人的授意和批准。

这些不同之处或许看起来实属随意而为,甚至无关紧要,但是依据我所提出的解读,它们必将呈现出别样的重要性。很有可能,

---

① 关于这一点尤其应参看Nancy(1995:22-30)。

在《泰阿泰德》成文之时,柏拉图同时代的读者仍对《帕默尼德》的内容记忆犹新。[1]《帕默尼德》[17]延续叙事加记忆的方法,创作了一个象征性的虚构故事:戏剧中,苏格拉底在遥远的过去还只不过是个孩子;哲学上,他在一定程度上道出了柏拉图的成熟形而上学,但比起由主要言说者帕默尼德所呈现的、柏拉图自己当时关于这一问题的最新理解,仍然远有不及。由此我们发现,柏拉图在此使用了同类型的戏剧游戏——我认为这种游戏在《泰阿泰德》中也出现了:柏拉图塑造的苏格拉底形象,虽不能直接认为是柏拉图的传声筒,却好似传声筒一般,代表了柏拉图当时所思考的一部分内容。可以想见,同样一批听众很快便会遭遇另一个苏格拉底,即《泰阿泰德》中的苏格拉底。此苏格拉底是某种非同一般的昨日重现:这次出现的不是作为柏拉图中期发言人而简化了的、通俗版的苏格拉底,而是柏拉图早期作品中所复活的、才华横溢却高深莫测的苏格拉底的原版再现。

不同的象征意味,被揭示于具有微妙差异的开场中:这次没有辗转繁复的口耳相传,取而代之的是欧几里德的童仆被要求放声读出文字记录,它将构成这篇对话的主体部分,意在(通过戏剧化的虚构故事)引领我们直接回溯到历史上鲜活的苏格拉底——就在生命中即将把思想之炬传递到继承者手中的那一刻,这个苏格

---

[1] 文体学检测明确显示,这两篇对话在时间上极为接近(前文注释2)。《泰阿泰德》183e7—184a2与《帕默尼德》中所描绘的会谈形成互文,这并不能确定时间上《帕默尼德》就在先而《泰阿泰德》就在后(因为柏拉图有可能一边书写《泰阿泰德》一边构思《帕默尼德》),但是,有更进一步的事实支持这种顺序,即《帕默尼德》应是柏拉图以叙述形式写就的最后一部对话,而《泰阿泰德》非但同其他普遍被视为晚期作品的对话有同样的戏剧形式,而且在143b5—c7还含有为抛弃那种叙述形式所做的辩护。

拉底被逐字记录下的言辞封存在时间长河里。同时代读者无论如何都不会——而后来的读者不经意就会——辨认不出,当下呈现出的对苏格拉底形象颠覆性的重新定位。然而,开场中所展现的全新的象征意味将会确保,这种重新定位打对话一开始便被标示出来。

接下来,让我们进入这篇对话,它会搭载着读者,回到历史上的苏格拉底的哲学模式中去。

7 认识论抑或伦理学?

我们现在应回到对话所讲述的那次交谈的开端。老数学家忒奥多洛斯(Theodorus)将苏格拉底引荐给泰阿泰德。苏格拉底就这位小天才和忒奥多洛斯的研究[18]对他进行了测验,对话内容很快便转向关于知识的论题,只因苏格拉底坦言有一"区区"(145d6)之惑莫解:什么是知识(145e8-146a1)? 这一问题此后将统摄整篇对话。但是起身追逐其中巨大价值之前,尚有一疑问值得我们稍候片刻,即为何提出此论题与苏格拉底一贯的行事作风大相径庭。

我们可以从弗拉斯托斯(Gregory Vlastos)①的考察之中一窥真相:柏拉图早期对话中的苏格拉底只是一个道德哲人。在诸如《卡尔米德》(*Charmides*)等对话中,苏格拉底少有地转向了知识等问题,但即便在此情况下,焦点终究仍是关于伦理道德的——被考察的知识要么被当作美德的基础,要么与美德同为一物。苏格拉底对于他人声称拥有专门技术(expertise)的言辞或显或隐的审查,尽管不是总能立刻与伦理议题产生勾连,但最终都随着针对他自

---

① Vlastos(1991:47-48)。

己及他人声称有智慧的不断发问,而与该议题联系起来。① 相比之下,我们难以否认,为《泰阿泰德》定下议题并贯穿整篇对话的知识问题,根本上是一个认识论问题。就此而言,《泰阿泰德》中的苏格拉底与柏拉图早期对话中的苏格拉底显著地不同。因此有必要强调,柏拉图从未于任何一篇对话中在伦理学和认识论之间划界——在《斐勒布》中尤其明显,因柏拉图最后把知识放在了好的生活当中。在《克拉底鲁》(Cratylus)中,进行词源探究的语词序列正展示了正规哲学课程安排所应有的顺序,② 而其中同知识相关的术语,包括epistēmē这一意为"知识"的术语——它在《泰阿泰德》中乃是被定义项——统统囊括在序列中的伦理部分。不论"知识"被解释为一种道德德性(moral virtue)还是理智德性(intellectual virtue),抑或两者皆是,在柏拉图眼中,它都无疑是一种德性,而且是生活之好的本质因素。《泰阿泰德》论题中的道德重要性将在对话的不同阶段中浮现,首先就是在同普罗塔戈拉的论点交锋之时。但是还须注意,苏格拉底如何在最开始通过某种方式引出道德的重要性时,就立即将此重要性标示出来(145d7-e7):

> 苏 [19] ……请你回答我:学习岂不是在一个人所学的那个东西的方面变得更为智慧?
> 泰 当然。
> 苏 我想,智慧的人由于智慧而是智慧的。
> 泰 对。

---

① 对观《伊翁》(*Ion*),其中苏格拉底对这位游吟诗人的盘诘与其对诗人的审问(《申辩》22a8-c8)有着密切关联,苏格拉底的努力,部分是为了评估自己究竟如何比他人而言更有智慧。

② Sedley(1998b; 2003b: 156-158)。

苏 这东西跟知识有什么差别吗?

泰 什么东西?

苏 智慧。在哪方面有知识就是在哪方面是智慧的,不是么?

泰 确实是。

苏 那么,知识与智慧是同一个东西,对吧?

泰 对。

这绝对是苏格拉底式的做法,[①]即将知识与智慧视作同一,它正像一座桥,从公认作为苏格拉底着眼点且为枢德之一的智慧出发,贯通了关于认识论基础的整个讨论:何为认识某物的认知条件?《泰阿泰德》尽管不纯粹是人所熟知的苏格拉底式讨论的又一次排练,却绝对称得上苏格拉底式讨论的自然而然的扩展或延续。

8 定义问题(146c7 – 147c7)

由泰阿泰德提出的第一个定义,即诸如几何学和制鞋术之类便是知识,当即被苏格拉底判了死刑,但其中不乏辩证法耀眼的光辉。为了解释通过举例来定义知识的方法缘何必然失败,苏格拉底按照柏拉图早期作品中的传统,进行了一场大师级的表演,在这些作品中,诸如此类草草提出的定义常以突兀的方式出现,却又总是暗含了一条路径,可通达复杂而精妙的新层次。此处论证的演

[①] 对观《普罗塔戈拉》(Protagoras)330b4,苏格拉底在那里使用 ἐπιστήμη[知识]来指代其他文本中他称为 σοφία[智慧]的东西。所谓 σοφία,见于《斐德若》247d6-e2。

进过程可以通过图表,同散落于柏拉图其他对话中,尤其是那些提供了定义的苏格拉底对话中已确立或假定的诸多原则进行比照。

段落	改写	定义原则:若……,则"X是Y"并非对X的恰切定义。	柏拉图作品对照
1. 146c7-d3	泰阿泰德的定义:"知识是制鞋术(等)。"		
2. 146d4-5	苏格拉底的回答:此定义在只要求一项的位置罗列了多项。	A. 若X是单一的,Y却是多种事物。	《美诺》71e1-73c5等;《游叙弗伦》(Euthyphro)6d6-e3
3. 146d6-e11	制鞋术可解为(制)鞋的知识……且"知识是关于(制)鞋的知识(等)"仅告知我们知识是关于什么的,及知识的种类是什么,而非知识是什么。	B. 若Y可解为Z,且"X是Z"并非是X的恰切定义;C. 若"Y"传达了一些关于X的事实而未传达X是什么。	《游叙弗伦》11a6-b1
4. 147a1-b7	如"泥(clay)是陶工的泥(clay)等"仍称不上定义,因它将对被定义项是什么的理解预设为前提,所以"知识是(制)鞋(等)的知识"也称不上定义。	D. 若语词"X"已被包含于表述"Y"之中。	《泰阿泰德》210a3-9;《理想国》505b5-c5
5. 147b8-10	"知识是制鞋等"之所以称不上定义,也是因它将对知识是什么的理解预设为前提。	B(再次使用)及E. 若任何命名X之一种的语词被包含于表述"Y"之中。	《美诺》79b4-c3
6. 147b11-c2	命名关于某物的知识并不能够回答知识本身是什么的问题。	C(再次使用)	
7. 147c3-7	"泥是混合了液体的土"这一简单的定义胜于(4)中无限扩展的定义,这种定义方法亦胜于先前对知识的定义。	F. 若不能简明且精确地对"Y"进行公式化表述。	

原则 A、B、C 及 F 暗含于论证之中。

原则 D、E 从论证得到间接辩护。

在(2)中,苏格拉底基于原则 A 来反对简单罗列方式的定义,而原则 A 就是所谓定义的统一性原则(Unity of Definition):一个对于 X 的定义,必须指出全部可被称为 X 之物所共有的单一属性。这条原则从《美诺》起便早已为柏拉图读者熟知。美诺在回答"什么是美德?"时提出了一个类似的简单罗列,但是苏格拉底[21]以一种类比论证为美诺的定义直接辩护,这种类比论证旨在表明,只要美诺能够更加努力,便可以成功找到他作为所罗列的多种美德的基础的单一共有属性,就像他对诸如身材、健康和力量之类不那么成问题的被定义项所做的一样(72d4-73d5)。这恰恰说明,由许多例子构成的一串罗列尚含混不明就被弃置不顾的原因。①

有人也许还期待,苏格拉底会因这种罗列定义无法达成对被定义项的周延性而叫停它,但是不论在《美诺》还是《泰阿泰德》中,苏格拉底都没有这样做。可能也正因为如此,对于种(species)的罗列原则上应能做到穷尽,而事实上,泰阿泰德在整体形式上涉及了全部数学门类和所有制作技艺的定义,大体可称达到了这一要求。仅仅通过指出其中遗漏的某些子项(item)来拒斥罗列定义,并不能直击其不成其为定义的根本原因。在(7)中,苏格拉底的确指出了这种罗列[22]定义的缺陷在于它会无限长,但还是没有证明罗列式定义根本站不住脚。②

---

① 对观 Buryeat(1977a)和 McCabe(1994:26-27)中对此极有助益的讨论。

② 只有在随后讨论类似的数学问题时,才会讨论那些<u>亟待被纳入单一公式的无限范围的诸子项</u>,并将其作为一个问题(147d8-9)。

但我们还有(3)(146d6—e11)：

> 苏 ……当你说到制鞋术的时候，你是在说制作鞋子的知识之外别的什么么？
> 泰 没说别的。
> 苏 当你说木工技艺的时候呢？你是在说制作木器的知识之外别的什么么？
> 泰 也没说别的。
> 苏 那么，你难道不是，在这两种情形下，界定了知识分别关于什么么？
> 泰 是的。
> 苏 但是，泰阿泰德，问题不是，知识是关于何物的，或知识的种类有多少。我们刚才提问，并不希望数算它们，而是希望认识知识本身究竟是什么。或者，我的话没有什么意义？
> 泰 不，你的话很正确。

泰阿泰德将知识定义为制鞋术、木工手艺这类东西。苏格拉底反对说，制鞋术和木工手艺这时相当于具体事物的知识，因此泰阿泰德只是告诉我们知识是具体事物的知识，而没说知识是什么。这一推论当然应当予以怀疑。[①]甚至，看起来似乎是苏格拉底自己犯错，做出了谬误推论："你说X是Y；但Y是Z；因此你说X是Z。"这一类型的错误现在一般被诊断为"含混语境"（opaque context）中的不当替换，之后章节我们还会再次碰到这类错误(参见原文页相关注释及页166）。即便没有语言诊断的辅助，古时的评注也已

---

① 对观McDowell(1973：114)，Buryeat(1977a)也进行了一系列更有建设性的批判。

然指出(参Sedley 1993),如果此推论是恰切的,那么下面的说法也同样正确,即断言X是Y的人只不过是在断言一种X是X的同义反复:若X是Y,则说X是Y就相当于说X是X。

然而,我们也不必执着于那样一种理解,认为苏格拉底就泰阿泰德未尝言说之语与未尝表达之意来责难于他。相反,我们大可将这一论证理解为[23]基于一种假定,即定义是可传递的。形象地来说,若"稀释"可定义为"加水"且"水"可定义为"H_2O",则"稀释"就可定义为"加H_2O"。我并不能确定这一原则最终是否合理,但也不是看上去就明显成问题。这样,苏格拉底就会向泰阿泰德说,若将知识定义为制鞋术(等)且进一步认同制鞋术可定义为制鞋的知识,就得出一个令人无法接受的结论,即知识可定义为"制鞋(等)的知识"。

成功进行了这一步论证之后,苏格拉底处于可一并进行两种反驳的境地。

第一种,苏格拉底假定,在此定义的另一重公式化表述"知识是关于制鞋(等)的知识……"(Knowledge is knowledge of making shoes [etc.])中,第二次出现的"知识"是冗余的,所以此定义就相当于"知识是关于制鞋(等)的"(Knowledge is of making shoes [etc.])。但是,他反对(诉诸原则C)对X的定义必须回答"X是什么?"(What is X?)这一问题,而眼下出现的这一定义实则在回答其他一些问题:要么回答了"什么是知识的对象?"(答案是:制鞋术等),要么回答了"有多少知识的种?"(答案是:制鞋术、几何学等)。《泰阿泰德》的古代读者,就如浸润在亚里士多德《论题篇》(*Topics*)之中的佚名注疏家(前1世纪晚期到公元2世纪早期之间),①会再自然不过地把苏格拉底的反驳同对书中范畴理论的使用结合起来。苏格拉底实际上点出了一个范畴错误:他所问问题在"是什么?"(What is it?)的范畴,而泰阿泰德的回答却在关系(relation)范畴,或者(苏格拉底也许会如是补充)是在数量(quantity)范畴。②

在(4)至(5)中,苏格拉底的第二种反驳关涉认识论(147a1—b10):

[24] 苏 假设有人就某个浅显、日常事物向我们发问,例如,泥是什么。如果我们答复他,泥是陶工的泥、灶工的泥、砖工的泥,那么,我们不是很可笑吗?

泰 也许。

苏 首先,我们竟然以为,在说及泥的时候,只要附加上"塑像工人的"或者其他某种工匠的,提问的人就能够从我们的回答中理解泥。难道你认为,某人在不知道一个东西它是什么的

---

① 关于年代问题,参见 Bastianini and Sedley(1995:254—256)、Brittain(2001:249—254)。

② Anon. *In Plat. Tht.* 20.24—37,这一点可对观 Sedley(1993)。由一极为确凿的观点看来,整个《论题篇》,当然也包括其中对范畴理论的使用,皆源自亚里士多德早年在柏拉图学园中醉心于辩证法的时光(M. Frede 1981)。佚名注疏家的诊断可视为对分性析的柏拉图研究方法的一次成功应用:通过将有着不合时代的精确性的概念辨析回过头来应用于先前文本,去厘清论证形式,而并不对文本施加任何带有时代背景的暴力解释。这里并没有确切地说,以这种含有"关于X"(of X)的答案来回应"什么是知识?"的做法,本身就指明一种相关关系,这种说法(至少在亚里士多德的术语中)早就被否定掉了。毋宁说,"可知之物"(the knowable, τὸ ἐπιστητόν)正是亚里士多德术语中"知识"的相关表述,所以,说"知识是关于X的"即是在明确知识的相关表述,从这个层面讲,亦是将知识置于相关关系范畴之中。

情况下,会理解这个东西的名称?

泰 绝对不会。

苏 所以,一个不知道知识的人不知道关于鞋的知识。

泰 确实不理解。

苏 所以,一个不认识知识的人不理解制鞋术,也不理解其他任何技艺。

泰 是这样。

这一次,苏格拉底假定,在重述的定义"知识是制鞋(等)的知识"中,第二次出现的"知识"并不冗余。由此,这个重述的定义陷入循环,因为它用"知识"来定义知识,并在前提上预设了我们已经理解那个亟待定义的术语。而由于原初定义"知识是制鞋术(等)"可以转换为重述了的定义,所以它必将受到来自同一反驳的质疑。重述不过是将早已暗含于其中的缺陷暴露出来。若理解什么是知识必须基于理解什么是制鞋术,而理解什么是制鞋术又要反过来基于理解什么是知识,那就开始了一个恶性循环。

在此,苏格拉底之所以主张理解什么是种(species)——即制鞋术——要基于理解什么是属(genus),即知识,无疑是因为,属在他看来一定要出现在种的定义中(此乃苏格拉底的一个原则)。

这里有一个问题,即苏格拉底意指的是哪一种"理解"。若仅当作基本的字义理解——仅仅认识语词的语意——苏格拉底的论证就显得可疑,因为鲜有人会同意,认识语词的意义,要基于认识相应项之属的知识或者该定义中其他任何部分的知识。如果有人连什么是*动物*都不知道,我们或许就可以质疑他们(在字义上)知道什么是袋鼠,但是他们完全可以在不知道什么是其[25]直属的属——即有袋类——的情况下知道什么是袋鼠。因此,这段论证的基本原则,即理解种要基于对属的理解,通常被称作一种"苏格拉底谬误"(Socratic fallacy)——对那种谬误的统称,即宣称你若不知道某物的定义,便终究无法知道关于该物的其他任何东西。[①]而另一方面,如果我们假设苏格拉底并非指基本字面义的理解,而是指一种只能借由严格定义实现的辩证理解,那么这一论证才勉强说得通,因为我们都认同,不知道什么是有袋类动物,便不可能对袋鼠进行精确定义。[②]这一较前者更为恰切的说法,正满足了苏格拉底的需要,因为他意欲揭示泰阿泰德通过命名知识的种来定义知识这一提议的缺陷。

苏格拉底暗中诉诸关涉定义优先级(Priority of Definition)的方法,不论我们以怎样的区分来加以描述和解释,这都是苏格拉底本人采取的举措,目的是使那样一种定义项涉及被定义项的某一个种的定义失效。而这正对应于图表中的原则 E:若任何命名 X 之一种的语词被包含于表述 Y 之中,则"X 是 Y"就并非对 X 的恰切定义。我仅用两点来概述这一问题。

首先,要注意,我们在《泰阿泰德》中发现的这段文字(图表第5行),是柏拉图作品中不仅提出原则 E(如《美诺》79b4-c3 那样)而且极力为之辩护的地方。辩护的达成皆由于转换原则,即原则 B 的使用,苏格拉底曾用此原则来揭露该形式定义中隐藏着的循环性。如果将 X 定义为 Y,而 Y 中包含有涉及 X 之种的内容,那么在

[①] 这个标签是 Geach(1966: 371)贴上的。不少人否认此谬误是苏格拉底式的,如 Beversluis(1987)、Vlastos(1994, ch. 3)及 Kahn(1996, ch. 6 §3)。

[②] 依据是 Burnyeat(1977a)及《泰阿泰德》佚名注疏家(Sedley 1993)。我明确阐明的两种关于定义优先级的说法,并不能确切反映 Kahn(1996, ch. 3 §4, ch. 6 §§3-4)所做的区分:他视其中较强的说法为认识论的,而较弱的仅为方法论的。

提及Y时(通过原则B)实际上是提及了X,终将导致以X来定义X的恶性循环。

其次,在此处的前后文中,苏格拉底并未使我们有可能在值得怀疑的解释和基本无伤大雅的解释之间作出抉择,尽管如此,他还是会在适当的时候给我们机会作出抉择,那就是在整篇对话的第二部分讨论假信念时。在196d2–197a7处,①苏格拉底想象出一人指摘他们做了本不应做而实际上在做的事,[26]即他们在这一阶段便用关于知识的术语来讨论错误判断,而此时知识本身尚未得到定义:若我们不知"知识"的定义,那么当我们使用"知识"这一语词,以及使用其同根词或别的通过该词方可被理解的语词之时,我们便完全不解彼此(196e4)——正如我们若连某物是什么都不知道,也就无法说出该物像什么。②至此,着眼于字义的这一重反驳才被苏格拉底还原为诡辩。③而稍后(200d1–2),苏格拉底又已充分准备好去承认,从方法论上讲,按照他们先前采用的方法来进行考察的一个错误:④

---

① Burnyeat(1977a)提出了该处同此段的重要关联。
② 196d9、11–12及197a4;对观《美诺》71b3–4。
③ 197a1:这正是一个论战高手——ἀντιλογικός——会说的话。对观《美诺》,其中苏格拉底一开始便通过71b4–7的类比法来强调定义优先级:"或者,若某人对谁是美诺一无所知,那你认为他有可能知道美诺是否漂亮、是否富有、是否出身高贵么?"稍后他又通过一番言论瞬间推翻这一观点(76b4–5):"美诺,甚至被蒙蔽双眼之人也会在同他人的交谈中听说你,进而得知你长得漂亮且有不少有情人。"
④ 我这么说并不意味着,我的说法同Kahn(1996, ch. 3 §4)在《高尔吉亚》(Gorgias)中悟出的那种好方法的原则一样薄弱,而这种原则也只不过是意欲求得最大程度的明晰透彻。在《泰阿泰德》中,苏格拉底明确表示,方法论上的失败,就其内在特征而言是认识论的。

除非某人充分把握到知识是什么,否则他不可能认识假信念。

至少到目前为止,通过对比这两段文字,我们终于得以了解,苏格拉底其实对自己所采用的定义优先级的方法进行了如下阐述:一个尚未被定义的语词,在人与人的交流中也可以顺利地被理解,但它缺乏具有充分信息的内容使之成为哲学理解所需之工具。同样的定义优先级方法会被应用于诸如泰阿泰德提出的定义,这些定义往往含有被定义项的一个或多个种:种的名称也只在字义上理解,而非通过哲学的方式理解。

这两点对于我试图提出的文本解释有着重要的揭示作用。在我们正在考量的这段文字中,苏格拉底向我们呈现的,是一种致力于辩证法领域的形象。在这一领域他是柏拉图读者心目中公认的大师,而大师所开展的工作就是对诸定义进行严格井然的批判。显然,苏格拉底作为理智助产士,宣称他熟练掌握一技之长,其核心要素就在于此(对观下文[原书]页33)。但在这里,我们所得到的,绝不只是再次推演其他探讨定义的对话中所早已熟见的论证过程。在此,苏格拉底使论证过程更上一层楼,不但对某种"苏格拉底谬误"进行了严格井然的辩护,而且随着对话的进行,在实践中展示了他究竟如何从针对谬误的解释或谬误的[27]应用中辨别出非谬误。如果这样的苏格拉底可视为早期对话中的苏格拉底,那么他在这里所做的工作,便不仅是被再创作出来供人赞美的,而是被拿来进行展示说明,以使之更为明晰精确。

9 数学(147c7–148d7)

在对话开场中关涉定义的部分,柏拉图顺手标定了由他本人认可的苏格拉底符合史实的标志性特征。我认为,这也正是苏格拉底形象牢牢掌控全局的原因。接下来就对比一下对话者直接转入的主题,它由作为范式性角色的数学来担纲。

泰阿泰德讲述了忒奥多洛斯如何给他和他的同学小苏格拉底布置了一个任务,要他们从无限多的矩形中,归纳出面积是整数但边长却是无理数的矩形。① 他们首先区分两类数,并把它们对应于两种几何图形(正方形和长方形),接着同理地应用于立方数,以此种方法化繁为简,完成任务。苏格拉底所关切的问题是,在接下来的辩证讨论中,泰阿泰德是否能够同样成功找到可以归纳全部知识之类型的方法。

时至今日,我们也终究绕不过古代注疏家们,② 因为在当下亦能找到与之相呼应的说法:这一从算术到平面几何再到立体几何最终上升到辩证法的过程,预示着《理想国》卷七中的教学计划。在这份计划中,辩证法是五门数学课程之后所要达到的顶峰,而这五门课程同样由算术和平面几何开始,并继之以立体几何(读者可推知此学科正是此后几年中由泰阿泰德本人发展起来的),此后还有更进一步的天文学和音韵学。甚至剩下的两门数学学科——天文学和音韵学,以及基础算术学科"计算"(reckoning,

---

① 我避开了解释这段内容会碰到的技术性难题,关于这些难题,参见Burnyeat(1978)。

② 参见Bastianini and Sedley(1995:534)。

logistikē),也都是泰阿泰德声称希望将来能跟忒奥多洛斯学习的东西(145d1-3)。①

苏格拉底预示了柏拉图的成熟教育规划,这是柏拉图有意而为么？一个理由或许能说明这并非有意而为：整个[28]数学模型由青年才俊泰阿泰德提出,而非苏格拉底。但是依据我的讲述,那显然是柏拉图有意为之。数学对于哲人而言的范式性角色,乃柏拉图中期的一大发现。②《泰阿泰德》中再创造的早期苏格拉底形象,自己不可能独立提出数学模型来。尽管苏格拉底梦想将来跟着忒奥多洛斯学习数学(145d1-5),③但整篇对话中最为复杂且精妙的数学知识,七加五等于十二而非十一,却正是由他呈现的(195e9-196a8)。苏格拉底自己并未提出任何数学模型,他只是听取了从少年老成的数学学徒口中说出的极富创造性的大胆尝试,做出的回应也仅仅是对此表示支持。正是作者柏拉图在此操控一切,对这一数学范式表示支持的言说者苏格拉底,全然不知其中更深层的哲学意义,而这种哲学意义亟待对柏拉图极为敏感的读者们自行发掘。④

---

① 对观145a6-9,忒奥多洛斯被称为几何学、天文学、计算及音乐等领域的专家。

② 对观Vlastos(1991：107-131)。

③ 对观《斐多》99c6-8苏格拉底期待能学习目的论物理学的愿望,这作为一种纲领,也暗示了《蒂迈欧》中的情节,因该愿望在《蒂迈欧》中成真了。

④ 在离题漫谈部分(172a1-177c4),苏格拉底因哲人对普遍性的关切而对哲人大加赞赏,这其实是把眼下的谈话对象忒奥多洛斯这样的数学家视为同属一个阵营(参见下文[原书]页70)。也可以认为,此处标示了苏格拉底已初步认识到哲学和数学之间的紧密联系。

10 助产术与回忆说

我认为,《泰阿泰德》把柏拉图笔下准史实的苏格拉底,描述为成熟的柏拉图主义的助产士形象。若我的陋见碰巧正确,在通篇阅读这部对话时,读者定应将苏格拉底之表象同柏拉图之暗流区分开来。在回应泰阿泰德的第一个定义时,其中的辩证法推演所释放的耀眼光芒,已然揭示出了苏格拉底之维度。柏拉图之暗流则紧随其后,在诉诸数学范例之时涌现出来。请允许我转过来介绍助产术主题,以尝试展现对话中这两个层次间的交融与搭配(148e1-151d6)。

泰阿泰德表明自己被阻塞住了:他找不到一个具有普遍性的方法来概括各种知识所共有之物。苏格拉底解释说,泰阿泰德的困惑状态实为他理智上的生育之痛,而苏格拉底从母亲菲娜瑞特(Phaenarete)那里继承下来的,正是处理这种问题所必需的技术。菲娜瑞特是一位妙手神工的[29]真正的助产士,苏格拉底则是一位理智助产士,他的工作是判定哪个青年头脑中有胎儿待产,以及适时协助其分娩并检测胎儿是否健全。

自古代[①]便有读者猜想,或许应把助产术理解为一种诱导对话者去回忆的方法——回忆,以严格的柏拉图意义来表达,就是

---

① Anon. *In Plat. Tht.* 47.8-59.34;对观Sedley(1996: 95-102)、Cornford(1935: 27-28);相反观点,见于Burnyeat(1977b: 9-11)。

将人皆有之的、在产前就已然获得的知识呈现出来。①康福德注意到,在《泰阿泰德》中,助产术主题出现的时机与《美诺》中出现回忆说的时机极为照应,都紧随着对话者气势渐弱而进入某种困惑状态之后。②可是令如此猜想之人尴尬的是,这种认为两者等同的观点在《泰阿泰德》中无处可寻,不仅如此,在后来将认知机能比作鸟笼的段落中,苏格拉底甚至阐明了与之截然相反的假定,即我们的鸟笼并非囤满各种知识之鸟,它在我们年幼时其实空空如也(197e2-3)。

苏格拉底否定回忆说的重要前提,这种做法绝非偶然。但这绝不是说,假定助产术与回忆说之间存在一致性就是肤浅之见或空穴来风。毋宁说,我们应区分论说的两个层面。在戏剧层面,言说者苏格拉底与阐述形而上学或认识论理论的重任无涉。尽管苏格拉底强烈地意识到自己的神圣使命(他认为此种使命正是由助产士身份体现出来),他仍在努力使关于知识的定义在最容易达成的层面上言之成理。此苏格拉底——更易使人联想起《申辩》而非《斐多》——连表明一切学习皆是回忆的理论都没有,更不必说对于超验形式的回忆了。但于我而言同样明了的是,从柏拉图的角度出发,我们应认识到,这一原初的苏格拉底形象正在练习一种方法,借此从对话者的精神能力中提取出虽还只是胚胎状态,但本

---

① 先天存在于我们之中的东西就已经是知识,而不仅仅是有可能生成知识的信念或真理。这一观点即便没有在《美诺》中表露出来,也在总结《美诺》的《斐多》73a7-b2表露出来。因此,与Fine(1992:213)很不情愿在《美诺》中寻找先天知识论相反,我认为,十分明确的是,柏拉图——至少在事后诸葛亮般重新审视自己作品的时候——的确持先天知识论的观点。这于我正在提出的看法而言至关重要。

② 《美诺》79e7-81a2;《泰阿泰德》148e1-8。

就在那里的信念,而其中一些[30]经检测后可能为真。① 苏格拉底或许无法领会个中意义,然而柏拉图却没有理由不让我们参透其要义。

而且,极有理由认为,柏拉图在鸟笼喻中所做的一切,正是要让我们参透上述要义。苏格拉底先是表明,完全没有对任何知识都有可能是先天的那样一种猜想加以考量,然后旋即求诸鸟笼模型(198d4-8):

> 按照这个方式,即使某人早就曾经学习到关于某些东西的那些知识,并且已经认识这些东西,他仍然有可能通过再次抓住(recovering, analambanonta)并且持有关于各个东西的知识(the knowledge, tēn epistēmēn)而再次领会到它们。这些知识是他早就已经占有的,只是在思想中并不处于随处可得的状态。

苏格拉底随即便否认"学习"(manthanein)是表述重获已有知识的恰切词汇,但即便如此,他在此处还是以相同用法使用了一个意为"学习"(katamanthanein,同一动词的复合形式)的词汇。此外,他还在谈及"重获知识"时并用此词,而"重获知识"这一表述

---

① 另有一种选择,可以将这一隐喻同《会饮》中第俄提玛(Diotima)描述的灵魂受孕联系起来:对观 Sheffield(2001)提出的具有启发性的观点,《会饮》中的灵魂受孕与回忆说在作用上相同,只是少了产前学习这一环节。然而,如 Burnyeat(1977b: 7-9)表明,《泰阿泰德》中的表述并不是为了唤起对《会饮》的回忆:例如,《会饮》205c1-3 处指出人人皆怀有身孕,而《泰阿泰德》中指出只有一些人会怀孕,而会生育出真正的后代的人则更少。后者显然更容易和《斐多》76a9-c3 处那例成功回忆的个案联系起来。

在《美诺》(85d3-8)中正是指回忆。强调了这一点,便不难看出此处是在有意暗示《美诺》中所维护的论点,即一切"学习"事实上都是回忆。这暗示并非出于随口一说便彻底排除了先天知识的言说者苏格拉底,而是作者[柏拉图]精心谋划后的有意而为,其目的是指出,助产士苏格拉底认为学习即是潜在理解之实现的这种诊断同柏拉图回忆说之间的差距小之又小。

11 助产士的百宝囊

那么,如果苏格拉底终究还是明白些东西,他到底明白些什么?苏格拉底描述自己是不孕的且无脑中理智[31]之胎,对此我们能多大程度上按照字面去理解?在某种意义上,这里的不孕不育,必须解读为柏拉图当时乃是以这种方式,来看待苏格拉底对知识广为人知的否认(在之后的179b2-3苏格拉底将重申这一否认)。但是对这种否认有多种解释。常有人认为,苏格拉底常常一面声称自己一无所知,一面却允许自己有不少坚信的信念;①抑或他仅在语词的绝对意义上否认"知识",而在次要意义上乐于承认自己"知道"。②另外一些人则将他否认知识仅仅视为一种反讽。但是仍有一个经久不衰的猜想——在古时便为柏拉图学园中的怀疑论者所接受——即苏格拉底不仅承认自己在任何一种意义的"知道"上都一无所知,而且尽其所能杜绝持有远非知识的意见——也就是一切意见。

---

① 例如Irwin(1995, ch. 2)。
② Vlastos(1994:39-66)。

我无意涉足这一关于柏拉图之苏格拉底的争论。事实上,我对有任何一种解释能适用于所有苏格拉底对话表示怀疑,只因柏拉图本人可能都还相当困惑,拿不准该如何讲述苏格拉底对知识的否认。柏拉图有可能不止一次有所疑虑,认为苏格拉底知道的或许比自己赋予他的要多,而他自己则呈现出一种趋势——在中期突然加剧——即将牢靠的学说置于苏格拉底之口,我们则正好可以把这种趋势作为尺度,来衡量柏拉图心中的疑虑程度。但以上所有只不过是一种推测。对于我们更为有用的,是去思考柏拉图在创作《泰阿泰德》的当下究竟是要如何讲述其老师对于知识的否认。若如此,便需要我在尝试审查助产士图景的基础上,再更进一步。

　　究竟多大程度上的智慧是苏格拉底自己愿意承认自己拥有的?他解释自己"不能生育智慧"(unable to give birth to wisdom,150c4),"没有智慧"(has nothing wise,150c6),或较为平和地称自己"不是完全智慧"(not entirely wise,150d1)。① 以上杂糅的信息意味着,苏格拉底并无那种被人提问之下方可能生育出的智慧,但即便如此,苏格拉底仍以其他某种方式保有智慧的雏形。极有理由进行那样的解释,即所谓智慧的雏形,就在于保证苏格拉底能够演练助产术的那种洞察力。现在,正因为我转向了苏格拉底称自己不孕的那个隐喻,所以无论如何,我都势必要进行一番论证了。

　　[32]苏格拉底无法生育后代仅意味着他没有知识么,抑或他连信念也没有了?一方面,苏格拉底说自己从灵魂中生出过并不

---

① 短语 οὐ πάνυ τι σοφός 意为"不是完全智慧"(not entirely wise)而非惯常翻译的"绝无智慧"(not at all wise)。这一观点来自佚名注疏家对《泰阿泰德》的评注55.42-45,而我在Sedley(1996a: 98)中为这种解释在语义字法上的正确性进行了辩护。

智慧的发现(150d1-2),这就留下了他曾生育信念的可能性,不过这些信念之后经证明是站不住脚的——与对话结尾处泰阿泰德的遭遇相同。另一方面,苏格拉底还对泰阿泰德说过,他虽常向他人发问,但对任何事都没有自己的断言(150c4-7)。从后半句似乎便可推断,苏格拉底认识到自己在生育智慧上存有障碍——这种对自己缺乏智慧的觉悟在《申辩》中就有声明且为人熟知(21b4-5)——使他彻底不用就哲学上的真理命题(truth-claims)妄下断言。在这种程度上,某种关于对知识之否认的相对较强的解读,得到了柏拉图的认可。

然而,苏格拉底否认自己会下断言的这种做法,并非任何解读都能解释得通,因为苏格拉底眼下就正在对他的助产术下一系列断言。而且因苏格拉底明确声称——对他来说实在少见——助产术是一门他牢牢掌握且不断实践的技术(technē, 149a4、7, 150b6、c1, 184b1, 210c4-5),①所以我们便会有一种印象,似乎"不孕的助产士"隐喻里所涉及的苏格拉底在理智上不孕不育的主题当中,并无助产术本身。可以明确的是,一个助产士为顺利施展助产术而必须拥有的各项知识,确实皆为苏格拉底所有。②事实上,在之后的

---

① 《游叙弗伦》11b9-e1 与此有部分地照应,其中,苏格拉底也自称掌握一门技术,同样是来自家族传承而非自己选择习得,这是一种他先祖代达洛斯(Daedalus)的技术。而且,此番所掌握的亦是一种辩证技巧:动摇 logos 的技术。

② 如此假设可能会有更进一步的好处。当在 149b4-c4 处谈及真实的助产士时,苏格拉底说道,尽管助产士们如今不能生育但她们过往必定经历过生育过程,"因为人类的本性还不足以在缺乏经验的方面获得技艺"(149c1-2)。由此或可推知,苏格拉底同样有一些生育自己理智之子的经历,而我们亦可猜想,这些智慧之子正是助产术之原则本身。然而,我并不执着于此,因为苏格拉底的助产术并不完全基于"人类的本性",而是受之于神(150c7-8、d8-e1)。

对话中,苏格拉底明确表示,他对知识之否认的唯一例外,就是助产术。在161b1-5,他如是告诉忒奥多洛斯:

> 你不明白现在的实际情况,这些论证中没有一个来自我,相反,它始终都是从我的对话人那里得来的;我本人知道的东西不多,[33]除了极少一点,也就是还能够从其他有智慧的人那里捡一点论证并适当地加以接受。

而在对话结尾处(210c4-6),苏格拉底声称自己并没有做什么,不过是去除了泰阿泰德自以为知道实则不知道的虚妄。关于这一点,他如是说:

> 我的技艺能做到的就只有这么多,再没有别的;我不知道其他人——当今和过去那些伟大和神奇的人们——所知道的任何主题。

以上诸段共同澄清了一个事实:苏格拉底的确将他的助产技术视作一种知识。但另一方面,除此特例以外,苏格拉底的不孕都能自圆其说,不单是在避免声称有知识的意义上,而且也在不妄下断言的意义上。这正照应了那种关于对知识之否认的相对较强的解读。

同时,承认助产术诸原则是苏格拉底声称无知的特例,还有极其重要的意义。我认为,苏格拉底在对话中展现的一切技巧和洞见,皆可依据这些原则进行分类。可以料想(实际证明总的来说还须等待),这些原则总共可总结为十个标题:

1. 宗教:苏格拉底助产术的神赋本性,赋予了苏格拉底以洞见神的本质之善的洞察力,他也因此有了侍奉神这种不可抗拒的承诺(3.5—6)。

2. 认知灵魂学:一位理智助产士必须能够区分出何种探查对象可被此种技艺——即这种不依赖于感觉来检查灵魂之精神能力的技艺——研究而何种不可,这一要求使得苏格拉底能够辨清两种思想模式间的差别,笼统地讲,也就是经验的和先天的两种模式(4.4,5.6)。

3. 普遍性:同样由于这种身份,苏格拉底懂得普遍性的重要意义,相应地,他对片面的和特殊的问题不感兴趣。(3.4)

4. 定义:在以辩证法探求某物时,苏格拉底懂得要优先探求其定义;相应地,苏格拉底成了一位好定义和坏定义的仲裁者,并且知晓定义该如何求得(1.8)。

5. [34]困惑:助产士应使对话者的观念降生于世,这一要求使苏格拉底成为引导智慧分娩的行家里手,而智慧之分娩即是困惑(aporia; 148e1-8、151a5-b1)。

6. 驳斥:助产士应能识别假胎或会夭折之胎,这一要求(150b9-c3)使苏格拉底能够揭示论证中的纰漏之处,从而(210b11-c5)纠正人们自以为知道实则不知道的信念,并成为这方面的行家里手。这是苏格拉底助产技巧中最为重要的环节(150b9-c3)。

7. 辩证法:理智助产士要仰仗问答方法,作为探查观念的恰当模式,这给予苏格拉底一个洞见,对该洞见的第一次明确阐述便在《泰阿泰德》中(189e4-190a8)。即,思想本身也有着同样的问答结构,而且能通过问答结构得以展现(5.4)。

8. 技术:助产术是一门苏格拉底已然精通的技术(technē),这一事实使得他能够理解技术本身是什么,以及技术如何发挥作用(3.7)。

9. 美德:尽管苏格拉底并未声称他知道美德是什么,但其对技术的理解给予他一个洞见:有德性,就如擅于一事,也必需智慧。换言之,有德性就是在理智上达到对相关原则的理解(3.5–6)。

10. 灵魂:苏格拉底对与他交谈者灵魂的情有独钟,缘起于他自己的一种领会,即灵魂是真正的自我,是一切行动、认知等的唯一能动主体(4.6)。

苏格拉底助产术的十个方面,皆缘于他对于在道德上进行理解的追求,而他由这十个方面所获得的知识,绝不止涉及这十个方面。实质上,这十个方面皆会贯穿在苏格拉底向泰阿泰德、忒奥多洛斯及不在场的普罗塔戈拉所发之问中,而且同样可以认为,以上十点是对早期作品中苏格拉底隐约展现出来的洞见相当精确的回溯——当然,他公开声明的无知并不是这里所要回溯的洞见。① 若[35]以上言之成理,那么柏拉图决定在《泰阿泰德》中赋予苏格拉底以助产术这样一门货真价实的技艺,这一做法实则是一个策略,目的是将其早期对话中所呈现的那个高深莫测的苏格拉底形象合理化。我并不是说,如此便是解读早期对话的正确方法,但如若柏拉图本人正是借此来回溯性地解释自己所刻画的苏格拉底形象,那就值得我们以最大程度的尊重来对待。

---

① 即便是苏格拉底在《申辩》中表述出的、在《克力同》(*Crito*)里贯穿始终的深信不疑的观点,即不可违抗上级和灾祸不会降临于好人身上,都可被纳入第一点之中。而我必须承认,仍未找到合适的通路将第九点和《克力同》《高尔吉亚》及《理想国》卷一中苏格拉底对祸害他人之行为理所当然的非难勾连起来。

与此同时,还要注意有哪些方面未包含于以上十条原则之中:

(a)超越性:目前看来,苏格拉底尚未对超验的形式有丝毫知晓。

(b)灵魂的复杂性:考察苏格拉底所有谈及灵魂的言论后可见,他从未暗示灵魂可能是复杂的,且包含非理性部分和理性部分。

(c)不朽:尽管苏格拉底接受灵魂不死的观念,但其谈及来世的言论皆未尝基于此观念(下文[原书]页79-81)。

(d)回忆说:如我们所见(节10),苏格拉底并没有由于灵魂拥有肉身化之前的经验便将知识设定为先天的。

(e)物理学:关于物质世界的结构与本性,苏格拉底并无自己的理论。

当柏拉图向我们展现苏格拉底称自己不孕这一做法时,苏格拉底头脑中当然还缺少诸如此类的学说——对于苏格拉底所运用的助产原则而言,这些学说中也没有一个是关键一环。在这五个主题之中,(a)-(d)明显展现出柏拉图中期时的转向,而在《蒂迈欧》中有所发展的(e),则多认为属于柏拉图晚期。苏格拉底对以上五点的无知再一次确证,此处跃然于我们面前的苏格拉底形象,正是对早期苏格拉底形象的再创造。

12 助产术的效果

苏格拉底助产术的三个结果十分明显:

Ⅰ. 苏格拉底并不乐于接手一切尚无症状的病患,他将其中一些根本未受孕者转交给了其他教师,并且暗示,这些教师实为长于提供学识而不加以提炼把握的智术师(151b1-6)。

Ⅱ. [36]一些怀孕者并不坚持接受助产术,未能孕育出后代,因此最终在他人看来仍是无知的(150e1-8)。

Ⅲ. 一些怀孕者"生出了很多可贵的子息"(150d6-8)。

(Ⅰ)中所述的精心选择消耗了苏格拉底足够多的心力,关于这一点主要的和最突出的表现就是,早期对话中的苏格拉底总在寻找天赋异禀的青年进行提问。而如(Ⅱ)中所言的苏格拉底的批判言辞,则可视为表现了他对坚持己见却不尽人意的对话者的提问,就如美诺和游叙弗伦(Euthyphro)。这一番批判言辞不禁叫人想起,在《游叙弗伦》(戏剧情节上跟《泰阿泰德》设定在同一天)结尾处,苏格拉底因游叙弗伦马上就要给出虔敬的恰切定义却又轻易放弃,而发出了一段叹惋之辞(14b8-c5)。

然而,上文罗列的结果中也显露出两个反常现象。一个是有所遗漏,另一个是涵盖过度。

首先来看有所遗漏的反常现象:三种结果都并未提及泰阿泰德这个表现相对较好的案例。泰阿泰德已然怀有身孕,苏格拉底欣然为他做起了助产士。泰阿泰德也没有表示拒绝养育已被接生的子息,从而过早地放弃接受助产。最后,尽管事实最终证明泰阿泰德产下的只是一枚未受孕之卵（wind-egg），且并不值得养育（148e7-8、160e2-161a4、210b4-d2），可苏格拉底助产术的总体效果还是有益的（210b11-c4）：今日所得之子所经受的彻底检查，会使这个青年日后更好地受孕；而且日后再有类似未受孕的情况出现时，他至少会由于对自己的无知有了新的认识而表现出适当的谦逊。

此类案例从苏格拉底自己的言辞中缺失无疑更多地反映了作者本人的意图而非言说者的意图。这一苏格拉底助产术的特殊结果被保留到了对话结尾处，以便使之更加凸显，在那里，它被用来联结《泰阿泰德》整篇对话和苏格拉底辩证法在理智上的有益影响。其正式的受益者是苏格拉底当下的对话者——他第二天在《智术师》中成了爱利亚（Elea）异乡人的问答对象，并卓越地展现出谦逊的一面。而将这一影响以小见大地推而广之，使整个哲学共同体获益也并非难事。对比《美诺》中隐含的信息（上文页9），苏格拉底所扮演的角色是说服我们皆相信自己无知，并以此准备工作作为真正发现之旅［37］——当然也包括柏拉图自己的发现之旅——的起点。对《泰阿泰德》整篇对话的结果也可有类似"推而广之"的理解：尽管多数广为人知的案例中都未能发现可以肯定的哲学真理，可苏格拉底毕生对盘诘的实践皆是在为我们的心灵做准备，使之能在以后的探求中迎来更有成效的阶段。至于苏格拉底在泰阿泰德身上的良好收效，则可被理解为苏格拉底作为符合史实的角色最具代表性的一个案例。

另一个反常现象是涵盖过度。见于苏格拉底的一些病患"生出了很多可贵的子息"（III）这一判词之中。关于苏格拉底遇见了某个对话者，然后助产术在其身上发生作用并显现出类似的效果，这种表述在早期对话中根本无处可寻。那么，是不是有某个对话者在苏格拉底帮助下成功生育了理智,却并不在早期对话之中呢？我只能找到一个确乎可信的答案：柏拉图本人。

如果这一回答言之成理,我们将会得到一条线索,它由柏拉图以惯常的审慎而精微的手法埋下。这条线索关涉到本篇对话的言下之意：苏格拉底就是柏拉图自己的哲学的助产士。若非要反驳这一表述称,这就好像是在说,苏格拉底既然已然生育了柏拉图主义,他就应当精通柏拉图主义,那么,这种反驳就显得太过拘泥于字面了。其实,正是是作者布下的线索,迂回地暗示了柏拉图哲学上的成功分娩,而且我们也没有必要认为,戏剧中的苏格拉底形象就明确指涉柏拉图或者其他任何有名有姓的人。因为苏格拉底成功助产柏拉图主义,不单是由于苏格拉底对柏拉图的辩证提问,更是由于柏拉图在苏格拉底离世后仍坚持不懈地探求他以提问形式呈现的议题。我在本书中凡谈及苏格拉底是"柏拉图主义的助产士",所要表达的也都是这个意思。

现在,是时候着手论证了。

二 "知识即是感知"

1 进入普罗塔戈拉

[38]苏格拉底提议由自己来当泰阿泰德的助产士,这使泰阿泰德深受鼓舞,他即刻(151d7-e3)严肃地提出了一个定义:知识即是感知。这次,苏格拉底至少对定义的形式感到满意。可是,这个子息养得活么?欲知分晓,还待仔细查证。为此,苏格拉底将此定义转化为普罗塔戈拉大作《真理》(*Truth*)中的名言:

> 人(或言"一个人")是一切事物的尺度,既是存在者这样是(或言"如何是")的尺度,也是不存在者这样不是(或言"如何不是")的尺度。

苏格拉底对此转化做了如下解释(152b2-c4):

> 苏 有时候,同一阵风①吹过,我们当中有人发冷,也有人不

---

① 针对苏格拉底所说的"同一阵风",并不需要推断说,此处重构的普罗塔戈拉理论认可有风本身。只要所有评价这一理论的人看来都说的是两个主体伫立于同一阵风中,即可满足此语境下所要求的同一性。我之所以认为应

发冷,对吧?或者,有人稍微发冷,而有人冷得厉害,会不会?

泰 当然会。

苏 这个情况下,我们要说,这阵风本身就其自身而言是冷还是不冷?还是说,我们要听信普罗塔戈拉,也就是说,这阵风对发冷的人而言是冷的,对不发冷的人而言是不冷的,对吗?

泰 似乎要这样。

苏 这阵风对两个人各自显得那样?

泰 对。

苏 "显得"也就是"感觉到"?

泰 是。

苏 所以,就温暖以及这类东西而言,"显现"跟"感觉"是同一个东西。所以,各人感觉到怎样,对各人而言也就是怎样。

泰 似乎是这样。

[39]苏格拉底做如上转化是基于两个前提:

(1) 把普罗塔戈拉论点的意思解释为"事物于S(任一主体)如何显现就等同于它于S如何是";

(2) "X显现于S"(或"X于S显现为F")与"S感知X"(或"S将X感知为F")等价。

由这两个假设可推知,一个人如何感知事物,事物对此人便如何是。这一论点不但使感知成为绝对可靠的认知形式,进而成为一种知识,而且还有意将事物对每个人如何是,限定为个人如何感

附加这一条件,只是因为若是两主体被假定伫立于两阵(看起来)完全不同的风中,这个例子便毫无意义。

知事物：不然这种说法便无法如它所声称的那样，使人成为万物的尺度。而倘若如该说法所意涵，无法悉知未经感知探明的事实，那么，至少就现在这种情况而言，可以推得，根本没有某种非感知知识存在的余地。结果就是，知识和感知被完全等同起来。

在批判普罗塔戈拉的理论之前，苏格拉底着手揭示并详述了其理论的预设前提。我们在这一章节余下篇幅中的任务，就是追踪那些准备性工作，继而，在接下来两章中，我们才能正式转入苏格拉底的批判。有必要提醒读者，本章并不会涉及我着力论述的苏格拉底是柏拉图主义的助产士这一主题，这方面我们要到接下来的章节才会有所斩获。

2 流变

苏格拉底接下来的步骤(152c8-153d7)或许是整部对话中最令人惊奇的部分。他对普罗塔戈拉进行了符合史实的演义，且示意自己将要阐述的正是普罗塔戈拉(在这场戏剧发生的公元前399年，普罗塔戈拉早已去世多年)过去秘传给他弟子们的东西，以此表明此演义的虚构性。这一秘传学说(Secret Doctrine)正是一种彻底的流变观。无物是其本身，因为，没有确定的(i)主词或(ii)谓词是我们可以言说的（"你无法准确地称其为[i]某物或[ii]属于某类"；152d3-4)。甚至"是"(be)都是一种误用，必须弃置，因为事物由于"运动、变化与彼此混合"(152d7-e1)，因而只能"生成"(become)。紧接着苏格拉底罗列了以荷马为首的一系列智者[40]，他们皆可或字面或寓意地被理解为赞成这一万物流变的图景(152e1-153d7)。任何耐人寻味地将这些人物视为权威的装模作样都是反讽，但也并无有力的理由去怀疑，苏格拉底的确假定他们持有事物基本上皆为流变的观点——换言之,苏格拉底确实认为世界固有地处于变动不居的观点是一种主流的传统观点。进而,他谨慎地提出了那种事实上可能会使这一观点为真的推理:例如,好的事物对于宇宙变化和理智变化的显著依赖性(153a5-d5)。

为何要认为,这部对话中半演义的普罗塔戈拉规定了万物流变的观点?简而言之,是因为流变乃保证感知绝对可靠的必要条件。解释这一点的第一步(153d8-154b6)便是强调,一个感知内容,例如白,无论是在眼内还是眼外,皆不可被限定于确定的空间位置之中;毋宁说,感知内容是眼睛与外部运动之间相互作用下的"私有"(idion,154a2)产物。稍后,这一"私有性"(privacy)将会通过把感知者和感知对象比作双亲生出一对双胞胎的隐喻得到说明,而这对双胞胎就是(仍以视觉为例来说明)客体的白和主体对那种白相匹配的视觉。子息由之而独为其父母所有的方法,非在其他,就在于试图获取那种带有我们刚刚所遇到的私有性的概念。

那么,为什么私有性要依赖于流变,依赖于一种基于感知的、普遍的生成?接下来154b1-6会给出答案。假设你感知一物为大、白、热,而此物实际也正是大、白、热。如果你假定,你的感知可直接观察到对象的属性,那么你便无法解释,为何对于其他一些观察者而言该对象却是小、黄、冷,而我们并没有理由认为他们的观点就缺少优先性。另一方面,若它仅仅是由于你同它之间那瞬间的相遇而变得大、白、热,那么,你便无法阻止它在一些与此不同的相遇之中变得小、黄、冷。

所以,一个客体是如何变得大、白、热呢?这最后一个属性,热,将把我们带回到风的例子。我们已经知道,风本身无所谓冷热,其冷热属性纯粹是风与风中伫立者之间相互作用的产物。其中当然包含有直觉上可能为真的意思,从这层含义上说,当X在风中战栗［41］而Y却不会时，风的冷于X是"私有的"于X。即便他二人皆瑟瑟发抖，仍可能为真的是，他们分别经验着私有于个人的冷，尤其是在X比Y战栗得更加厉害的情况下（之前的152b3-4强调了其他可能性）。

现在，我们或许很想把这种私有性同认识论上的私有性统一起来，而依据哲学家们广泛认可的观点，认识论的私有性形塑了所有精神状态和意识的直接内容。理论上，他人的意识甚至都不可能供我们审查，而只可单独为他们自己所用。此外，私有性概念常伴随着某种更进一步的论点，即我们对自己私有的感觉材料有着不可翻移的（incorrigible）意识。这一论点与苏格拉底持有的强论点有密切关联，即基于苏格拉底本人推演出的说法，感知对于作为感知之直接对象的感觉材料是绝对可靠的（infallible）。① 事实上，

---

① 我在毫无详尽理论铺垫的情况下使用了"感觉材料"这一术语，但我如此行事正是基于一个事实，即此处的说法同现代感觉材料理论之间的相似性对我来说实在是太过亲切，我便不假思索地拿来使用了。McDowell（1973：143-144）反对把两者等同，理由是，当涉及"双胞胎"理论（156a2-e7，下文页91-93）之时，很难说清究竟双胞胎中的哪一个是感觉材料。

但在我看来，正是外在的孪生胎儿，例如将石头"填满"的"白"（156e4-6），使人准确无误地联想起感觉材料，就如G. E. Moore那广为人知的谜一般的描述：

> 属于其所属（就一特定方面而言的）种类的东西，也就是一人在观看其一只手的过程中看见的那些东西，通过这些东西，那个人可以理解，一些哲学家如何本应认定他所视者为他正在看着的那只手之表面的一部分，纵使其他一些哲人认定它并非如此；所有这样的东西都是我所谓的感觉材料。（Moore 1925：218）

与此正相匹配的内在的孪生胎儿，例如将眼睛填满的视觉上的白（156e3），则可比喻我们声称拥有的对于感觉材料的不可翻移的意识。

至少有一次(160c4-10),苏格拉底曾从感知的私有性直接推出其绝对可靠性。

类比法诚然有所帮助,可是,将整个精神私有性的概念归到柏拉图头上仍需十分审慎。我也逐渐意识到,精神私有性只有在居勒尼学派(Cyrenaic school)中才是为人熟知的哲学信条,且它出现得很晚,并不能对泰阿泰德产生什么影响。[①]当《泰阿泰德》后文(189e4-190a8)中把思考分析为内在[42]对话时,苏格拉底代表其本人,为我们提供了相当重要且完全苏格拉底式的含义,在这种意义上,他人的想法至少都是可以暴露在审查之下的。与其对精神的私有性进行普泛的思考,不如更为周全地说,苏格拉底视为普罗塔戈拉理论所必需的私有性,仅仅是指感觉感知及其直接内容的私有性,并且,针对普罗塔戈拉的理论,我们或许更乐于跟刚才谈到的内容放在一起来解释私有性。这样一来,苏格拉底使私有性言之成理的最好方法就是,用有因果性的或准因果性的、作为感知之必要条件的二元相互作用,来描述这种私有性。我在风中伫立时战栗的感觉是我的感觉,不是你的或任何别的人的,因为只有此时所是的风和此时所是的我的相遇,才可生育出这种感觉(正如只有这个父亲和这个母亲的相遇,才能生出这些子嗣)。[②]

[①] 参见Tsouna(1998,特别注意124-137)。针对认为《泰阿泰德》156a3处"更为精明的"(κομψότεροι)哲人们乃是指居勒尼学派之人的旧时之见(关于此,又见下文本章注释9),她提出了无懈可击的驳斥。对观McDowell(1973:143-144)反对引入后笛卡尔(post-Cartesian)的私有性概念的有益劝诫。

[②] 正如156b2-7和157e1-160d4的深入呈现,普罗塔戈拉理论试图把各种意识状态,或者至少是所有可鉴定为真的意识状态,消解为感知,并且试图至少把各种意识状态隐微地统摄于同样的私有性之下。在后一段表述中,意识状态中甚至包括了梦和人在飞翔的幻象,尽管还有一个问题极不明确,即若

于是，我们感知意识的直接对象，就不是自始至终存在于世界之中并等待着我们去发觉的事物。毋宁说，这些对象在我们与事物相遇的瞬间，才单独向我们生成。尽管苏格拉底将这种私有性与绝对可靠性紧密联系起来，但有明显迹象表明，苏格拉底并没有将私有性本身理解为绝对可靠性的充分条件。因为他已经暗示（通过取消系动词"是"而赞同使用"生成"）而且马上就会阐明一个更深层次的要求，即相遇环节中的双亲也必须一直经历变化。感觉器官和对象——例如眼睛和石头——都分别处于"缓慢的"变化之中（156c7-d3），眼睛会由老化（对观181d1）和不同的健康状况等反映出其本身的情况在逐渐变化，而石头也会逐渐发生变化，比如石头的颜色会变化。

以风为例，一切将更为明了：风将使我产生怎样的感觉，仅依赖于我当前的身体条件以及风当前的状态，且两者都服从于恒常变化；而基于万物流变的论点，即便是显然影响到眼睛和石头的更为缓慢的变化，也必须被假定为[43]是在持续不断地发生着的。结果是，没有哪两个感知上相遇的瞬间是无法区分的：我当前伫立在风中而获得的寒冷的感觉，无法在接下来的任何一个瞬间得到复制，届时，将会有一个截然不同的主体和一阵截然不同的风相互作用，从而产生截然不同的感觉。

这一论点的重要性体现在，若言之成理，则没有哪两个感知之间会产生矛盾：它们每个都是匆匆"生成"又匆匆消逝的感知对象

梦和幻象皆是感知的形式，那么，什么将发挥外在"亲本"的作用。至此，我们已彻底超越了关于精神固有的私有性的一切可能的哲学洞见，转而进入普罗塔戈拉立场下削足适履的企图，即企图使尺度学说（Measure Doctrine）扩展至信念的各种状态之中。更深入的探讨参见下文[原书]页43和页52-53。

的独特呈现。如果此风转而开始使我觉得暖,我也没有资格声称"我刚才认为风冷的想法出了差错"。我彼时正确,此时亦无误。为了保证这种情况得以可能,或许看起来无非是,要么我变了,要么风变了,可苏格拉底却有确凿的理由坚称,实际上两者都处在恒常的变化之中,因为风的被感知属性上的一切变化,事实上也是与此相关的我的感知状态的变化,反之亦然。在这样一副图景中,假若保留有任何的恒定性,则将有早晚会出现静态感知关系的危险:假如风与我有哪怕一小会儿保持不变,当之后的表征同在先的表征产生矛盾时,考虑到如此便意味着至少有一个表征是错误的,我便会有时间修正我对风之冷做出的估量。而万物流变的论点坚决杜绝任何这样的可能性。

在157e1-160d4处,苏格拉底通过解释那样一个问题来进一步支撑以上论点,即一旦此论点为人接受,那么将如何消除那些最为明显的错误感知——由病痛、癫狂或睡梦引起的错觉。我们通常都会认为这些错觉是要加以纠正的,也就是说,相比于在我们健康、心智健全或睡醒时对同一对象的感知,之前的感觉就会显现出错误。但是依据这种秘传学说,某人状态上的每个变化都会导致他成为一个不同的感知者——一个不同的亲本,期待生出不同的后代。无论我们处于何种状态下,每一个感知都真实地呈现了事物对于孕育它的瞬时的双亲如何瞬时地存在(或者更准确地说:生成)。[1]

---

[1] 关于睡梦等如何被算作感知的问题,对观本章前面的相关注释。对于苏格拉底在158e5-159a9在性质上的一致和数量上的一致之间的轻易转换,我无法给出比他人已然做出的解释更加充分的辩护。这里至关重要的是,每个变化都使你成为截然不同的感知者,但不是成为截然不同的人。

[44] 就连苏格拉底自己,也不打算用自己的论证来支撑万物变化的论点。于是,他问了一个问题:

> 为了使知识即是感知成立,世界将不得不变成什么模样?

而他也找到了答案:世界将不得不变成完全流变的世界。只有在那样的世界中,我们的知识才能被限定为瞬时的感知关系,而对于其传达的信息,我们不可能通过诉诸反证,或暂停下来近距离观察某物,或诉诸与感知关系相矛盾的永恒真理,来将它推翻。故此,苏格拉底在对话第一部分自始至终都认为,万物流变和万物相对就算不是等同的,也是相互依存的。

然而,尽管苏格拉底没有去论证万物变化这一论点为真,但我们要看到,对于柏拉图和他的读者来说,该论点并不像在苏格拉底眼中那般荒谬,这一点很重要。因为柏拉图在别处提出过可感世界的观点,而可感世界与此处所勾勒的世界之间呈现出极其明显的相似性,而且两者的相似也绝非偶然。在下文章4节2中考量柏拉图式论证这条暗流之时,我会重新回来讨论这一点。眼下,我暂且只限于讨论一个明确的问题:苏格拉底所描画的图景中,究竟包括哪一种或哪几种流变?

该图景的重点大多集中在相对变化之上:

> 一旦你说大,它又会显得小,一旦你说重,它又会显得轻,所有东西都是这样……。(152d4-6)

毫无疑问,当将一物置于不同的相对关系之中时,这些相反的属性便可被视作同属于该物:某物在与一物的相对关系中是大或重的,而在与另一物的相对关系中则会变成小或轻的。随后关于骰子的著名段落(154b6-155d5)恰恰概括了这一观点:只有领会属性的完全相对性,才能防止我们在面对事物由于不同的排列并置变得更大或更多而本身并无增加的情况时,头脑不至于感到晕眩。此处所传达的意思就是,作为使物的属性彻底变动不居最显著的原因,相对性是流变的根源。而当这一观点被应用于感知时,就聚焦于一个特别的相对关系,即感知者相对于被感知者的关系:当你感知到洗澡水热、篮球运动员高、①[45]橙汁甜②等等之时,这些属性皆是一些相对关系(你的脚与水之间,你的身高与篮球运动员的身高之间,你的舌头与果汁之间)的产物,骰子上纷繁复杂的变化亦是如此。

但是,当真所有作为流变之基础的变化,皆是相对的关联性变化么?那些描绘感知"双亲"之特征(甚至可以说构成了感知"双亲")的"缓慢"变化③——例如生病、生长或衰老——自然不会被假定为相对变化,它们是内在变化。若不是某物正经历着内在变化,不论是质量上的还是数量上的,抑或至少是位置的变化,也就很难看清楚相对变化是如何发生的。如果害病本身仅仅是一个相对的关联性变化,就比如,只有在与一个较为健康的人进行比较的情况下才有病痛越发加重一说可言,那么,害了病的人看起来

---

① 我添上这个例子来呼应154b2,在那里,"大"这种属性被视为同"白"和"热"一样,是基于感知者与被感知者之间的相对关系的。

② 我选用橙汁作为一个现代例子,来与《泰阿泰德》(159c11-e6)中酒的例子相匹配。包括柏拉图在内的古人都喜欢以酒举例,这种酒,健康之人尝起来甜而生病之人尝起来苦,而我并没有这种经验(我喝起酒来总觉得是苦的)。但很多人都会跟我看法一致,认为一般喝起来是甜味的橙汁,在刚刷完牙时喝起来是苦的。

③ 关于这些说法,详见下文[原文]页91-93(章四节3)。

便很难成为一个与先前健康的自己不一样的感知者。另外,我的脚若不先完成伸进水里的运动,它就不能感知到洗澡水为热。那么至少可以这样说,就如其实我们打一开始便澄清了的,流变观点牵涉着位置移动:事物必须运动,才能形成新的排列并置和混合物(152d7-8),新的相对性也才能开始在其中发挥作用。(必然还有一种恒常的性质变化,这种说法直到后来才能推出,也就是181c1-182a3。)

现阶段令我们十分担忧的问题是:在进行运动的实体究竟是什么?如果是物质材料,那么便难以避免这层潜藏的意涵,即物质材料本身并非感知内容,而是这些内容的根本原因。就此而言,终究还是有感知者并非其尺度的事物存在,而那就是作为感知者堪为其尺度的事物之基础的客观物质真理。

我认为苏格拉底会预见到155e3-156a7的反驳,在那里,苏格拉底为了扩大感知学说的影响力,表达了他不希望"外行"听见的想法,并明确指出,外行就是那些把存在仅归于身体而将"行动、变化与任何不可见之物"排除在外的唯物论者。取而代之,苏格拉底将针对感知的准普罗塔戈拉观点归到"更为精明的"(kompsoteroi)[46]思想家们名下,① 他们将所有存在还原为主动的和被动的

---

① 经常有人为这些"更为精明的"思想家们找寻历史上的身份,也经常会说他们是居勒尼学派之人。而我认为此乃谬误(对观上文本章注释3)。他们所教授的被称为"秘密"(mysteries)(156a3)的东西暗示着,他们属于秉承苏格拉底虚构的"秘传学说"的学派。而且事实上他们以一种绝非偶然的方式相似于《智术师》中同样加以虚构而改造出来的巨人们(Giants),巨人们同这些思想家一样,用一种以相互作用力($\delta\acute{v}\nu\alpha\mu\iota\varsigma$)作为存在之标志的本体论,取代了一种将存在消解为有形物质的粗糙还原论(《智术师》247c9-e6;对观《泰阿泰德》156a6-7)。

kinēseis——变化和/或运动,感知上相遇环节中的"双亲"也不例外。此处,苏格拉底是在让我们为一个身体被变化代替的普罗塔戈拉的世界做好准备。

如若当真如此,那么当双亲经历变化时,究竟是什么在变?我认为,答案就在双亲自己就是感知双胞胎的集合(bundle)这一论点之中(157b4-c1):

> 按照本性,事物应被称为正在生成的、正在被做成的、正在被毁灭的、正在变化的,因为无论谁在言语中把某个东西固定化,他都很容易被驳倒。应当这样来表述,个别的东西以及许多集合了的东西——人们用"人""石头"和各种动物及类给集合分派名称。

那集合在一起时构成人、石头等的个别的项是什么?被感知对象即是被感知属性的集合——可以料想,在石头的例子中,属性就是硬、白、重等。就算感知理论中没有给予这种说法应有的地位,它仍广受人们注意。而一条与之相伴随的原则则较少受人瞩目,即感知主体并不是被感知属性的集合而是感知的集合。从稍后的段落159e7-160a4即可明了,苏格拉底于此处正有此意。在那里,当谈及处于恒常变化中必须属于感知者的特质时,苏格拉底说:

> 那么,当我如此感知时,我不会变成别的东西。因为,对别的东西的感知就是另一种感知,而且它使感知者成为别样的和另外的人。同样,作用于我的对象绝不会通过跟另一个人接触而产生出相同的结果并以相应的方式变得同样。因为从另一

个人那里产生出另一个结果,变得别样。①

[47]这样一来,举个例子说,使我成为我当下所是的感知者的,正是明确的视觉、听觉、嗅觉等我此时此刻所拥有的感知的总和;除此之外,使我成为我当下所是的被感知对象的,无疑会是我的肤色、身高以及一些感知主体当下正在感知的其他属性。②

因此,只有在这些组成部分之上,变化才可能或单独或共同地发生。更确切地说,正是我感知状态上的变化使我成为截然不同的感知者,是对象在被感知属性上的变化使之成为截然不同的对象。这些变化本身则完全存在于感知者与其对象间不断转化的相对关系之中。在这样一个世界中,若说有任何事物能超越于相对

---

① McDowell(1973:152-154)对这一段有很好的分析,然而他拒绝接受其中的全部意涵。我用不同字体强调的语句的意思是,每个感知主体中的感知变化都会产生新生的感知主体以取代旧有的感知主体。苏格拉底并未像他阐释感知主体那样来详细阐释对象的变化性,这正反映了苏格拉底在眼下这一段落中对感知主体的永恒变化性的关切。秘传学说要求感知主体应是感觉之集合,这就提供了最有力的理由,来说明可从内涵丰富的本体论意义上来理解157b8-c1处的"集合",而不仅仅认为它是在谈论一堆个别的东西。关于这种说法,另一可供讨论的观点参见Brown(1993:207-208)。

② 关于同一实体如何在一种相对关系中为感知主体而在另一种相对关系中为被感知对象,对观157a5-7。而这就产生了更进一步的问题,即在普罗塔戈拉的本体论中,可能将这些集合统一起来的是什么。看到了苏格拉底代表普罗塔戈拉进行的消解人之历时统一性(diachronic unity)的准备工作之后(参见上文本章注释5),我们便不需要再设想苏格拉底能对拯救共时统一性(synchronic unity)表现出更多的关切了。将这一点视为秘传学说的短板并默许它的存在或许来得更好,而且苏格拉底只有在彻底超越普罗塔戈拉主义(Protagoreanism)并引入灵魂之时才可能对它进行改良:参见184d1-5及下文章4节6。

性本身,那只能是感知的相对性变化本身所赖以存在的位置变化。而且,倘若假定没有绝对的空间参考系,而只有与相邻实体的相对位置,那么,甚至连位置变化都可以彻底被当作是完全相对的。简而言之,苏格拉底建构了基于恒常变化中的可感属性和感知的本体论,取缔了更高级的实体(粒子、元素、力等等;甚至可能还有空间),而这些或许本应被视为那些变化的基础。[①]

设计一个现象世界实属大胆之举,此世界中的内容,其范围不会越出在感知表象层面被给予之物。但是,我们仍旧很难搞明白,何以根本不会有这样一个关于现象世界的绝对事实,即这一世界仅仅由无常不定的感知及可感属性组成。[48]其实,设计这一本体论的全部要义,就在于(或者说我这么认为)去追问世界本身必须是什么模样,才能使尺度学说成立。我认为,试图从流变是一个作为所有其他事实之相对性的基础的绝对事实这样一个推论中,把苏格拉底解救出来,将会是个错误。不可能将事物存在于流变中这一事实纳入其本身的适用范围之中,而又不引起任何灾难性的后果,这本身还只是一个复杂局面的冰山一角,它预示着之后便会相应出现(参见章3节2)有关相对主义的问题。因为相对主义若被应用于自身,也将面对同样不受待见的结果;普罗塔戈拉甚至也会一再坚称,尺度理论是一个我们不是其尺度的东西:

> 你必须忍耐着担当尺度,不论情愿与否。(167d3-4,对观179b4-5)

---

① 将这一建构称为"唯心主义"(idealism)着实引人注目,但关于其不同于贝克莱的唯心主义(Berkeleian idealism)的方面,参见Burnyeat(1982: 4-14)。

我所要指出的是,与这步认识论推演相应的本体论内容已悄然呈现于秘传学说之中:世界彻底变动不居,是一个恒定持存且不容辩驳的关于世界的事实。这样一则排除条款是不存在本来就站不住脚一说的。① 我先前曾指出(上文[原书]页32-33),苏格拉底已经从自己的角度出发,认为"不孕的助产士"的隐喻要排除在这一隐喻本身的适用范围之外:谈到对助产术本身有所理解,苏格拉底就绝非不孕不育的了。后来还有这样一种传说,即苏格拉底自称知道自己一无所知,尽管在柏拉图、色诺芬及亚里士多德那里,对此都没有什么明确的预示,但可以想见,这一传说正是基于一种类似的对苏格拉底本人思考模式的直观。原则上,对于苏格拉底而言,给予秘传学说中的流变部分以同样的高级待遇是说得通的。

3 三个论点

苏格拉底在这里区分了三条线:(1)泰阿泰德的定义本身,"知识即是感知";(2)普罗塔戈拉的相对主义论点,人是万物的尺度;以及(3)来源于赫拉克利特的流变理论。当然,(1)是经过仔细审查的定义,(2)是可将定义纳入其中的关乎本质的哲学论点,而(3)描述了唯一一种可使(2)为真的世界。在第三章,我们将追踪苏格拉底如何着手[49]处理(2)这一普罗塔戈拉论点,留待第四章和第五章才来讨论他如何捎带着消解了其他两个论点。

考量泰阿泰德的定义本身,在对话第一部分结尾处(184b3–187a3),它事实上很容易被驳倒。既然如此,为何还要徒增

---

① 关于对类似排除的辩护,对观 Burnyeat (1997b)。

烦恼地先精心加上普罗塔戈拉和赫拉克利特两条线,并在分别驳斥了这两条线之后,才言归正传?从本书所提供的整体解释的观点来看,不费吹灰之力即可找到答案。我们被带入了一次旅行,我把它称为一次有导游陪同的苏格拉底哲学成就之旅。苏格拉底的贡献在于,通过揭示那个时代主流传统中的固有矛盾,为柏拉图的形而上学扫清了障碍。在柏拉图看来,那些传统主要被相对性和流变的信念所主宰。这种看法不单在《泰阿泰德》中出现,在《克拉底鲁》中也浮现出来。① 柏拉图认为,苏格拉底对上述两种前苏格拉底思想潮流皆有抵制,而在伦理学这一自己选择探询的领域中坚持绝对且恒定的真理,但是,苏格拉底仍旧缺乏关于超越性的形而上学思想,这也是不争的事实。恰是这种形而上学才会澄清价值如何从变化中排除出来,从而证实苏格拉底直观到的东西。

正因如此,柏拉图自然而然地抓住了《泰阿泰德》第一部分所提供的机会,来展示苏格拉底为什么——且究竟如何——既抛弃了泰阿泰德的定义所照应的典型前苏格拉底经验论式的通向知识之路,也抛弃了那些他认为在上述传统中仍旧盛行的关于不稳定性和相对性的假定。

4 广义的和狭义的普罗塔戈拉主义

普罗塔戈拉主义起初作为一个论点被引入,即我们每个人都是衡量事物对于我们自己而言如何是的尺度:物之显现于既定主体的方式,便是该物于该主体而言是的方式。为了将这一点纳

---

① 我在拙著中论证过这一问题,见Sedley(2003b, ch. 5)。

入泰阿泰德将知识界说为感知的定义中,苏格拉底对它重新包装,形成了一个新的论点:物在感知上显现于每一主体的方式,便是物于主体而言所是的方式。他决定在特定的感知意义上使用动词"显现"(appear),以此完成对普罗塔戈拉论点的限定[50](152b12-13)。但是在随后的许多批判之中,他还是会恢复从广义上使用这一动词,它涉及所有判断而不狭义地止于感知的"表象"(appearance)。在为这两种立场命名的问题上,我们可以遵从法恩(Gail Fine)①的说法,将其称为"广义的普罗塔戈拉主义"和"狭义的普罗塔戈拉主义":前者使所有表象具有权威性,而后者仅使感觉表象具有权威性。那么,狭义和广义的普罗塔戈拉主义之间的这种交替转换,仅是经由苏格拉底自己许可的么,抑或是普罗塔戈拉真实立场的反映?

遗憾的是,我们几乎完全不知道,这位生活在公元前5世纪的智术师普罗塔戈拉,他究竟想用其尺度学说来表达什么。我们有信心确认的是,此学说被表述的形式——"人是万物的尺度……"——真实无误,而且该学说出现在其名为《真理》的著作中。但是就对这一学说的解释而言,几乎整个古代传统都屈从于柏拉图在《泰阿泰德》中的解释,因此并不足以算作自主有效的证据。如此到头来便根本搞不清,若苏格拉底当真使用了真实的普

---

① Fine(1996)。我倾向于绕开Fine(1995,1996,1998)提出的将"相对主义"归因于普罗塔戈拉是否恰切的问题(她自己更偏好"知识绝对可靠主义"[infallibilism])。简而言之,我倾向的观点是,无论哪种解读,都对《泰阿泰德》中普罗塔戈拉部分里的相对性进行了过多强调,以至于无法审慎地放弃使用这一术语,针对这一情况我们可以转而采用Silverman(2000:123)的看法,他将Fine本人的立场划定为"关于世界的相对主义",以区分于关于真理的相对主义或关于能动主体或表象的相对主义。

二 "知识即是感知" 77

罗塔戈拉论点,他是如何加以运用的,以及他又在多大程度上出于自己的目的对它进行了杜撰。譬如说,有可能普罗塔戈拉最初的动机仅关乎政治,倘若如此,比起他的学说在单个人身上的权威性,普罗塔戈拉更感兴趣于该学说在包括整个城邦在内的(对观《泰阿泰德》168b6)人类群体中的权威性。[①]

柏拉图早期对话《普罗塔戈拉》中出现的普罗塔戈拉,并未公然透露自己是任何意义上的相对主义者,[②]尽管其所言之辞丝毫不能将他肯定地排除在相对主义者之外。或许,除了柏拉图在《泰阿泰德》中提供的证据,最能作为支撑来说明普罗塔戈拉身份的一处表述,当数下面这一处。在普遍认为早于《泰阿泰德》的《克拉底鲁》[51]中,[③]柏拉图已经将普罗塔戈拉展现为一个"广义"上的相对主义者。[④]因为在《克拉底鲁》中,苏格拉底并没有《泰阿泰

[①] 关于这一点及其他方面细致入微的讨论,参见Farrar(1988)。

[②] 就如普罗塔戈拉在《普罗塔戈拉》334a3-c6论述有益的或好的这种属性时那样,能够指出不论此属性或彼属性,只有在某种相对关系之中才能属于某物,这种举动本身并不像一些注疏家武断的推论那样,可算作相对主义的例子,尽管这段表述在其他场合或许常被拿来用作展开论证相对主义的基础。《泰阿泰德》154b6-155d5的"骰子"段落也有类似的待遇。

[③] 在Sedley(2003b)中,我为该观点被修改后的表述进行了辩护。《克拉底鲁》应归入柏拉图中期对话的主体部分,也就是说,按照文体学资料显示,要早于《泰阿泰德》,但《克拉底鲁》显示出后来重新编辑的痕迹。若当真如此,将它作为柏拉图在《泰阿泰德》之前对普罗塔戈拉已有评价的证据便显得不大可靠。但是《克拉底鲁》中批判普罗塔戈拉的段落,似乎的确在时间上早于《泰阿泰德》,因为这一批判仅基于对智慧等级进行区分时的论证,而在《泰阿泰德》中苏格拉底定会承认,对于区分智慧等级这种问题,普罗塔戈拉不假思索就答得上来,根本不需要论证(参见下一条注释以及章3节1)。

[④] 《克拉底鲁》中批判了普罗塔戈拉主义消除了区分智慧等级,这与《泰阿泰德》161c2-162a3相照应,主要针对的是广义普罗塔戈拉主义。

德》中的那种动机,去虚构一个不符合史实的普罗塔戈拉(例如,普罗塔戈拉在《克拉底鲁》中对谈论感知就没什么兴趣),所以,这使我们有自主有效的理由认为,普罗塔戈拉,就历史上确实存在的传统而言,是一个广义的相对主义者,而非限于感知的狭义相对主义者。

事实上,还有一项自主有效的证据,虽在谈及此处时未尝被提及,[①]却是对以上符合史实的断言极为有力的支撑。我们将如实转录普罗塔戈拉和爱利亚的芝诺(Zeno of Elea)之间的对话,这段十分有趣的对话如下所示:

> "普罗塔戈拉,告诉我,"芝诺说,"一粒粟掉落可会发出声响?而万分之一粒掉落又会如何?"
>
> 普罗塔戈拉说罢不会有声响后,芝诺继续道:"如果是一斗粟掉落,它可会发出声响?"
>
> "会",普罗塔戈拉回答道。
>
> "那好,"芝诺说,"是不是一斗粟之于一粒粟的比例正是一粒粟之于万分之一粒粟的比例?"
>
> 普罗塔戈拉表示认同。
>
> "那好,"芝诺说,"难道它们声响之间不也是按照相同的比例么?因为物在发声,所以声音大小也如物之比例。在此例中,若一斗粟会发出声响,则单独一粒粟与万分之一粒粟便也会发出声响。"芝诺如此论证道。

这份完整的记录来源于辛普利丘(Simplicius)对亚里士多德

---

① 我在Sedley(1977: 112 n. 85)中简述过下面的观点;Wardy(1990: 319–323)对此有所发展。

《物理学》(*Physics*)的评注(1108.18-28),但这段轶事则是基于亚里士多德已有的文本(《物理学》250a19-21)。尽管亚里士多德原文的语境是关于变化的物理学内容,可是于我而言,至少可以看似可信地推测,这一讨论的本意是,芝诺试图在普罗塔戈拉的立场下推出矛盾。可以认为,芝诺采用策略迫使普罗塔戈拉承认声响可在低于感知临界[52]的范围内存在,这也是利用了我在前文谈到的那种"显现"的含糊性。将真理等同于显现于每个人之物的普罗塔戈拉,并未领会到同一物或许会在同一时间对同一人以截然相反的方式显现:一穗谷子的碎末掉落在地时发出声响,既会(在理论判断上而言)又不会(在感觉所知上而言)向普罗塔戈拉显现。不论这一轶事来自历史上关于芝诺之真人真事的报告文学,①还是来自无名作者的虚构文学式对话,都可以算作同时代人或近乎同时代人对普罗塔戈拉的解释,且独立于柏拉图之外,因而可作为极有价值的证言。基于这一佐证,普罗塔戈拉被解释成一个广义的认识论上的相对主义者,于他而言,他所声称具有权威的"表象"既涵盖了感觉印象,也包括了反思判断,对两者可谓一视同仁。

依据这一点,接下来的阐释路径将对《泰阿泰德》中的苏格拉底策略进行卓有成效的解释。苏格拉底并没有重复早先或许就进行过的芝诺对普罗塔戈拉的那种批判,而是有意完好地保存了普罗塔戈拉论点中已经显现出的"显现"的含糊性。通过这种方式,

---

① 关于芝诺口耳相传的可靠传说可以追溯到相当早的时期,以至于亚里士多德也利用了该传说,所以其有效性不容忽视。芝诺运动悖论(我打算在别处深入探讨)定然是由于亚里士多德一人才得以保存至古代末期的,因为之后的所有转录,包括辛普利丘在内,皆是基于亚里士多德。这说明芝诺运动悖论并没有记录在辛普利丘独立使用过的那本芝诺著作中;虽然如此,这些悖论仍被普遍认为源自芝诺本人,而并非他人的杜撰。

他可以将自己的批判一分为二(分别对应广义的和狭义的普罗塔戈拉主义)。

第一批判将攻击那种使囊括所有信念在内的广义的表象独具权威的做法:也就是批判彻底的相对主义。第二批判将集中攻击使狭义的感知意义上的表象独具权威的做法:也就是批判泰阿泰德"知识即是感知"的定义中所暗藏的经验主义。这并不是说,苏格拉底自己含混于两种"表象",而是这样做对苏格拉底的策略来说更为合适,因为苏格拉底要让普罗塔戈拉继续在此问题上保持含含糊糊。或者倒不如说,这种做法对柏拉图来说更为合适,他让苏格拉底完好地保存了那种含糊性,这样一来,柏拉图便让他的助产士从事评论家的工作,大加挞伐现存思潮中泾渭分明的两个方面——相对主义和经验主义。

针对将狭义和广义普罗塔戈拉主义合并起来这一方案,苏格拉底给出的可行性是有多么小,看看156b2-7就能明白。秘传学说对"感知"进行了如下描述:

> [53]感知被叫做看、听、嗅、冷感、热感,还有乐感、痛感、欲望、恐惧以及其他,其中获得名称的有许许多多,没有名称的还有无限多。

很快,在157d7-9,苏格拉底和泰阿泰德又以一种理所当然的方式声称,"善"和"美"目前仍在普罗塔戈拉理论所能提供的诸多谓词当中。其中包含的观念即,我们对于世界的"感知"并不只限于对颜色、声音等的表现,也包括了伴随着我们同世界在感觉上的相互作用的所有情感性和评价性的状态,此外,还有我们将之同事物勾连在一起的评价性谓词。因此我们或可推知,比方说,如果议事会决断,进行战争是个好主意,那么这就是对议事会集体欲望或恐惧的表达,这些状态本身正是对世界当下于议事会成员而言如何是的直接且不可翻移的表现。任何这样的诊断,都会涉及对人类合理性(rationality)高度还原的表述,所以就没有理由来考量,到底是历史上的普罗塔戈拉本身持这样的观点,还是柏拉图有意将之归于普罗塔戈拉名下。依据上下文的谋篇布局来看,此处的表述只不过是一张膏药,它粘黏起狭义和广义普罗塔戈拉主义之间仍旧存在的巨大鸿沟。

泰阿泰德将知识界说为感知,这一定义事实上融合了广义和狭义的普罗塔戈拉主义,这使得我们很难用一个标签来充分概括对话第一部分力图加以驳斥的基础性论点。然而,在下面的章节里,我还是姑且如已然在做的那样,仍旧将对话第一部分称作苏格拉底对"经验主义"的驳斥。这是因为,不论基于广义还是狭义的理解,泰阿泰德把知识与感知等同起来的做法,都被视为单单挑出了我们对世界的感觉经验,来作为达到知识的唯一通路。只不过,在狭义的解读中,感觉经验就已经穷尽了我们的知识;而在广义的解读中,感觉经验仅是对世界及其内容可能进行的综合认知的基础。但是在两种解读中,经验主义的经典原则都显而易见:没有何种知识不存在于感觉经验之中或建立在感觉经验之上。[①]

在下一章中,我将聚焦于对广义普罗塔戈拉主义的批判。

[①] 对观佚名注疏家对《泰阿泰德》第一部分特征的描述,"因为……从诸感觉皆拥有某些对那些过分高估感觉且将准确性归入感觉之人极具吸引力的东西这一事实中产生的信念,这就是苏格拉底批判的第一种信念"(3.7–15)。

三　相对主义

1　普罗塔戈拉第一批判（161b8 – 168c7）

[54]现在,苏格拉底着手批判广义的普罗塔戈拉主义。但为了确保一击致命,苏格拉底允许普罗塔戈拉(去世已久,但得以重现,形式上由好友忒奥多洛斯表现出来,哲学上由苏格拉底展现出来)有充分回应的权利。正是在此之后,苏格拉底才觉得能够将普罗塔戈拉在不止一个方面逼上绝境,再也不能解脱。针对第一阶段攻势连同假设出来的普罗塔戈拉的回应,可做如下总结。①

---

① 下页表格揭示了最大程度上暗藏在文本中的问与答。

批判	以普罗塔戈拉的身份进行的回应
1.(161c2-d2)为什么是人而不是任何其他感知者,如"猪"?	(162e2-163a1)这是诉诸看似可信性,而并非确定的证明
	(167b7-c4)[甚至植物都是自己真理的尺度]
2.(161d2-e3)如果人人皆为自己真理的"尺度",为何我们将某些人归为有智慧的(例如普罗塔戈拉本人)?	(166d1-167d4)智慧的必要条件不是对于真理更加透彻的领会,而是使好的事物而非坏的事物向他人显现(即是显现为真)
3.(161e3-162a3)若一切信念皆为真,辩证法便毫无意义	(167e3-168a2)[辩证法的目的在于纠正对话者由自己或由他以前的同道导致的"失败"]
4.(162c2-7)[神又怎会比人更有智慧呢?]	(162d5-e2)普罗塔戈拉自称是一个宗教上的不可知论者
5."知识即是感知"的反例:	
(a)(163a7-c5)感而不知:外邦语言、文盲读者;	对(5a)的回应(163b8-c4):他们感而知其音和形;他们既不感也不知其意
(b)(163c5-164b12)知而不(再)感:记忆;	对(5b)的回应:要么是(b1)(166b1-4):记忆是原有感觉经验的延伸,所以(言下之意就是)能够算作知识①
(c)(165b1-c10)同时感知且不感知:睁一只眼,闭一只眼;	要么是(b2)(166b4-5):你能够同时对同一事物知且不知②
(d)(165d2-e4)在"昏暗的环境""较远的距离"等条件下进行感知。	要么是(b3)(166b5-c1):流变学说移除了时间中的人格同一性,因而消除了记忆
	(没有对c或d的回应)

---

① Rowe, Welbourne, and Williams(1982)的译法将166b3-4处译作"你是否认为有人会向你承认,若(if;而不是McDowell或Levett[至少到2003年版仍未改动]所翻译的'当'[when])某人不再经验事物,他仍可将关于该物的记忆呈现于自身"。另一种解读认为普罗塔戈拉否认记忆存在。

② 尽管这里乍看起来是对5c的回答,但其实这一部分似乎涉及的是166a4的5b中的内容,其中暗含了一种解答,即可以凭你所忆而知某物,但与此同时,你也会凭你所未感知而不知该物。

[55] 尽管遭受攻讦的正是广义普罗塔戈拉主义,但我们或许会注意到,在(1)和(5)中,广义普罗塔戈拉主义是如何被解释为从狭义感知意义上的尺度学说逐步发展起来,而并非简单地无视此学说。基于眼下的目的,我只对这场论战中的一个部分展开讨论,也就是我标注为(2)的部分。此处构成一个问题,即,若每个人都是正确的,那如何会有一些人比他人更有智慧?这个问题对于柏拉图而言显得尤为重要,正如我们根据《克拉底鲁》(385e4–386d2)中与此相照应的普罗塔戈拉批判所做的推断那样,此问是由苏格拉底调配且单独进行的论证,对话双方皆视之为[56]对尺度学说的充分驳斥。此问在《泰阿泰德》中并未被视为具有盖棺定论的意义,这说明,此时此刻柏拉图已经洞悉了普罗塔戈拉将作何回应(或许这可算是一个信号,表明此处我们将遇到的回应并不是已然出现在普罗塔戈拉著作中的内容)。所导致的结果便是,苏格拉底得更加着力地描画其对于专门技术的结构性理解,比他在《克拉底鲁》中的表现更甚。我们将在本章第7节得见此番描画。

假想出的普罗塔戈拉的回答极具独创性。一个像普罗塔戈拉这样的教师,他的"智慧"在于,可以将事物何以呈现于人的方式变得更好。一个专职医生要使病人感觉良好,是通过一些手段,例如,让食物在病人尝起来味道甜美,而不再苦涩——其实,不妨说,让整个世界对病人而言感觉起来——即显得——更好。甚至是农民都通过使自己的植物更加健康来使这些植物自己感觉更为良好(对观《蒂迈欧》77a3–c5,柏拉图自己确信植物自身有苦乐之感)。按照这种说法,教师并不提高学生真理的存储量,而是给予他们好的信念以代替坏的信念。最终,普罗塔戈拉会说,修辞术专家正是那样一些人,他们可使大众秉持并不更真然而却足够好的关于正义和值得称赞之物的信念。

大可不必担心,以为这种说法中的"好"已经逃出了相对化。普罗塔戈拉并没有陷入——至少尚未陷入——那样一种处境,即必须承认善(goodness)是一种独立于主体之判断的客观价值。以下例子将完全满足普罗塔戈拉的这种说法。伯里克勒斯(Pericles)劝说雅典人,将同盟的钱财用于修建万神庙。因为这一工程在当时向他们显现为值得的,而且对他们而言也的确是如此。可为什么后来雅典人认为伯里克勒斯有智慧呢?那是因为,根据结果——万神庙这一建筑——来看,伯里克勒斯劝说雅典人去做的事乃是值得的,这向他们显现为一件伯里克勒斯曾劝说他们去相信其将会值得做的好事。换言之,就我们在这一阶段所知晓的全部而言,由专家所灌输的表象中的善,恰在包罗万象的相对化范围之内。至少,苏格拉底没有指出表象中的善并不在相对化之内。①

2 普罗塔戈拉第二批判(169d3-171e9)

[57]现在,我们来到了苏格拉底对普罗塔戈拉的批判中最为有名也最富争议的部分,即自我驳斥论证(self-refutation argument)。②

---

① 这些涉及在Burnyeat所谓"妥协"和"不妥协"两种解释间做抉择的问题,最初由McDowell(1973:165-167)和Burnyeat(1990:23-28)分别提出。
② 对这一论证的批判性讨论,应特别参看Burnyeat(1976b)、Waterlow(1977)、Denyer(1991)、Emilsson(1994)及Fine(1998)的论述。我提议应从Burnyeat的文章开始看起,其新意在于试图展现文本本身如何传达那个已然由Burnyeat提供的关键洞见(世界之内无世界)。

这段论证分为两步独立的论证。第一部分(170c2-9)提出假信念的地位问题;第二部分提出尺度学说本身的地位问题。既然第二部分明确声称,对尺度学说构成了与第一部分对假信念之否定所构成的限制相同的限制(170d1-2),因而我的进路便是细窥第一部分之端倪,以求对揭示第二部分有所帮助。

第一部分论证之简单如其所述。在奠定了大多数人都相信有假信念亦有真信念这一基础之后(169d3-170c1),苏格拉底进行了如下进一步论证(170c2-8):

> 那么,我们将如何为普罗塔戈拉进行论证?我们究竟应该说人们永远认信真的东西,还是说,人们有时候认信真的东西,有时候认信假的东西?我认为,从这两个选项中都会得出,人们不是永远认信真的东西,而是认信真的和假的两种东西。忒奥多洛斯,某个普罗塔戈拉的追随者或者你本人会不会愿意主张,没有任何一个人认为另一个人是无知的并且认信了假的东西。

这是反对尺度学说的二难推理论证,可以把它提炼为以下几步:

(1)许多人都相信有假信念。因此,
(2)若所有信念皆为真,则有假信念;
(3)若不是所有信念皆为真,则有假信念;
(4)因此,无论两种情况中的哪一种,都有假信念。

这样看来,(2)将使人误入歧途。先行条件"若所有信念皆为真……"表述了尺度学说的主要原则,但尺度学说中所谓所有信念皆为真,意思是它们对于持有这些信念的人而言才为真。按照这种说法,从(2)就只能推出,对于那些认为假信念存在的人而言,有假信念。但是这样一来,若假设尺度学说成立,(4)所确定的便正是,[58]对于那些认为假信念存在的人而言,有假信念。此处的驳斥听起来更像是对尺度学说的辩护。驳斥事实上根本不再是驳斥。

我认为要解决这一问题,办法就在"为普罗塔戈拉"(for Protagoras,[译按]或译:对普罗塔戈拉而言)这一言词之中,我在上面引文中已用不同字体强调了这一言辞。诸抄本在此处两立为呼格的"哦,普罗塔戈拉"或与格的"为普罗塔戈拉"两种不同表述,而我选择采用与所有现代版本皆不同的后一种表述。我要通过这种理解来表明,接下来的一切皆是在回答,对于普罗塔戈拉本人而言究竟是怎样一种情况。(正因为如此,最终的问题会着眼于确立一个说法,即普罗塔戈拉学派自己必须承认许多人相信有假信念存在。)

基于这种解读,(1)-(4)的每一步都是相对于普罗塔戈拉而言的——这几步论证告诉我们,在普罗塔戈拉的世界中究竟是怎样一种情形。

我在使用后一种表述时(从伯伊特那里借鉴而来),并不妄图将相对化的惯用表达"对X而言"(for X)弱化为"在X的世界中"(in X's world)这样一个更为基本的概念。我仅是假设将某人的世界等同于他确实认同或能够认同的一系列真理。鉴于普罗塔戈拉相对主义中的私有性一说(上文页40-42)排除了两人或多人间分有任一真理的可能,若照此理解,必会导出没有任何两人拥有相同世界的结论。因此,人人之真理皆独有地融汇于各自的世界之中。这样去思考此问题,会有助于阐明我接下来将着手论述的观点。

尺度学说中主要的一方面正是我称之为"单一相对假设"(single-relativization assumption)的东西。依据尺度学说,每一真理都是相对于一些进行判断的主体而言的,不论此主体是一个个体还是一个团体。但是,没有真理恰是——或有丝毫可能会是——有层次地相对于两个或两个以上的主体而言的。也就是说,没有真理属于"对X而言如此,且对Y而言情形亦如此"的形式。限定语"对X而言"意为"在X的世界中",而尽管Y在X的世界中或占有一席之地,但Y的世界却不会处在X的世界中。单一相对假设虽一直未被明确表述,但却层出不穷地映入眼帘,一旦我们领会到,使一个真理相对化即是将之局限在某人的世界中,那么,二重相对(double relativization)之说为何简直毫无意义也就显而易见了。①Y的世界私有于Y,这当中蕴涵着的必要条件正是,[59]Y的世界完全在X的经验之外,且因此,Y不能担当对于X而言的真理的主体。

以上引述的论证只着眼于解决在普罗塔戈拉的世界中究竟是怎样一番情形这个问题,所以,我起先概括出的辩护举措还未有用武之地。步骤(1)确立了在普罗塔戈拉的世界中有许多人相信会有假信念存在。②步骤(2)确立了,在普罗塔戈拉的世界中,倘若此世界确如被确立的样子,乃是一个其中的每个人都为正确的世界,

---

① 这一观点得以如此表述应更多归功于Burnyeat(1976b)。对观Denyer(1991:90—94)的类似解释,以及McCabe(2000)具有可比性的洞见:普罗塔戈拉的相对主义是"干瘪"的,因为它不允许人拥有关于他自己所拥有信念的信念。

② 这并非一种二重相对。只要将步骤(1)中的"许多人相信……"(Many people believe that)转换为"对于许多人而言是……的一番情形"(For many people it is the case that)就可化二重为单一,而苏格拉底没有尝试采取此举措毫不意外。

那么便有假信念存在：并不是说，在普罗塔戈拉的世界中，有存在于他人世界中的假信念，因为单一相对假设会致使任何如此的说法失去意义。同理的还有步骤(3)：如果普罗塔戈拉终究没能坚持，抑或他考虑到先前的反驳而打消坚持的念头，不再认为每个人都是正确的，那也还是会导出完全相同的结论——在普罗塔戈拉的世界中会有假信念存在。总而言之，即便是在普罗塔戈拉自己的世界中也还是有假信念存在，而这与他自己的尺度学说完全自相矛盾。

给予第一部分子论证应有的地位是极为重要的，因为正如我已经强调的，这一子论证为第二部分子论证奠定了基本的形式，更广泛地说，也奠定了自我驳斥论证的形式，这将在170e7–171c7体现出来。作为第二部分论证(170d4–e6)的准备，苏格拉底首先进行澄清：根据尺度学说，若你独信某物而众人皆反对于你，则此物于你仍为真，而于众人为假。由此，苏格拉底进入了论证本身(170e7–171c7)。从我在第一句中的楷体标注就可看出，这第二部分论证在开端处如何多多少少同第一部分论证有着息息相关的对应：

  苏 对普罗塔戈拉本人而言呢？如果［A］他本人不认为，大众也不认为（他们也确实不认为），人是万物的尺度，那么，他所撰写的那个"真理"对任何人都不是真的。另一方面，如果［B］自己这么认为，而多数人不这么认为，你会知道，首先［i］，不这样认为的人超过这样认为的人的程度，正如不是真理胜于是真理的程度。必定是这样，对么？

  忒 必定是这样，如果它是如此和不是如此取决于个人信念的话。

  苏 其次［ii］，它还带有一个最微妙的意思。［ii.1］普罗塔戈拉同意,根据他自己的观点,那些[60]认信相反者的观点,即认为他出错了的人的观点,是真的,因为他同意,每个人都认信是的东西。

忒 确实。

苏 如果他同意那些认为他出错的人们的想法是真的,那么他就要承认他自己的想法是错误的,不是吗?

忒 必须的。

苏 [ii.2]其他人并不同意他们自己是错的,对吗?

忒 他们不同意。

苏 根据他的著作,在他自己看来,他同意这个信念是真的。

忒 显然。

苏 那么,[ii.3]他的学说将会遭到每个人的反对,以普罗塔戈拉自己为首。或者毋宁说,每当普罗塔戈拉认同那些反对他的人,普罗塔戈拉自己会赞成自己的学说,认为反对他的人的信念在彼时彼刻乃是正确的。① 而且普罗塔戈拉本人也会同意,不论是一只狗还是任何一个人,都不是任何他没学到的东西的尺度。情况不是这样么?

忒 是这样。

苏 [C]在这种情况下,既然普罗塔戈拉的学说会受到每个人的反驳,他的"真理"对于任何人,包括别人和他自己,都不会是真的。

---

① 尽管 Campbell(1861, ad loc.)试图解释这句话,但按照传统句读(参见 OCT 版)所得出的文本句法仍无法令我信服。为了提出以上解释,我删去了 171b12 行 δοξάζειν 之后的逗号,然后在位于 c1 行的下一个词 τότε 后插入了一个句号。因为 τότε 同样也是后置表示从句完结,对观 199b9。

（Bii）被苏格拉底称为"最微妙的"论证,对此的惯常反驳,同样按照我所提炼出的与第一部分论证紧密相关的那几步进行:由多数人不赞同普罗塔戈拉这一事实,不应推导出普罗塔戈拉是错的,而仅仅能推出普罗塔戈拉对于那些认为他是错的人而言是错的。相应地,对于这一反驳的回应,也同样依据我为第一部分论证辩护时提出的那几步;另外,与苏格拉底和忒奥多洛斯二人所进行的第一部分论证开头相一致的打头一句,"对于普罗塔戈拉自己而言情形是如何?",也强有力地证明了我们的大胆猜想符合预期。正是在普罗塔戈拉自己的世界中,他才须承认批评他的人是对的。

一个困境恰恰使这一策略含混起来,即,将论证针对普罗塔戈拉进行相对化——局限在他的世界中——虽在开头就预告出来,接下来却并未立即开始进行。第一步(A)就好像[61]一个插入的开端,直到论证(C)完结之处才会用得上,而到那时我们早已将普罗塔戈拉的世界抛在了脑后:若(最终得以成立)终究没有一个人认为普罗塔戈拉是对的,则可以说他对于"无人"而言是对的——也就是,在"没有哪一种"世界中,他是对的。

只有(B)部分声称,我们进入了普罗塔戈拉的世界。至于(Bi),"……不这样认为的人超过这样认为的人的程度,正如不是真理多于是真理的程度",这话确证了我们当前处在普罗塔戈拉的世界中。假若我们不在其中,最后这一句估计就应是"对于比对他们而言是真理的人要更多的人来说不是真理"。正因为我们当前处在普罗塔戈拉的世界之中,所以,在单一相对假设的前提下,这一经比较而得出的结论必须以限制自身的方式,来向我们传达:尺度理论如何仅在普罗塔戈拉自己的而非任何其他人的世界中才得以发挥功效。

这同样适用于整个(Bii)部分。普罗塔戈拉被迫承认其对手观点正确时,并没有更详细地表述为"对于其对手们而言为正确的",原因正是普罗塔戈拉的回应建立在他自己世界中的真理之上。

只有在(C)部分,我们才终得以从普罗塔戈拉的世界中移步出来,将讨论的范围普遍化至不同的世界,并由此拾起遗留在(A)中的要点:目前看来,尺度学说并非在任何人的世界中都能为真。这可以算作最终的驳斥了,而且苏格拉底完全没必要从"并非在任何人的世界中都为真"更进一步地推论至"绝对不为真"。如果尺度学说是将真理局限在个别的世界中,但同时又不得不承认,尺度学说本身在每一个可料想出此学说的世界中都为假,那么,这已然算得上一个彻底的自我驳斥。

最后,我们或许会问:根据我对《泰阿泰德》的整体解释,那些我们已经领教过的用来对付普罗塔戈拉的策略,为何会被当作苏格拉底的遗产? 其实,无论如何,这些策略都可归为上文页33-34列举出的十项助产术原则中的第六项:苏格拉底在驳斥上展现出的专业技术。有一个更管用的线索可以更明确地说清这个问题,那就是苏格拉底在《欧绪德谟》中的批判,该批判同样针对一个与普罗塔戈拉之名相联系的相关谜题,即不可能说假话(286c2-3)。我们会在《泰阿泰德》的第二部分中看到,在没有形而上学支撑的情况下,苏格拉底的遗产凭借其自身并不足以就谬误/假(falsity)何以实际上的确会出现的问题给出肯定性的解释([原书]下文页133-134)。但在相当苏格拉底式的《欧绪德谟》中,[62]苏格拉底已然针对对谬误/假之否定提出了诸多否定性的反驳,而《泰阿泰德》在批判普罗塔戈拉时则极力模仿了这部分内容。[1]

苏格拉底向提出谬误悖论的欧绪德谟(Euthydemus)和狄奥

---

① 关于《欧绪德谟》再创造了早期苏格拉底,参见原文页10相关脚注。

尼索多洛(Dionysodorus)提出的一个问题是：若没有一人会出错，不论在言辞中还是思想中，那么这二位智术师又是如何能够把自己表现为肚子里有货相授的专家的呢？(287a1-b1)——这明显是《泰阿泰德》里普罗塔戈拉第一批判中发展出来的主要观点的先驱(上文页54-56)。同样这段文字还包含着普罗塔戈拉第二批判中发展出来的自我驳斥论证的明确起源。在287e4-288a1，我们发现，苏格拉底将否定谬误的论点归为一种二难推理表述的做法，不禁令人回想起《泰阿泰德》中自我驳斥论证中的第一步(170c2-8)。

> 你是否认为我错了？若我没错，即便你倾全部智慧也不能将我驳斥；但若我错了，你在声称不可能会犯错时所说之辞仍旧不正确。[①]

这些与《欧绪德谟》的联系足以确证，《泰阿泰德》中对广义普罗塔戈拉主义的驳斥理应被解读为在向我们展示真正的苏格拉底遗产。一般来说，这一遗产会被界定为揭露固有的突兀之处的技术——或者按照常言的助产士模型，被界定为检测哪些妊娠反应是真的且能生育出胎儿的、哪些则并非如此的技术。更确切地说，这一驳斥已表明，它本身乃是苏格拉底特有的、用以揭露那些在看似合理的位置上的突兀之处的装备之中的一件。

[①] 对观Burnyeat(2002: 41)，他将之归类为自我驳斥论证。尽管就《欧绪德谟》上下文看来，这一标签有误导之嫌(因为其中运用二难推理其实是在回应一个完全不一样的论点，而非针对否定谬误这一论点本身)，但不难觉察，这个二难推理论证的确是《泰阿泰德》中自我驳斥论证的起源，尤其对于170c2-8的第一步论证而言更是如此。

3 价值相对主义（172a1-c1）

很难想象有这样一段文字在饱受赞誉的同时却鲜被人提及，这就是处在《泰阿泰德》中心位置、行文间自行冠名为"离题漫谈"（Digression）的部分。在古代，此处关于肖神的言辞，尤其是宣称肖神[63]是美好德行之关键的言辞，常常被柏拉图主义者效仿，并逐渐成为对其道德追求的正式的公式化表达。① 时至今日仍有不少其他主题源自这一部分，尤其是泰勒斯（Thales）的轶事——忙于观看星辰而失足跌入井中——这些主题引发了细致入微的学术研究，② 但是在将离题漫谈整合于所属对话并视其为一个整体的工作上，却无人有所进展。大多数对于这篇对话的一般性讨论——不论是直白地还是含蓄地——都将此部分按文本本身的表述视作表面意义上的"离题漫谈"，并且大多都将它排除在考察范围之外。③

---

① 对此传统最为充分的调研保存于 Merki(1952)。另见 Passmore(1970)、Roloff(1970)、Annas(1999, ch. 3: "Becoming Like God: Human Nature and the Divine")以及 Reuter(2001)。我也亲自对这一部分进行了验证，认为它乃包括《泰阿泰德》在内的柏拉图对话中的一个主题，见 Sedley(1999)。在本章中，我又一次成功排除了《泰阿泰德》中的离题漫谈部分乃信马由缰的随意之笔这一可能；这一工作得以完成尤其得益于与 Alice van Harten 的讨论。

② 尤其参看 Blumenberg(1976)。

③ Ryle(1966: 158)称"毫无哲学意义"；根据 McDowell(1973: 174)，离题漫谈部分的作用有如现代的脚注和附录。更有大量对此进行的讨论，如 Barker(1976)、Polansky(1992: 134-148)、Rue(1993)、Bradshaw(1998)、Butti de Lima(2002)、Spinelli(2002)以及 Blondell(2002: 289-303)等等。其中，Burnyeat(1990: 31-39)仍保持着我所熟知的最为严肃的态度，他尝试将离题

《泰阿泰德》的行文语境正是，苏格拉底对普罗塔戈拉的名言"人是万物的尺度"所体现出的相对主义展开批判。就这一点而言，正如我们已然所见，苏格拉底已经成功论证了至少在两种情形下尺度学说都将破产。第一，尺度学说不能应用于涉及专业技术的事情上：外行比专家更倾向于出错，这一普遍的一致意见已经在169d3—170c9（[原文]上文页57—59）为支持假信念存在而进行的二难推理论证中得到证明。第二，尺度学说也不能应用于它自身，因为假若每个人都同样为真理的一个尺度，那么普罗塔戈拉就不得不做出让步，承认那些认为尺度学说为假的绝大多数人是正确的（170e7—171c7；上文[原文]页59—61）。

　然而，局部的胜利并不能完全消除相对主义构成的威胁。因为，正如苏格拉底在离题漫谈开头所评论的，仍有相当多人是有选择性的相对主义者，他们把相对主义应用于一系列"政治的"[64]或"公民的"关键价值上。① 这些弱化了的相对主义者② 会向苏格

漫谈部分整合入对话，使其成为一个整体。Ioppolo（1999a, pp. xxxvii—xli）的优点是，强调了离题漫谈所带有的苏格拉底式本性。Caizzi（2002，尤见86）对此部分的主题进行了极富价值的评注。我则在Sedley（1999: 311—314）中简述了我自己的解释。

① 这一派思想最早为人所知的代表正是苏格拉底自己的老师阿基劳斯（Archelaus，关于此人，对观下文[原书]页161），他曾认为正义是纯粹习传的（νόμῳ；D. L. II 16）。尽管同样的相对主义立场难以归到任何能够指名道姓的公元前5世纪的智术师头上，但在柏拉图笔下，这一立场却呈现出广为流传的景象（不单是在此处，在《法义》卷十889e3—890a9也有涉及），而我们也没理由不相信他：时至今日，道德相对主义尽管还是鲜有哲学上的理论拥护者，却得到广泛的认同或被假定为前提。

② 将172b7—8的ὅσοι γε δὴ μὴ παντάπασι τὸν Πρωταγόρον λόγον λέγουσιν解读为"那些不管如何也不绝对地提出普罗塔戈拉论点之人"，这一做法在

拉底做出让步并承认,在要决定什么是有益的之时有一个绝对确实的东西,就如我们当然会将生死抉择托付给医生或者领航员,而非凭借我们自己未经专业训练的偏好做出决定。但是这些相对主义者又认为,掌控社会的核心价值皆基于当地公民的实践、律法、规范以及偏好,而对于不同个人、不同社会政治团体而言,这些价值则具有不可通约的相对性。

这里谈及的隶属于相对主义范畴的具体价值中,有三组首当其冲:(a)美的(fair; kala)和丑的(foul; aischra),依照古希腊用法,这两个术语都可横跨审美和道德两界;(b)正义的(just)和不义的(unjust);(c)虔敬的(pious)和不敬的(impious)。① 相对主义者在分

177c6-d7得到支持。Caizzi(2002,尤见83-84)提出应翻译为"那些根本不会提出普罗塔戈拉论点之人"。而我并不确信她找到了另外一处确凿无疑的参照,且也附带有同样是这种意思的被否定了的παντάπασι。在她提出的两处,《理想国》540d1-2和《法义》811c6,παντάπασι确确实实伴随着否定从句出现,而这两处都可以理解为与《泰阿泰德》这句话惯常的翻译相符合,即译为"不绝对"(not absolutely)。在《厄吕克西阿斯》(*Eryxias*)401c6(以及她进行对比的e3处),παντάπασι显然可以解释为外在于该否定从句,而我猜想,恰恰因此才可以将之解释为"绝对不"(absolutely not)即"根本不"(not at all)。《泰阿泰德》中的这句话显然符合前一种类型。若我言之成理,那么要想表明Caizzi所主张的另一种翻译在语言学上实属可行之法,尚需更为充分的证据。

①　使用Levett译本(至少直到2003年仍在印刷)的读者应警惕,离题漫谈中涉及虔敬的部分并未充分地体现出来。在172a2,"那虔敬的和不敬的"(the pious and impious)被译为"那为宗教认可的和那不为宗教认可的"(what is sanctioned by religion and what is not);而在176b2,"虔敬的"(pious)直接变为了"纯净的"(pure)。多数其他译本也无法在两段文字的翻译上保持一致。McDowell的译文"符合宗教或不符合宗教"(in conformity with religion or not... religion)在我核对过的英语译文中最不会误导人。在这个层面上,我所见过最

析时对前两组最是青睐有加,因为显然——至少经过了希罗多德(Herodotus)对邻邦文化中波谲云诡又妙不可言的行为的收集整理之后,这在希腊人看来显而易见——单单当地的风俗习惯就能够决定审美、道德及司法的规范。在前5世纪到前4世纪有一种流传范围很广,但在知识分子中间并不盛行的看法[65]:至少单就正义而言,当地构成正义的规定是为了满足社会利益而人为强加的权宜之计,丝毫没有反映出任何来源于自然的、关于对错是非的先行原则。难怪随着苏格拉底对道德相对主义一派的反驳不断深入,正义逐渐成了主要焦点。离题漫谈部分没有对美和丑做深入探讨。① 而虔敬则继续扮演着一个微妙的角色。我将在适当的时候重新回到针对虔敬要做的重要功课上来。但为了到达这一阶段,我们还是必须按照苏格拉底口述之事循序渐进,首先全力着眼于正义这一范例。

为精确的当数Valgimigli的翻译"神圣的……圣洁"(santo...santità),尽管她曲解了后续部分的 μετὰ φρονήσεως [伴随着智慧],关于这一点参看下文页75;而且她在翻译176d1的 ἀνόσια [不神圣的事情]时使用了不相匹配的语词。另见下文中本章注释32。

① Caizzi(2002: 78-81)对《法义》889e3-890a9的引用可以很好地帮助我们解释,为何 καλόν [美]一词如今销声匿迹了:与"正义的"和"虔敬的"不同,极端的相对主义"无神论者"允许有一个自然的且仅从传统中而来的 καλόν 存在。(然而,值得注意的是,在《高尔吉亚》483c8-484a2,波卢斯[Polus]对"正义的"也持同样的说法。[译按]这段话似乎并非出自波卢斯之口,而是卡利克勒斯[Callicles]之言)

4 拓宽视角（172c2-176a1）

接下来一段（172c2-174b8）的主要功能就是表明，正义毕竟不像很多人所以为的那样，不是具有相对性的价值。这一语词让人有相对性的印象是由一种狭隘的观点而起，一人若留心城邦中的种种正义和不义之事——在法庭上、集会中、议会里——便会秉持该观点。特别强调法庭这一点，很大程度上还是因为柏拉图照例要隐晦地暗示苏格拉底即将受审一事。在这里有必要忆一忆《高尔吉亚》，其中同样多处提到哲人由于拒斥那种虽受法庭看中、形式却不入流的修辞，而无法在法庭上为自己辩护。也不要忘了《理想国》中的洞穴比喻。那个囚徒从洞中的幻影世界逃离，却又为了启蒙同胞而返回洞穴，他在被迫为那只不过是幻影的正义而争辩之时，展现出了"在法庭上及别的什么地方"（517d8）都尽显愚蠢的行为。正因如此，那些尚未得解放的囚徒一心想要将他杀掉（如517a4-6所暗示），便显得不足为奇。

苏格拉底最终将被法庭定罪的隐晦预言，也在《泰阿泰德》的离题漫谈部分得到同样有力地呈现，另外，这部分内容还再次强调了哲人在法庭上看起来会有多么滑稽（174c2-6）。这里缺欠的——依据我[66]所做的全局性解释进行预言——就是关于洞穴的形而上学，即没有对洞穴之内的可感世界和洞穴之外的可知世界进行区分。而仍被囚禁的囚徒与获得解放的囚徒之间的对比则得到表现，因为这里对比了经常出入法庭的奴隶与被视为唯一拥有自由的哲人。

苏格拉底解释说，造成司法领域和哲学领域之差异的缘由，是严格强制的时间限制,①这一限制仅对法庭演说有所约束,而无碍于哲学论述。这一部分与苏格拉底自身命运的关联,会在《泰阿泰德》这篇对话结尾处重新成为焦点,在那里,我们得到了一个诡谲的提醒:哲人对时间的自由使用并非完全不受法庭对奴隶的那般要求的损害;苏格拉底说他现在必须离开了,更加深入的哲学讨论得推迟到第二天,因为他要参加一场大执政官(king Archon)出席的听证会,会上他将就美勒托(Meletus)的指控做出答复。(熟悉《游叙弗伦》的读者会意识到,在柏拉图构建的戏剧世界里,苏格拉底会在前往这场听证会的途中遇见宗教狂热分子游叙弗伦,并且在开始听证前与游叙弗伦进行一番力图揭示虔敬本性的对话。这对于我们理解离题漫谈不无意义。)

目前为止,在离题漫谈的开篇处,通过一些在很大程度上为人熟知的表述,哲人在法律程序上显出的天资匮乏已然展现无遗,而且,离题漫谈也与柏拉图早先的一些尝试勾连了起来,从最开始的《申辩》一直到对苏格拉底未能获得赦免的缘由给出的解释,都得以贯通。但是,接下来我们将领略这些老套主题中的旧瓶新酒——维护正义作为一种绝对价值的地位。

哲人对由集会、法庭和议会构成的世俗生活的漠不关心,在近乎戏谑的偏激表述中得到刻画。堂堂哲人不但不知道去往市场以及其他一些处理政治和法律业务的场所的道路,而且,他其实也不知道其他任何关于城邦中政治和社会的事务,甚至根本不知道自己不知道这些事情(173c7-e1)。这种明显言过其实的诊断,有助于使哲人与那些自封为世俗生活行家里手之人处在完全相反的对

---

① 对观《申辩》37a6-b2,苏格拉底认为他可以料想到自己定会被治罪,其理由正是雅典给重大审判规定的时间过短,导致他无法说服陪审团。

立面上,而苏格拉底在《申辩》中正把自己描绘成审问这些行家的形象:在当真至关重要的伦理问题上,经考察可知,这些行家们非但对于声称尽在掌握的事物表现出无知,更糟糕的是,他们甚至无知于他们自己的无知。①

最终看起来,哲人对待世俗事物的方式,恰恰是非哲人们对待哲学真正关切的问题的方式。通过使哲人成为世俗生活"行家"的镜像,苏格拉底已经着手于将要在离题漫谈结尾处最终完成的工作,即划分寓于两者之中的两个截然相反的领域,一个领域内在地是属人的,另一个则是属神的。

我们应当为如此夸张的哲人形象所困扰么?正如多次指出的,苏格拉底本人当然知道自己该如何去往那个他花费大量时间于其中的集市。而且,在对话结尾处,他还表现出对如何抵达法庭也有所知晓,因为,在苏格拉底离开对话地点前往大执政官法庭的时候,丝毫看不出他不识路(尽管我们还是会提醒自己,哲人其实非但不知道该如何前往法庭,甚至不知道自己并不知道)。

为了回应这种担忧,需要强调一个应牢记在心的要点,即此处对哲人的描述,绝不完全同苏格拉底本人相一致。苏格拉底谈到一项方针,但此方针并非针对所有哲人,而是针对哲人们的"领袖"(173c7-8)。尽管形式上看,引入此项方针只为从考察范围中排除掉那些不值得考虑的哲学三脚猫,但此举本身还有可能标识了一种理想化的等级。②我们或许可以认为,正是那个显然为苏格拉底

---

① 《申辩》21b1-22e6。这一主题可在176d5-6找到遥相呼应之处:有那样一种人,他们基于自己不认为自己应是那种人的事实,就认为自己不是那种人;但越是这样,他们就越发是那种人。这种人就是非哲人。

② 在此感谢Alice van Harten提出的宝贵建议。

自己所独有的、成为同胞之助产士的神赐使命,使他将心思更多地花在城邦里,而不是花在与他眼下正在描述的理想哲人相关的事情上。

随着离题漫谈的推进,我们会看到苏格拉底对哲学上理想的超然境界的刻画会进一步深入,演变成时常跃然于读者眼前的那种主张漠视自己同胞的麻木无情的行径。我们会认识到,哲人在有关正义和人之定义的大问题上的兴趣,使他对于有关两个实际的人之间的实际正义的实践问题表现出相对的冷漠。试图通过解释把离题漫谈中的这一显著特征消解掉,这显然是错误的。正如我们逐渐认识到的,在纯粹理智上竭尽全力的一生或"沉思"的一生,高于投身于公民德行的一生,前者的一生更为肖神,且正因如此,对哲人来说更有价值。这种说法,柏拉图还将[68]在《蒂迈欧》的高潮部分(89d2–90d7)阐明,①柏拉图的学生亚里士多德也在《尼各马可伦理学》结尾处以大致相同的表述如此主张。②于我们而言重要的是,要努力尝试理解并深入语境之中研究这一反复出现的古代伦理学观点,而不是百般寻求那些把我们的哲学巨擘们的嘴堵得严严实实的文本解读方法。

现在尚不是追求这雄心勃勃的大计的恰当时刻,但对《泰阿泰德》中苏格拉底形象进行考察的时机,则已然成熟。我们要看看,他作为提出对较低的公民道德与较高的肖神的自我超脱进行区分

---

① 这与期待哲人进行统治的《理想国》是否相互矛盾呢?其实不会。哲人只有在确保他们能够开展哲学教育的理想城邦这样的特殊环境之下,才应肩负起统治管理之责。而在像雅典这样的寻常城邦中,哲人并不被要求如此行事(《理想国》520a6–c1)。

② 我在Sedley(1999)中探究了《蒂迈欧》和《尼各马可伦理学》之间在这一点上的关联。

这种学说的先行者,是如何被柏拉图表现出来的。离题漫谈部分透露出一个信息,即苏格拉底之所以没有彻底过上后者那种肖神生活,大概是因为他作为一个助产士的神圣使命将他同他的同胞牢牢绑在了一起:① 正如我们已然所见,正是由于这个原因,我们不能把苏格拉底所刻画的理想哲人形象直接等同于他自己。虽然如此,可这其中所暗含的是,苏格拉底的生活又同时指向那种哲学理想。我们或许可以推测其中原因:这不仅是由于苏格拉底对城邦政治和法律事务的参与是最低限度的,而且是因为,助产士的角色本身也同时引导他去关注那些超越了特殊和片面的、事关定义的大问题。

  与此同时,显得十分有意义的是,在离题漫谈中那个我们一直追随其脚步的、完全去政治化了的哲人,最终还是真正地来到了正义面前。没有任何迹象表明,这种正义,以及本身包含了正义于其中的那种知性的状态,此后会被用于处理城邦的诸多事务;恰恰相反,这个哲人会置整个城邦于不顾,唯独留下身体(173e2-3,下文已引出)。但苏格拉底撇下纯粹智慧之类的其他东西不谈,而强调正义才是哲人将会获得的神圣特质,这一事实看起来倒不失为一种暗示:苏格拉底的哲学理想在恰当的情形下还能够加以利用,以使城邦获益。这正是——我们还记得《理想国》中重返洞穴的情节——苏格拉底所理解的哲学,这种哲学就应当是如此模样,所以这种哲学或许是再政治化的,即便它并不是苏格拉底自己曾构想的样子。

  [69]那么,苏格拉底的这些想法又如何与他不孕不育的说法

---

  ① 对观苏格拉底一开始的言辞143d1-6:他对雅典人哲学进展的关心胜过对居勒尼人哲学进展的关心。

相符合呢？我在第一章（[原文]页33-34）罗列了作为助产术之基础的十项原则，其中每一项都必定为担当助产士角色的苏格拉底所精通，而这十条原则也因此看起来都对他所自称的理智上的不孕不育构成了例外。对于定义上的普遍真理的关切，其实恰是其中一项（第三条）。只有一个问题稍微不那么显而易见，即，在无涉于政治这一点上，苏格拉底如何类似地符合助产术诸原则。然而，已有一种解答可谓唾手可得。在苏格拉底对话中，恰恰是苏格拉底对于技术应如何加以运用的理解使他确信，就如惯常的理解和处理，政治当中是无技术的（例如《普罗塔戈拉》319b1-d7；《高尔吉亚》通篇）。而且，将苏格拉底最低限度参与政治的做法概括在第八项之下也完全说得通，此举正体现出这位专业助产士对于助产术本质的理解。

接下来的一段话须完整引出（173e1-174b6）：

苏 ……因为他不是为了赢得好名声而远离这些东西（即公民事务）。实际上只有他的身体停留并且居住在城邦里，而他的思想把所有这些东西看作微不足道的东西，藐视它们，并在四面八方翱翔，就像品达说的，"下至大地，上达天穹"，俯测地理，仰观天文，探究每个是的东西整体的全面本性，而从不屈尊关注近处的事物。

忒 苏格拉底，你这么说是什么意思？

苏 就说泰勒斯吧，忒奥多洛斯，他在仰观天文的时候掉进了一个坑里，一位乖巧有趣的色雷斯女仆讥笑他，说：他急于知道天上的东西，却疏忽了身前和脚下的东西。这个讥笑适用于所有过着哲学生活的人。事实上，这种人没有留意附近的邻居，不仅不清楚他在做什么，甚至不清楚他是一个人还是别的什么牲口;但是,究竟人是什么,什么样的行为或者遭遇与这类存在者相匹配,让它得以区别于其他东西,对这样的问题,他要去探究并努力去发现。

这是一段极为复杂的文字,充分回应了我所主张的针对《泰阿泰德》整体的两层解读。苏格拉底——这篇对话所刻画的不谙世故的、形而上的苏格拉底,他的打算应不外乎下文所述。这种纯哲学型的形象总在探求尽可能宽广的观察事物的视野。为了拓宽视角,他在思想之中到处漫游,正如此处引用的品达(Pindar)那篇除此而外便无人知晓的诗歌中所描绘的人物,[70]在四面八方翱翔,"下至大地,上达天穹"。依据苏格拉底对这两种情况所做的详细描述,苏格拉底把此人"在大地深处"的历险看作是在搞平面几何,而"在天宫之上"的历险看作是在搞天文学。①

哲人们应当承担起对于数学的关切之责。这个偏偏出自众人当中的数学生手苏格拉底之口的说法,并不像乍看上去那样令人惊奇,因为苏格拉底自始至终都明确表示,自己是在足以涵盖数学学科的广泛意义上使用"哲学"一词的。如此一来便戏剧化地产生了一个作用,那就是将苏格拉底的谈话对象、几何学家忒奥多洛

---

① 此处谈及的是平面几何,而非有别于它的立体几何,这一点,原文 173e5–6 的 καὶ τὰ ἐπίπεδα γεωμετροῦσα,"且从事关于平面的几何学"这句话,反映得相当明确。而译者们所偏好的更为平常的译法,如"测量平原"(measuring the plain)(Cornford)或"用几何学测算土地,测量其表面"(geometrizing the earth, measuring its surface)(Levett,至少直到 2003 年仍是这种译法),并不能完全传达出其中意涵。McDowell 的译法"'在大地深处'亦在进行几何学时到表面"("in the depths of earth" and on the surfaces when it does geometry)的确太宽泛,但在某些方面更加契合文本的精神。

斯以不失风度的方式捎带了进去。①此外，对于我们中一些追踪柏拉图的言下之意不放的人来说，这种说法无疑勾勒出了《理想国》中将数学整合入哲学训练的那种做法的剪影。

苏格拉底也在同时朝着有利于自己的方向，再次提出并重新解释从前出现于阿里斯托芬的《云》(*Clouds*)中的中伤之辞。在《云》中，苏格拉底被诽谤为一个乘着吊篮悬在空中并"研究天上的事物和地下的一切"的疯子学者。现如今，这个诽谤又即将重现并在那正在迫近的审判中作祟（《申辩》18b4-8, 19b3-c6)。②正如苏格拉底在此处业已澄清的那样，因此举而获罪的罪名非但属实，而且值得赞许，其中的含义就在于，他的罪行只不过是以尽可能宽的视角来审视万物，而各类数学学科按照他们各自的路数也应分有同样的视角。

那翱翔的灵魂漫游过的距离，确实是被品达的辞藻夸大了。首先从字面意上来说，几何（geometry）就是"大地-测量"（land-measuring）。就如评注者们所指出的那样，这里谈及的几何学所关注的，在很大程度上更可能是土地的表面而非其纵深。相应地，天文学就其最原本的性质而言，指的是关于天宫中之物的数学，而无关乎天宫之上的事物。如果[71]"在大地深处"这种说法在当前这段文字中尚有讲得通的照应之处，就只能是发生在泰勒斯身上的那起事故了：他的注意力本是集中在天上的，依照原本的字面

---

① 参见Campbell（1861, ad 172c)。172c9-d1"那些在哲学及类似活动中成长起来的人"的表述，似乎可以等同于172c4-5"那些在哲学上长期倾注精力进行活动的人"。而143d3"几何学或其他某些哲学活动"这一表述，则确证了这些活动中就包括忒奥多洛斯本人所从事的几何学。

② 关于对此指控大同小异的反复重提，对观《克拉底鲁》401b7-9、《斐德若》269e4-270a8。同时对比《治邦者》299b7-8。

意,结果他却置身在了大地深处。

然而,如果我将《泰阿泰德》分为两个层面加以理解的方法可行,那我们就不该满足于解释苏格拉底自己的意思并在此止步不前,还应进一步去追问,柏拉图可能要呈现出的言下之意是什么。若苏格拉底如其所是地认为漫游至天宫象征着天文学研究,那么,漫游至天宫便已然是一种柏拉图进行哲学启蒙的重要手段。但品达"在天宫之上"游历的表述,给这种说法赋予了更大意义。

在柏拉图《斐德若》中神话的意象里,天宫之上乃是诸形式,能够取得这些形式的,只有神以及那些在御手们驾车列队绕天宫外围一周时成功从车上偷窥到头顶界域的灵魂。若我们承认这种与一部柏拉图成熟阶段的对话且可能是距《泰阿泰德》的写作时期很接近的一部对话之间存在着的互文联系,我们就可以看出作者本人在此对划分两个世界之观点的暗示。哲人翱翔至天宫,在理智上自我远离于公民所关切之事,就柏拉图而言,正是从可感世界转而来到可知世界,在那里可以找到真正绝对的正义范式以及其他诸多形式。

对形式的间接暗示可以在刚刚引出的那段文字末尾得到确证。在那里,哲人唯独关切涉及普遍定义的问题,"人是什么?",这里虽没有明显的形而上学内容,却经常被以一种倒也并非不可理解的方式假定为涉及了形式。[①]至此,我们可以再次推得这样的信息:尽管苏格拉底没有看出自己想法中蕴藏着的形而上学意涵,

---

① Comford(1935: 85 n. 1),"对形式理论的明确暗示"。可以特别考量一下《蒂迈欧》69a6-90e3,一般认为,这段属于柏拉图语境下的文字对人的形式进行了考察(对观30c2-d1明确暗示的确有这样一种人的形式存在,它与《帕默尼德》130c1-4年轻的苏格拉底在这一问题上犹疑不决形成对比;对观下文页107-108)。感谢Malcolm Schofield对此的讨论。

但他却是催生出柏拉图的形而上学的助产士。苏格拉底持之以恒地探索作为普遍之物的共相,这诱导并激发了对诸形式居于其中的超验领域的发现。①

对于突然俯冲进入大地深处的哲学心灵所从事的平面几何,又该作何理解呢?

[72] 就如在柏拉图主义者看来,心灵翱翔至天宫并越于其上暗示了柏拉图的形而上学,那么,平面几何就应当揭示了《蒂迈欧》中所描述的柏拉图的物理学。物理学这门学科处理的是本质上不稳定的领域中的问题,就其本性而言,它无法获得知识,其最高的成就②在于将四元素——土、水、气、火——分析为对应于四种正多面体的粒子,并将这四种多面体分析为一系列最基本的三角形。因此,平面几何就成为柏拉图物理学的基础,不论苏格拉底自己意下如何,对于柏拉图主义者来说,当哲学心灵从天而降来到大地时,进行实践和演练的绝对就是这门学科。由此,"下至大地,上达天穹"的对仗表述,就总结了共同构成柏拉图宏伟体系的两个部分(《蒂迈欧》29b3-c3):完全稳定的论述(discourse, logos)模式关注可知的形式世界,天文学是进入这一世界的优先路径(《蒂迈欧》47a1-b3, 90a2-d7),而内在不稳定的论述类型关注可感世界的本性,《蒂迈欧》以其最为精巧的行文展现的正是这种世界。③

接下来一段(174b9-175b7)回到哲人在法庭上的愚笨表现,首先将这种表现同哲人不会辱骂他人联系起来,其次又同哲人因对

---

① 对观亚里士多德《形而上学》M 9, 1086b 2-10。
② 对观《蒂迈欧》53d4-7。
③ 即便这种高度理智化的物理学也无法孕生知识,我将在之后(章6节3)论证,此乃从苏格拉底在206e6-208b12的论证中得到的教诲。

他人称赞有加的事物表示怀疑而引人发笑关联起来。颂歌里常吹嘘歌颂对象地产幅员辽阔或家谱绵长兴旺,但这一切在哲人看来一文不值,其中隐含的原因或许是,哲人自己执掌的疆界囊括了时间和空间之整全。由此这里也体现出,哲人视角的开阔程度,与他在世俗事务中软弱而在理智事务中有力的程度相一致。

紧接着(175b8—d7)又是一个暗示,苏格拉底所谓视野之开阔,恰以某种方式描画了柏拉图的形而上学:

> 但是,当他拉着某个人向上攀登,而那个人愿意跟他一起攀登,离开"我对你做了什么不义的事或你对我做了什么不义的事?"这样的话题,进入到关于正义和不正义本身的考察,即它们各自是什么,它们各自有何区别,并且它们与其他一切东西有何区别,[73]或者说,离开"君王作为财富的拥有者①是否幸福?"这样的话题,进入到关于君权和一般意义上的人类幸福和不幸的考察,去探究它们各自是什么,从何种意义上说人类本性上就应该去获取某些东西并且逃避另一些东西——当那个灵魂渺小、狡猾而且好讼的人被迫要对这些东西给出说理的时候,就会出现相反的情况。由于被悬在高处,他感到晕眩,当他从上往下观察空中的东西,由于不习惯而感到困扰,他陷入迷茫并且结结巴巴说不出话来,不过他没有受到色雷斯女仆们的嘲笑,也没有受到其他缺乏教养的人们的嘲笑,因为这些

---

① 遵照Madvig,我把175c4—5那句明显的引语读作 εἰ βασιλεὺς εὐδαίμων κεκτημένος ταῦ χρυσίον。这里的ταῦ(并不是诸抄本中的τ᾽ αὖ)应是中性形容词ταῦς,遵照赫西基奥斯(Hesychius,[译按]古希腊文法家)的记录,意为"许多"。这种观点可从一些手抄本和古代记录里以πολύ接续或替换τ᾽ αὖ的理解中获得支持(参见OCT版《申辩》《克力同》)。

人察觉不到这些,然而,他却受到了所有不以奴隶的方式成长起来的人们的嘲笑。

此处设想哲人正在迫使一个非哲人去面对哲学问题,而结果很是滑稽。这里对迫使之举的描写,即他"拉着某人向上攀登",长久以来一直被视为直指洞穴比喻中的表述。洞穴比喻之中的启蒙是个痛苦的过程,囚徒需要被强行拉上洞口,以便进入洞外的世界。然而,在当下的情形中,这个囚徒(或者,按照离题漫谈中先入为主的说法,应是"奴隶")并不是块搞哲学的材料,因为受过训练的他已经上了法庭这条道。因此,拉着他进入普遍之物的领域仅是为了暴露他的困惑,而他成为笑柄,则令人不禁想起那些措手不及的对话者如何被苏格拉底的问题弄得看起来愚蠢至极。

但或许,苏格拉底的意图仅在于借此暗示自己的辩驳将会产生的效果,而且也没有理由足以说明,为何考察"正义与不正义本身"这种说法必定隐含着柏拉图的形而上学。(在苏格拉底对话中,这种惯用语也可能用以凸显问询的焦点,而并不包含任何形而上学的弦外之音。对观《普罗塔戈拉》330d8-e1,那里的"虔敬本身"用以区别其他虔敬之事,就像这段话中的"正义与不正义本身"乃是在同"我对你做了什么不义的事或你对我做了什么不义的事?"作区分。)

然而,又一次出现了这样的情况:还存在另一种可供理解这段话的柏拉图模式。受到洞穴比喻的提示,我们或许会认为,此处设想出的针对君权、[74]幸福和"正义本身"三者之本性的探问,暗示出了《理想国》中由一个个作为哲人王的知识之对象的超验形式构成的议题。事实上,这段苏格拉底讲辞的结尾强有力地确证了这里是在暗示《理想国》,在那里,苏格拉底又一次将哲人与修辞学家区分开来,他认为后者尤其缺乏"使其言辞合乎韵律以便得体地歌颂诸神和有福之人的生活"的技能(175e7-176a1)。这明显会叫人忆起《理想国》卷十607a3-5，因为《理想国》结尾处的这段话表明，只有歌颂诸神和赞美好人，才是仍旧能被柏拉图的理想城邦欣然接受的诗歌体裁。这种遥相呼应不但证实苏格拉底的正义观与《理想国》的议题之间有着成系统的相互对照，还引入了一个新的主题，即人的肖神理想。这一旋律从现在起将牢牢占据舞台中央。

5 神(176a2-177c4)

由此我们来到一段文字跟前，这段文字使离题漫谈成了古代说明"尽可能变得与神相似"这一柏拉图理想的权威段落(176a2-c2)：

忒 苏格拉底呀，如果你的说法能够像说服我那样说服所有人，那么人类就会多一些和平而少一些罪恶啦。

苏 但是，忒奥多洛斯，不但恶是不可能被取消的，因为必定总会有某个东西处于善的对立面，而且恶是不可能在诸神的领域里存在的，但是，恶盘踞在可朽的存在者之中，在我们这个领域中游荡，却实属必然。因此我们必须尽快从此岸逃脱到彼岸。这个逃脱就是尽可能变得与神相似，变得与神相似也就是带着智慧而变得正义和圣洁。① 但是，我的好人呐，要让人们相

---

① 176b1-2, δίκαιον καὶ ὅσιον μετὰ φρονήσεως γενέσθαι。这里谈到的虔敬，在Levett翻译的"纯洁的"(pure)一词中并没体现出来(上文本章相关注释)。Cornford更是变本加厉，干脆彻底弃之不顾，他把这句译作："在智慧的帮助下变得正义"(to become righteous with the help of wisdom)。

信,大众叫你应避免恶行而追求善行,此所为之目的,并不是践行善而不践行恶的理由,那目的是叫人,不要看起来恶,而要看起来善,此番劝说着实不易。我认为,大众之说不过是所谓老妪之扯谈。让我们来说说真相:神无论如何也不会以任何方式是不正义的,祂是完全正义的;没有什么做法会比一个人成功地变得尽可能地正义更为相似于神。

[75] 这段话需要稍加注意。我们已然明了,哲人对于正义的理解如何在如下整个过程中变得高妙起来:他从城邦所视为正义的事物中把自己放逐,然后学会脱离其片面的相对性,拓宽自己的视野,以便使一个完全普遍的正义映入眼帘。现如今,我们已经找到了此过程止于何处。哲人已经获得神的眼界,或者按照苏格拉底的说法,哲人已竭尽人之可能变得与神相似。我们原先料想的结果乃是止于一个理智上的终点——对正义是什么有完善的理解,但事实最终证明还远不止如此。哲人自身已经变得正义。(他也同样变得虔敬,但我们稍后才会对此进行讨论。)

将道德上的理解和道德上的上进相合并,这是典型的苏格拉底式做法。接下来所呈现的内容,可能会是苏格拉底伦理学托付给柏拉图的唯一重大遗产。惯常被视为好事的东西,诸如健康和财富,甚至一些设定出来的美德,诸如正义和勇气,只有以智慧的方式加以运用时才真正是好的。以不智的方式运用,这些善会对等地变为极大的恶。如此,这些设定出来的善行就最多不过是善的衍生或从属于善。唯一原本为善的东西就是智慧本身,其他一切事物无论含有多少善,都应归于智慧的引导。柏拉图在《美诺》(87e5-89a5;对观99e6)、《欧绪德谟》(278e3-282e5) 和《斐多》(68c5-69e4) 中得出的,在《理想国》(591b5-7、621c5-6;对观

619c6-d1)中亦可窥见其身影的苏格拉底的基本价值体系,也同样是眼前这段文字的基础。在柏拉图看来,那些通俗的或"大众的"(《斐多》82a11-b3;《理想国》500d6-8,《法义》968a1-4)美德,仅存在于从生硬教条中习得的外在的良好习惯之中——比这段话中苏格拉底称为只是看起来的好强不了多少[①]——从而缺乏真正的善,究其原因,便是未受智慧的引导。因此,柏拉图表达因受理智支配而成为真正美德的情况时,使用的标准化的标志词就是"带着智慧"(meta phronēseōs;有时是 meta nou,"带着理智")[②]——正如《泰阿泰德》这段话所写,变得与神相似就是变得"正义和虔敬,带着智慧"。[③]这使我们回忆起[76]那些苏格拉底对话,如《拉克斯》(Laches, 192c8),以及一些中期作品,如《斐多》和《理想国》。能断定这一短语里潜藏着苏格拉底影子的凭证在亚里士多德那里得到确证,他(《尼各马可伦理学》VI 13, 1144b19-21)不赞同苏格拉底把诸美德等同于各种智慧,但却同意苏格拉底的论点,即诸美德"并非不带有智慧"(ouk aneu phronēseōs)。

根据"带着智慧"这一极具意义的用法,我们可以得出,在《泰阿泰德》的离题漫谈中,苏格拉底有意展现出一个全面的区分。城邦正义在最坏的情况下,是操纵政治和法律之人制造的假象,在最

[①] 更直接地讲,这种说法有可能指的是假装正义,而在《理想国》卷二(362e1-367e5)中扮演故意唱反调一角的阿德曼图斯(Adimantus)就暗示,这种假装正义与行真正义举对我们的作用是一样的。

[②] 尤其参看 Reuter(2001),如此即可理解这种合理说法的重要意义。

[③] 一些译者如 Fowler、Valgimigli(尽管 Ioppolo 1999a, p. xxxix 在对后者的导论中避免了这一错误)带有误导性地认为,此短语仅是为了将智慧加入对美德的列举中,才在此出现。就我所知,Campbell(1861, ad loc.)是最后一个看出这一表达的全部意涵的注疏家。

好的情况下,也不过是由地方法规颁布的大众美德,这些法规的作用仅在于灌输恰当的行为习惯和穿着打扮,并不是帮助人们理解。(拟定法律就应当是为了传达一定程度的道德理解,此乃柏拉图仅在最后一部对话《法义》中才展露出来的抱负。[①])并且,这样的城邦正义以及将之体现出来的各种法律,也会极大程度地附着上片面的相对性。通过远离城邦正义,进而最终获得能看到正义真正本性的、带有整体性的神的眼界,一个人便能获得一种智慧,据此他可以理解那种作为绝对价值的正义,并且成为一个真正正义的人。

这一渐进过程正对应于《理想国》卷七哲人逃离洞穴的情节。在那里,构成被困囚徒全部现实的石刻投影,就其诸多作用中的一种来说,与法庭上被制造出的关于正义的虚假幻象相一致(517d4—e3)。不难猜想,那些用来投影的人造石刻,正代表着大众正义的诸种情况。真正的正义只有经过了通往洞外可知世界的一段理智的上升之路才能被找到。对于柏拉图而言,真正的正义是一个形式,且只有通过一种更高的实体才能彻底理解它,这一实体就是洞穴比喻中由太阳所代表的善的形式(the Form of the Good)。

正是在构建形而上学层级制度的过程中,柏拉图超越了真实的苏格拉底,也超越了《泰阿泰德》离题漫谈部分所描绘的通往真正正义的上升之路。为了预示柏拉图形而上学对于永恒存在的世界和变化生成的世界的划分,《泰阿泰德》中的苏格拉底[77]区分了神圣领域和道德领域:通过我们个人决定,究竟是任思想受困于城邦中令人扭曲的束缚,还是在思想中冲破这些束缚并对神进行仿效,我们每个人都选择了要栖居于其中的世界。在柏拉图将会

---

① 参见Bobonich(1991;2002:93—119)。

相应地放置其诸多道德形式的神圣世界中,苏格拉底同时所放之物,简言之,就是神。

关于苏格拉底的神与柏拉图的诸形式间的一致性,其确证在《理想国》卷六500b8-d1。那里为了说服大众接受哲人王的统治,以准宗教说法重新描述了哲人献身于形式的行为,但正如苏格拉底随后所坚信的(500d10-e4),这一重新描述并没有偏离事实:

> "因为,阿德曼图斯,如果一个人真正地把自己的思想对准了存在的实体,他就不会有时间往下看,注意到人们的事务,卷入他们的纠纷,心中充满了妒忌和敌意,相反,像他这样的人一心注视着那些井井有条的东西和那些永远不变的东西,看到它们既不互相伤害也不彼此受损,①而是一个个都守秩序、讲道理,他们学会它们的样,尽可能模仿它们。或你认为会有这样一种模式,即一个人不能模仿他所乐于与之作伴的东西?"
>
> "不可能。"他说。
>
> "当一个哲人和神圣的秩序交往,他也就会按人的最大能力变得有秩序、变得神圣。"

此处,形式乃神圣的模仿对象,这一角色极其符合《泰阿泰德》中分派给神的角色。柏拉图的形式和苏格拉底的神共有一个极为

---

① 很难确定究竟应在多大程度上严肃地对待这句话(50和77这两个数之间也不互相损害,但却很难说它们两者或两者中的任意一个是正义的模型)。然而,既然形式本身因善而成为可知的,柏拉图可能是想严肃地表达一个想法,即形式之间的相互关系是一种道德的相互关系(这个想法要感谢Richard Kraut和Robert Wardy的启发)。

重要的优点,显然就是其绝对性。由于受到各地特殊情况、法律、风俗的浸染,还受到进行裁判的不同主体间的差异及其他诸多因素的干扰,各个地域间形形色色的具体正义类型与实例,不可避免地会相对地照应于城邦层面对正义的见解,正是出于同样的原因,也不可避免地会同时呈现出相应程度的不正义;[①] 鉴于正义本身被柏拉图定义为一种各部分间确然的和谐关系(《理想国》卷四),它就同任一形式一样,超越了各种相对性。在《泰阿泰德》的离题漫谈部分,[78]苏格拉底所说的神也代表了一种同样不受相对性影响的正义。与城邦体制中所证成的正义不同,苏格拉底在此处称神是"无论如何也不会以任何方式是不正义的"(176b8)。

不过,《理想国》当中这段相照应的话,就其临近的上下文看来(参见500d4-9),表达的主要观点却是:如有必要,这些神圣模型可以成为哲人所创城邦中大众美德的基础。这一关联紧密的文本互文可以表明,苏格拉底所言的完全正义的神,或许也会被用作实践领域的政治范式,即便此举也许非他所愿。

与形式理论的相互照应,由紧接着说到变得与神相似的一段文字亦可得到证实(176e3-177a3):

> 朋友,在现实中确立了两个范式(paradeigmata),一个是属神的,最为有福,另一个是非神的,最为不幸。但是,由于极端愚蠢和蒙昧,他们看不到情况是这样,从而注意不到,他们通过不正义的行为而变得像其中一个而不像另一个。他们受到惩罚,过着自己所像的那个生活方式一样的人生。

[①] 对观《理想国》卷五479a5-b2,在文中的各种论述里,针对虔敬也有此种观点。

此处对paradeigmata[范式]一词的使用，常被视为直接或间接地暗指柏拉图的形式，柏拉图偏爱用这一术语来表达形式的模型功能，即作为具体事物在不同程度上进行模仿的对象。①我并不怀疑这一引人浮想联翩之举是故意而为，但也同样毫不怀疑，断不是苏格拉底本人在做着提及那些形而上学中之绝对之物的事情。②

---

① 《理想国》500e4，《帕默尼德》132d2，《蒂迈欧》28a7、29b4、39e7、48e5、49a1；对观《游叙弗伦》6e4。《论观念》(Peri ideōn)残篇中，亚里士多德将范式论(paradigmatism，[译按]又译"模型论")视为柏拉图之形式的标志：参见Alexander, In Aristotelis Metaphysica 83.19-22。

② 特别是，这种将好坏范式混合的讲法，并不完全符合我们熟知的柏拉图形而上学。《理想国》卷五475e6-476a8实质上可称得柏拉图本体论中不含坏之形式这一泛化说法的唯一例外。尤其应注意，上文页77所引《理想国》卷六500b8-d1，更是一览无遗地展现了对坏之形式的忽视。

柏拉图确实常常坦言，美德有其对立面(《理想国》402c2-5，《游叙弗伦》5d2-5等等)，但他从不在上下文中涉及超验形式的地方言及这一点。与此相对的是，那些诸如大、小之类的价值中立的相反概念，其中的对立双方同时成为诸形式中的一员则不会产生什么问题。我把柏拉图对待这两种情况的不同举措归因于坏之属性本身自含否定性的本性：根本不需要关于坏或丑的确切形式，因为从绝对的好或美的标准范式偏离而出的道路大可畅行无阻，因而，各种各样的坏仅由对相对应的好的理念的偏离就可最终获得其定义——不像诸如大—小或奇—偶之类有着对称关系的概念，这些成对的概念中的任何一方都有其独有的本质属性，因而不能在缺乏对立面的情况下获得充分定义。

关于好的知识等同于关于坏的知识这一原则(若在《斐多》97d5苏格拉底确实如此主张，而这一点是绝称不上"确实"的)，的确可极好地解释相反价值的意义，但毕竟不可轻易假定，此原则若稍加修改，即可使其有效范围涵盖全部呈相反关系的概念对。我在此反复论述所要表明的，并不是柏拉图绝对地排除了坏的形式(毕竟，在《理想国》卷九，他在建构理念层面的不义的范式上有一定进展)，而是柏拉图对诸坏形式表现出着实令人惊奇的沉默当真情有可原。

[79] 而上下文中的遣词造句无不再次清楚地表明,那个我们被敦促着对其进行模仿的好的范式就是神。针对范式的措辞乃是柏拉图传达自己想法的方式,柏拉图承认,苏格拉底为柏拉图形而上学中的道德绝对主义铺平道路,并不是通过提前预示形式学说,而是通过苏格拉底特有的对神之至善的信仰。① 凭靠这种信仰,苏格拉底与柏拉图所认为的先前传统中的道德相对主义决裂,并为之后柏拉图的诸形式敞开了容身之所。

信仰似乎立即成了我们关切的主要问题。然而,首先还是要注意一下离题漫谈中另一个宗教层面的问题。苏格拉底接下来如是说(177a3-8):

> 如果我们告诉他们,除非他们放弃他们的"聪明",否则那个没有恶的纯净世界即便在他们死后也不会接纳他们,而在这个人间,他们也将永远拥有他们生活模式同他们自己的相似性,坏人同坏事相伴。所有这些在他们听起来,就是一些蠢人对聪明无比、能干之极的人说的话。

这对于后世论不经意间的一瞥,引出了整个离题漫谈最为紧要的一个方面。作为附带的讨论,这部分内容分有了柏拉图笔下神话的诸多特征,柏拉图常乐此不疲地以一些神话作为对话的点

---

① 在苏格拉底对话《游叙弗伦》6e4处,虔敬的(非超验)形式本身就被苏格拉底称为"范式"(paradigm)或"标准"(standard, paradeigma),而这正好被视为在给柏拉图的形而上学原则做铺垫。可以想见,若读至此处还想起了《游叙弗伦》中这段文字,便可由之确证,从基于绝对标准的真正苏格拉底意义上的虔敬,到柏拉图之超越论(transcendentalism)的这一过渡何其自然。对观《理想国》卷五472b3-e2,可见把作为范式的完美的具体之物同化为作为范式的形式的做法。

睛之笔,意味深长地宣告信仰世间存在一种由神分配的正义,基于一副更大的图景,也意味着他看破了辩证论证可以企及的疆界。通常而言,柏拉图的神话也会强调死后的正义分配之事。此处,在《泰阿泰德》离题漫谈中,苏格拉底单独提出死后之生,显得既简明扼要却又含混不清。但此举的要旨是,人人皆凭其在适合领域的表现而获得其正义或不义之举的报偿,而这一要旨主要被施用于我们当下的实存之上:即便在此世,我们也可选择,是像搞哲学之人的理智那样栖居于神圣领域,[80]抑或像天赋异禀却不搞哲学之人那样,陷入充斥着无比下流的阴谋诡计的无神世界。所谓后世,乃是此世在神圣和无神领域间的选择的延续,而关于后世之具体细节尚处于一片朦胧之中。

此处,柏拉图又一次置身于重构带有鲜明苏格拉底特色的赏罚分配策略的忙碌工作之中。众所周知,柏拉图《申辩》中的苏格拉底对后世持不可知论,他排除了一切彻底后世论信念的桎梏,并预言届时不会有祸患降临到他本人头上。①《泰阿泰德》与《申辩》保持了精神上的一致,同样给出一番神正论。所传达的意涵乃是,天堂和地狱皆与你同在——对同你相似之人也是如此,但首先是与你本人同在。在何种情形下此事将会应验,是在死亡来临之前还是之后,并不是这番神正论真正关心的问题。因此,尽管离题漫谈本身并不是神话,但却以苏格拉底的方式发挥着同柏拉图神话相当的作用,并成为柏拉图神话的原型。或许正是为了彰显离题漫谈在一定程度上有着等价的功能,柏拉图尽管没有把它放在对话结尾——正如柏拉图神话最常出现的地方——仍把它放在了另

---

① 《申辩》40c5-41c7;对观 McPherran(1996:247-271)对这一解读的辩护。另对观《克力同》54a8-d2,那里谈起死后的正义也显得草草了事。

一个结构上的要害处,即对话正中间。①

尽管我把《泰阿泰德》中通往后世论的进路描述为极具苏格拉底特色的,并暗自将这一理解柏拉图笔下的神话加以对比,这些神话出现在从《高尔吉亚》(早期较晚阶段)到《斐德若》(中期较晚阶段)之间的诸篇对话中,生动详尽地描述了后世奖惩的情景,但这一理解也同样预示了《泰阿泰德》之后的对话中,尤其是《蒂迈欧》和《法义》中,柏拉图对后世论更显大音希声的处理。《泰阿泰德》也未尝强调要对身后之世的结构关系进行分析,②而在《法义》卷十中,与《泰阿泰德》有着相同侧重点的神话再次出现:你的奖惩将与你相随,不论是在今生之中还是此世之外[81](904b6-905b2)。如此一来,我全部解释工作的要义所在便略微得以揭示:要重新评价《泰阿泰德》中的苏格拉底,并非仅限于保守地回顾过去,拘泥于历史而卑微地辩白。对苏格拉底的重新评价若要可取,少不了将其思想重新调整以使之同柏拉图主义珠联璧合。

"变得与神相似"这一主题本身就是上述评价办法的一例。我们模仿的对象,比起超验的诸形式更直接的,应该算神,这一想法

---

① 我从 Polansky(1992: 141 n. 95)那里认识到了这一结构上的关节点。古代抄写员即便是抄写散文体文本时也不忘记录行数的惯例(抄写工作依据行数获得报酬),会使得柏拉图很容易在起草对话的过程中推算出离题漫谈的位置。是否应关注这些结构特征很大程度上取决于个人品味。但这对有些人意义重大,他们相信《泰阿泰德》在古时流传甚广的另一开篇(上文页1注释1)也是由柏拉图亲笔所作的可信改编,而且据说古代开篇与现存开篇有着大致相同的行数:我们或可推测,在替换成改写的开篇(我们现在看到的开篇)时,柏拉图保留了原开篇的长度就是为了使离题漫谈部分保持在对话的正中间。

② 对观 Saunders(1973)。

在《泰阿泰德》一经萌生,便从始至终主导着柏拉图的思想,在《蒂迈欧》和《法义》之中尤其明显。①事实上,《法义》卷四有一段著名宣言,可算对《泰阿泰德》准确无误的诠释,也正是在那里,这一思想达到了高潮。宣言说:

> 对我们来说,万物的尺度是绝对完美的神,而非某些人口中的人。(716c4-6)

6 虔敬

事到如今,是时候谈一谈虔敬了。在离题漫谈开端处出现的一组概念,正义和虔敬,作为需要去相对化的两种美德,本身就意义非凡。柏拉图对话的一系列记录表明,在五枢德正义、虔敬、节制、勇气和智慧之中,苏格拉底认为正义和虔敬彼此间有着非比寻常的密切关联。②在《游叙弗伦》(12b4-d3)中,苏格拉底问,虔敬是否不可定义为正义的一部分。在《普罗塔戈拉》(330b6-332a1)中,苏格拉底论证道,从二者可以相互谓述的前提出发,这两种美德是同一的:虔敬即是正义,正义之举必显得虔敬。它们有着密切

---

① 我在Sedley(1999)中汇总并讨论了一些相关段落。在以上列举的对话之外,还应关注《理想国》卷十613a7-b1使用相同概念时的老套路,以及《斐德若》252c3-253c6——这两部对话在时间上都非常接近《泰阿泰德》。

② 关于与先前希腊传统进行比照,可对观McPherran(1996: 51 n. 63),有关古时这两种美德之间关系的全方位研究,对观Diehle(1968)。我认为,柏拉图作品中有一次对这种密切联系的背离,见于《阿尔喀比亚德前篇》(*Alcibiades I*)121e3-122a8,在那里,一种与众不同的涉及四枢德的波斯观点将智慧——而非正义——视为要么包含着虔敬,要么与虔敬同一。

联系的原因之一,大概在于二者功能上相似,两种美德都典型地表现为朝向他者的外在行为,不管是向人还是向神。《泰阿泰德》离题漫谈中更侧重的明显联系是,二者在城邦中的任何处境之下都受规定和习惯(ta nomima；172a3)以及[82]民意(172b5)支配,这也使它们于诸美德中在表面上同文化最为相关。

同样极为重要的还有一个鲜为人注意的事实,即《泰阿泰德》里的虔敬是在神秘消失了一段后又再次出现的。《理想国》卷四也有一个困扰众解释者的著名谜团,就是柏拉图将苏格拉底五枢德的划分减少至四个,悄无声息地从清单中移去了虔敬。而虔敬亦显突然的再现,也算得上离题漫谈中最具苏格拉底意味的特征之一。我稍后将对此展开讨论,但即便仅仅基于我们已然所知,我们也敢斗胆推测,授权虔敬重回台前者,乃是从苏格拉底之口表述的想法,即在道德上有所长进之道在于对神的模仿。

弗拉斯托斯掷地有声地论证道,苏格拉底的虔敬之基础就是侍奉神明,此处的神被构想为一种本质上善的存在。因此,所谓侍神之道并不在于献祭或举行仪式,而仅在于过一种道德上善的生活。① 根据这条原则,我们便很容易理解,虔敬何以最终像苏格拉底在《普罗塔戈拉》中所主张的那样,不外乎正义和其他美德:凡五种美德,皆从不同的角度秉持着同一个道理,那就是行善。早期对话为对苏格拉底的这一学说,即诸美德间彼此相一致,进行辩护,竟不惜显得自相矛盾,而此学说更为饱满的轮廓还是在《泰阿泰德》中才得以呈现,我们能领会到这一点,正是通过变得与神相似就要"带着智慧而变得正义且虔敬"(176b1–2)这一说法。随着你逐渐疏远人而接近神,你就分有了神在道德和理智上的眼界,从而

---

① Vlastos(1991, ch. 6)。

也就真正获得了虔敬这一美德;正是在如此行为之中,你也获得了真正的正义,正义恰恰被构想为在肖神的理智状态下才可获知的绝对价值。

由此,我们不禁感慨,离题漫谈部分告诉我们的有关正义之事何其多,而有关虔敬之事何其少。后者仅在两个段落中有所提及,虽说这两段话乃是从谋篇布局的大战略出发精心安排的段落,但关于虔敬的功课看来要留给我们自学。这些功课究竟是什么?同正义的照应说明了一切。我们不妨来回忆,变得正义始于哲人在理智上脱离城邦的大环境,而大众正义以及对大众正义带有欺诈性的模仿皆发生在城邦当中:法庭、[83]集会、议会以及所有由人为制定的规定把持着的法律机构和政治机构。

由此不难推出,变得虔敬一定也会始于一个类似的哲学式的脱离,但这次是脱离于神庙、秘仪、节日以及城邦中其他宗教机构。其中有些机构或许较好地体现了我们所谓的大众虔敬,但它们大部分在苏格拉底眼中无疑远未做到这一点,它们可耻地将诸神歪曲为邪恶且热衷争斗的,并因此造就了可被效仿的最坏模型。① 上述场合的共同点是,将虔敬相对化地对应于基于城邦具体实践和信念的片面视角。只有当我们自己在理智上脱离这些实践,代之

---

① 《游叙弗伦》6a7–9;对观《理想国》卷二 377a1–383c7。这些段落中的苏格拉底反对将神性歪曲为有着人性弱点之说,承继了克赛诺芬尼(Xenophanes)的传统(对观下文本章相关注释)。苏格拉底的反对之声本身并不构成对很题问的、呈现为个体的诸神的否定,尽管这些说法或许会如苏格拉底在《游叙弗伦》那段文字中所猜测,为控告他的人所用,进而朝此方向加以引导。

以力求理解神的真正本性时，我们才能追求真正的虔敬。①

几乎避免不了的是，去相对化的进程势必逐个消减神的拟人特质，这些特质曾经塑造并区分了希腊宗教中呈现为个体的诸神。结果是将神概念化为（a）毫无人性弱点且道德上完美无缺，而且（b）无法通过传统宗教施加于其上的性格特点彼此区分。真正的虔敬似乎只出现于革新了的神性概念上。②如若苏格拉底就其个人而言对神的如此本性有着打破常规的洞见，那么，我们或可尝试将这一洞见与其助产士使命正是由神直接加于其身的这一事实联系起来（对观原则1，上文页33）。在这篇对话之初，苏格拉底论证说，他的助产术仅可作为一种向善的力量，尽管表面看起来恰恰相反，因为"没有哪位神对人有恶意"（151d1）。正是苏格拉底关于虔敬的一番言说，勾连起了早先的洞见与他当前尚隐含着的主张，即与希腊宗教中过度具体化且在道德上善变的神性彻底决裂。

[84] 如果说这就是离题漫谈所传达的关于虔敬的信息，那苏格拉底为何没有索性明说呢？③现在，探访一下伯伊特在一篇题

---

① 此处意在说明，在诸如雅典之类现实存在的城邦里，一个真正的哲人会使自己如远离法庭和集会一样从宗教机构中脱身。而这并不会排除那样一种可能性，即在理想城邦中会存在一种适当的拜神形式（对观《理想国》卷四 427b6-c5），正如其中也会有正当的法庭（《理想国》433e3-434b8）。

② 这一步推进，即从拒斥片面的相对宗教信念推进到揭示独一且完美的神之本性，可以在克赛诺芬尼（B10-16, 23-6, 34 DK）那里找到明显的源头。

③ 有一个想法显然不足以解释苏格拉底对待虔敬时的寡言，但却与此密切相关，即同正义进行一个反类比（disanalogy，[译按]这种方法就是通过彰显两事物之间的不相似性来弱化一种类比式的结论）：神本身无上正义（176b8-c1），但称神"虔敬"却有违于希腊人的惯常做法，苏格拉底在此就没有称神为"虔敬"，尽管事实上在其他方面苏格拉底还精心维持着正义与虔敬之

为《苏格拉底的不敬》(*The Impiety of Socrates*)且极具开拓性的文章中的创见,[1]应该会有所帮助。伯伊特指出,在柏拉图的《申辩》中,苏格拉底自始至终没有反驳关于他不信城邦所信之神的指控,而只是对无神论之说进行驳斥,可他其实并没有面临这项指控(《申辩》26b8-c8处,柏拉图让美勒托,在一个极具误导性也极具争议性的时刻,将对苏格拉底的指控替换成了更严重的指控,即根本不信神,以便让苏格拉底全神贯注地对之进行驳斥)。

此外,当再次提到那位以其隐秘神谕促使他行使使命去质问那些自封专家之人的德尔斐神之时,苏格拉底也只是说他侍奉"那位神"(the god),而从不说他侍奉"阿波罗"(Apollo)。苏格拉底个人身上的"神迹"也仅由"那位神"传达(40b2)。这并不意味着苏格拉底展现出一神论的倾向,但却足以表明他信仰神性中的本质之善,而这阻止他去承认那些雅典人所崇拜的、彼此间时常处于敌对状态的诸神,不论是雅典本邦诸神还是泛希腊教派中的诸神。

以关涉苏格拉底之神学的慎重提醒作为背景,可使我们对《泰阿泰德》中所遇之事保持敏锐的神经。在此值得强调,正如对话开始阶段那个著名的助产士段落中重新描述的,苏格拉底的使命必须诉诸某种神性,这神性与伯伊特从《申辩》关于此使命的另种表述中找到的神性同质,且同样匿名。文中唯一提到名字的神是阿尔忒弥斯(Artemis):在解释助产士(当然是指真正的助产士)应由过了怀孕生子年纪的妇女来担任这一传统时,苏格拉底提到关

间相照应的关系(176b1-2、d1)。这种限制同样适用于勇气与节制,这两者没有一个可归于神。除了正义以外,唯一可被分有给神的枢德乃是智慧,而正如我们所见,智慧在这番言辞中扮演着与其他美德皆不同的角色。

[1] Burnyeat(1997a)。

于阿尔忒弥斯庇佑生育的流行说法(149b9-c3)。但接下来,到了描绘自己作为理智助产士的神赋使命时,苏格拉底仅用"那位神"(ho theos)一词,而且用的是该词的阳性形式,以排除一切[85]对阿尔忒弥斯的直接回溯;① 然而,苏格拉底也不是在指涉任何其他先前已给出名字的神。② 那些在苏格拉底助产术的帮助下有所提高之人,乃是"神应许其有所提高"之人(150d2-6)。"那位神"与苏格拉底本人共同为助产术的施行负责(150d8-e1)。许多受助之人认为苏格拉底的质问用意恶毒,而并未意识到,他其实是在实践善行且"没有哪位神对人有恶意"(151c5-d1)。

此番言辞可以确证,苏格拉底口称"那位神"时所涉内容未必意在表述那唯一的神,而是在说,他自己就如任何一位神一样,本性为善。在《申辩》中,苏格拉底质问他人的这一使命来自他"对神的侍奉",而在《泰阿泰德》中,苏格拉底的使命听上去更像是他同神之间某种默契的配合;但我们应当确认无疑,《泰阿泰德》中重新描述了完全相同的神圣使命,即便随之而来的是一系列新的隐喻,但作为基础的神学思想仍旧是苏格拉底式的。

依据此番考量不难看出,为何离题漫谈部分在谈及虔敬时显

---

① 阳性名词 θεός 可指女神,但是阳性冠词 ὁ 却不可。因此在对话结尾处,210c6-7,"我母亲和我都被神(ἐκ θεοῦ)指派了助产士的角色",此处的"神"在其母亲那里所指应是阿尔忒弥斯,而在苏格拉底本人那里却不然,他这次谈及神时省略了定冠词,因而恰到好处地使神的性别变得含混不清。

② 此次在《泰阿泰德》中对神有所指向的匿名使用,在我看来,着实有力地支持了 Burnyeat 对《申辩》中"那位神"的解释,并回击了反对他的 Reeve(2000)。这位反对者论证说,这一表达从始至终直指阿波罗(尽管我也乐意承认,苏格拉底言辞中巧妙的含混性就是为了允许有这样一种理解而设计的)。但我当然不否认,在中期对话中,柏拉图绝对容许苏格拉底承认呈现为个体的诸神,其中当然包括阿波罗。

得如此有所保留,以及它为何留给我们自己去从与虔敬相照应的正义中推出虔敬的本性。如果说,就像真正的正义意味着使自己从法庭中脱离一样,真正的虔敬意味着使自己从本邦教派的具体做法和信仰中彻底脱离,那么,把苏格拉底公然发表此种言论的形象呈现出来的时间点选在苏格拉底被处决之后数十载,或许会比定在苏格拉底之死直接产生的余波之中,也就是人们所推测的《申辩》的写作时间前后,要略少些危险。苏格拉底本人在有生之年是否也对谈论其神学观点慎之又慎,我们着实毫无信心尝试去回答这个问题,尽管给他定罪的理由或许说明他在这方面并不谨慎。

相比之下,我们更有信心坦言:可以确凿无疑地认定,《泰阿泰德》中那个有着神圣使命的苏格拉底,那个巧妙地编织了[86]一番言辞来质疑本邦宗教风俗的苏格拉底,就是柏拉图《申辩》中的苏格拉底。柏拉图通过精心设计,使之汇入《理想国》及其他成熟期作品中各种主题的,正是这位苏格拉底的道德狂热和随之而来的对绝对价值的严格恪守,柏拉图对此赞誉有加,认为此番披荆斩棘开辟了一条通往其本人最伟大发现的道路,而路的尽头就是那存在着道德诸形式的超验领域。

7 普罗塔戈拉最终批判(177c2-179b9)

离题漫谈已然结束,苏格拉底随即针对整个尺度学说重新掀起一波正面进攻。但为何在先前已于自我驳斥论证上取得胜果的情况下仍要再起风云?苏格拉底将在这部分最后揭晓答案:

> 苏 所以,我们可以合理地跟你的老师[普罗塔戈拉]说,他必须承认有人比别人更有智慧,而这样的人才是尺度;像

我这样缺乏知识的人,无论如何都必定不会成为尺度,而刚才他所支持的那个说法却迫使我成为尺度——不管我是不是愿意。

忒 在那个方面,苏格拉底,我觉得那个说法最为失败,而且在这个方面,它也失败了,就是说,它使得别人的信念具有权威,而这些信念显得认为他的那些说法一点都不真。(179a10–b9)

苏格拉底指出,普罗塔戈拉先前(167d3–4)对我们说,不管愿不愿意,我们都必须做自己的真理之尺度。随着在最终批判部分加入一个全新且——如忒奥多洛斯所赞同——更具决定性的论证来针对普罗塔戈拉(我们稍后便会转向此论证),苏格拉底潜在地承认,被他称为普罗塔戈拉之策略的说法,即强制让成为尺度对人人而言都必要,事实上确实是避免陷入自我驳斥论证的可行之策。根据对这些言辞的辩护中所说,尺度学说唯一不适用的地方就是它本身;因此,那些不认同普罗塔戈拉尺度学说的人,在这种特殊情形下,根本就算不上真理的尺度,如此自我驳斥论证就以土崩瓦解告终。如我在第一章中所论证的([原书]页48),此例外的特殊情况从一开始就微妙地隐含其中,丝毫不显突兀。为了不[87]与普罗塔戈拉那套辩护再来一番纠缠,苏格拉底选择不再单单依靠自我驳斥论证之法,而最终重回对技术的质问。在制定此番打击的部署时,就如我们眼下即将看到的,柏拉图确保了给普罗塔戈拉的决定性致命一击出自所有论证中最有苏格拉底风范的一个。理解专门技术乃是柏拉图笔下早期苏格拉底的一个显著特征,并且在《泰阿泰德》里苏格拉底助产术的十原则中得到了凸显(上文[原书]页34)。

在离题漫谈的开端(上文[原书]页63-64),苏格拉底就大致勾勒出对普罗塔戈拉的批判,现在他要继续开工,以使这幅作品饱满起来。不论普罗塔戈拉对诸如热之类的可感属性有何话可说,好(good)及(其事实上的同名同义词)有益(beneficial)之类的价值都绝不会由个别表象所决定。这种说法通过诉诸暗中谈及关于未来的内容得到严格论证,而未来正是在那些语词本身中体现出来的。城邦制定一条法律,是基于相信这条法律有益;但它事实上是否确实是有益的,不由立法行为本身决定,而由事情在未来的结果如何决定。专家正是有能力预见当下原因的未来结果之人。就你自己当下是否感觉热而言,你或许是绝对可靠的判官,但如若你认为你要发烧而医生认为你不会,那么,说你二人在此事上一样正确就显得格外荒谬。苏格拉底还论述说,此例中关于医学的说法同样适用于任何你叫得出名字的技术。

这一全新论证就要达到完美的苏格拉底式高潮。在178d8-179a9,苏格拉底将同一原则用在两类情况之上。第一,虽然在何物美味的问题上我们都是同样的判官,但在准备一场盛宴时,于何物将会美味的问题上,专业厨师比起你我定是更好的判官;类似地,普罗塔戈拉本人作为一个修辞论证的专家,于何种言论在法庭中将会更有说服力的问题上,比起你我也定是更好的判官。第二,立法的目的在于获益,而这取决于未来:由法律后来会有发展变化或许恰可证明,当初城邦的立法并未获得益处。

这一高潮利用了聚集在《高尔吉亚》中(尤其是464a1-465e1)的一系列苏格拉底式主题。烹饪术和修辞术在《高尔吉亚》中被斥为可相互类比的伪技术,前者关注身体,后者关注灵魂。导致它们算不上真正技术的原因有两个方面:(1)一个真正的技术,就如[88]在立法行动中的技术,①其目的应在于获益,然而烹饪和修辞目的在于愉悦,却无关获益;(2)烹饪和修辞仅靠经验性的熟练就可达成目的,不像正规的技术,得基于理解产生其结果的来龙去脉。这里与《高尔吉亚》有紧密的互文,普罗塔戈拉在此因其在方法论上给自己招致的可疑身份遭到取笑。而苏格拉底用一种勉为其难却恰到好处的屈尊就卑的态度暗示,即便如为普罗塔戈拉所用的那种伪技术,也会洋洋得意于自身预知未来的能力,因而断然不能把一切判断皆视为同样地具有权威。总而言之,只有真技术才能做出成功预测,其理由正如《高尔吉亚》中所陈述:一切技术皆需要理解其产出之结果的原因,而伪技术则仅仅凭借经验做总结,并基于此进行预测。但是,真伪技术尽管方法不同,却都把预测结果置于其方法论的核心位置。

对普罗塔戈拉之相对主义的批判终结于直接利用《高尔吉亚》中的主题,显得再合适不过,而且如此一来,着实有一种指向性的提示。这有助于提醒我们,把对普罗塔戈拉最终驳斥的根基建立在技术的预测能力上,乃是苏格拉底的遗产。因为柏拉图早期对话中刻画的苏格拉底,尤其是《高尔吉亚》中的苏格拉底这么一个人:他锲而不舍地审视技术的基础和结构,并倾向于认为技术的基础和结构与美德本身的基础和结构相一致。通过孜孜不倦地坚持找出专家与非专家间的差别,并考察两者间的反差,这位在本质上给相对主义立案纠察之人,现在终于第一次彻底吐露了自己的心声。

---

① 把立法得当地理解为目的在于善和获益的技术,这是一个苏格拉底式的观点,在《希琵阿斯前篇》(*Hippias Major*)284d1-e9 和《高尔吉亚》中均有明确表述。

四 感 知

1 感知与流变(179c1-183c7)

[89]我们现在把对广义普罗塔戈拉主义的批判置于脑后,开始着手批判狭义的普罗塔戈拉主义,也就是普罗塔戈拉主义更加贴近泰阿泰德的"知识即是感知"这一定义的一种表述。如我们在本书第二章第二节所见,普遍的流变首当其冲地被引入,作为感知之绝对可靠性的必要条件。诸表象作为变动不居的主客体瞬时偶遇之下顷刻即逝且私人独有的产物,彼此间即便在原则上都不会有矛盾冲突:因此,绝没有一个感知表象可证伪另一个,知识也的确可以是感知。现在,到了苏格拉底来问一问这个理论是否经得住审查的时候了。

苏格拉底承认(179c1-d5),尽管广义的普罗塔戈拉主义现已彻底被驳斥,但原初的感知理论仍未受丝毫损伤。完好无损的不仅仅是那个弱论点,即每一感知都为真且都是知识之一种(179c2-7),还有那个如泰阿泰德的原初定义所说,将知识和感知完全同一的强论点(179c7-d1)。或许有人会认为,据强论点所述可得,不会有某种情况下的知识超越于感知之上,但既然普罗塔戈拉被迫承认有那样一种关于未来且难以被视为感知的技术,这一强论点也就自身难保。但实际上,整个对广义普罗塔戈拉主义的批判,都仅限于从普罗塔戈拉口中得到的一个说法,即承认包括有关未来的意见在内的所有真真假假的意见都是存在的。其中并没有明确表示存在专家之专业知识的内容。①此种克制的定力意味着方法论上的审慎,因为定义[90]知识是什么乃此篇对话的全部目的,也因此此目的仍未实现;但如此也有助于完好无损地保存泰阿泰德原初的定义,来为现在才要谋面的驳斥做好准备。

苏格拉底在179c1-183c7的新战线,意在探查赫拉克利特的流变的角色,这一角色设定是用于保障感知的绝对可靠性。忒奥多洛斯强调,在爱奥尼亚(Ionia,赫拉克利特的母邦以弗所[Ephesus]也在这一地区)有大批赫拉克利特的追随者,其言行与其变动不居的信念相一致,他们拒绝在任何一点上暂停讨论,一直连串使用神叨叨的用语,以更为晦涩难懂、闪烁其词的语言回应别人要他们阐明所说之意的请求。这描绘倒是轻松诙谐,可我们不应把它当作单纯的虚构而不予理睬。据说,柏拉图本人最早受到的哲学影响就来自一个叫克拉底鲁(Cratylus)的雅典人,依照亚里士多德所言,他是赫拉克利特的拥趸,认为事

---

① 普罗塔戈拉得出的最接近知识的说法,要数对智慧程度的揭示(171d5-7)。有人或许会把145d7-e7(上文[原书]页18-19)那段先前的讨论解释为把比较级形容词"更智慧的"同至少占有一些知识联系起来。但不论在那段讨论中,还是在对普罗塔戈拉的驳斥中,都没有明确表示出这一点,而且那种程度的智慧反而恰恰被证明为"真思想"(true thinking)(170b9)。

物瞬息万变,难以用言说捕捉,因而最终完全放弃了语言。①而接下来我们将看到,我们有绝佳理由怀疑,像克拉底鲁这样真实存在的赫拉克利特追随者当真对语言实行了彻底改造,以适应他们对实在的看法。

在另外着手考察了相反阵营——诸如帕默尼德和麦里梭(Melissus)之类相信万物恒定持存的人——之后,苏格拉底发起了他对于流变理论的审查(183c1–183c7)。所要考察的问题仅在于,赫拉克利特派所致力的流变论究竟有多激进多彻底?而将进行探求的目的牢记在心着实重要。这段讨论的内容有时会暗示出,探求的目标仅是确保赫拉克利特的流变论应会尽可能地激进而彻底,并且确保最终结局将会是,待目标达到时,伴随着极端流变论甚至流变论整体得以遭到驳斥这一结果,诸如语言崩塌之类意想不到的后果将接踵而至。但假如结局当真如此,这一考察策略也就不会同苏格拉底论证之主体部分产生效果或关联。而苏格拉底宁愿去做的,也是他真正去做的是,找出为确保把知识界说为感知这一定义能够成立所需要的流变论究竟应有多彻底,如此即可。②[91] 然而,为了使流变论足以确保这一结果,最终结局到头来还是

---

① 亚里士多德《形而上学》Γ 5,1010a 7–15。在较早阶段,克拉底鲁尚说话的时候,据说他大量使用咝咝声(亚里士多德《修辞学》卷三 16,1417b 1–3,引述司菲都斯的埃斯基奈斯[Aeschines of Sphettus]),他大概是以此作为尝试捕获事物之流变的做法中的一个环节。更深入的探讨参见Sedley(2003b, ch. 1 §5),我在拙作中为亚里士多德所述之克拉底鲁的历史真实性做了辩护。

② Denyer(1991: 100–103)对这种需求做了充分考察。对观Burnyeat(1990: 46):"将流变扩展至语言清空了所有积极意义的程度之上,一定是泰阿泰德通过寻找保证其定义始终有效的充分条件之举而力求实现的事。"我在现存文献中未能找到有内容能说明这一寻找充分条件之举如何实施,但随后我将给出自己的解答。

会使流变论不得不显得太过激进,以至于连知识即感知这一定义本身都无法表述。

我们恐怕首先得扼要概述并力求凸显第二章(上文[原书]页42-47)根据155e3-160e5得出的感知理论。每个感知都意味着一个主体和一个客体的交互作用,其中主体要么被认为是感知者,要么更精确地讲,是相关的感觉器官。在看见石头是白色的这一例子中,过程被描述为三个层面(156d3-e7),尽管我们实际大可不必认为三层面之间有时间先后的差异。(1)眼睛与石头共同产生白和与之相匹配的(孪生的)白的视觉。(2)在眼睛与石头两者之间,白的视觉从眼睛飞快传来,白从石头飞快传来。(3)眼睛充满白的视觉并成了可看见之眼,而石头则遍布白并成了白色的。眼睛和石头乃是"双亲",且都经历了未改变各自位置的缓慢变化。白的视觉和白正好代表了双亲形影不离的双胞胎,且都经历了改变位置的快速运动——设计这一特征无疑首要是用来解释有间隔的感觉发生作用时极高(即便不均一)的速度,但即便在相接触的感觉中也会出现此特征(对观159e1-5有关味觉的例子)。

双亲本身是变动不居的相对性之集合。①确切地说,石头乃是白、硬以及主体当下感知到的其他属性之集合,而感知者乃是当下经验到的诸感知(视觉的、触觉的等)之集合。这些组成部分本身就是稍纵即逝的相对性,不难推断,由他们所组成的双亲在时间之中也无持久性可言。所以不管是感知主体还是石头,它们作为同样的感知双亲都无法持久:即便仅是"缓慢变化",也足以使它们不断地被新的感知者和客体所代替。世界一时一刻也不停下前进的脚步。每个瞬时的感知不可翻移地揭示着即时的客体或"双胞

---

① 参见上文[原书]页46-47。

胎",但却永远无法做到延续或重现,因而永远不会同另一感知起冲突(157e1–160c6)。

[92]这样一来,感知理论便清楚地引介两种变化:双胞胎自己的位移变化,以及双亲所经历的性质变化。在181c2–d7着手开始批判工作之前,苏格拉底首先澄清名称,称两种变化分别为"运动"(motion, phora)和"改变"(alteration, alloiōsis)。接着,他提出问题(181d8–e2):赫拉克利特派会说每个事物都在经历着这两种变化么?答案是肯定的:若非如此的话,该学派追随者就会如引介变化一样大力介绍恒定。乍一看,此问题像是个有关赫拉克利特派原本会作何认为的典故考据式问题,但纵使此派究竟作何想法并不明确,我们也必须假定,这一问一答的要点在于,确保流变足以充分保障感知的不可翻移性,而流变理论本来就意在保证这一点。如此便意味着,要明确指出比先前已阐明的更为丰富的变化。

我们已然明了,联手构成感知者和客体的双胞胎处在此两者间的快速位移运动之中,而且被构成的感知者和客体自身正经历着恒常却缓慢的性质变化(正如我们眼下在181c9–d3提醒注意的那样)。但是,这对双胞胎是否也经历着恒常的性质变化,其双亲是否也处在恒常的位移运动之中?他们必然处在这两种情形之中。虽没有事实能确切表明双亲发生位移运动,但不难得出结论,他们必定恒常地经历着一定程度上相对于彼此的位移,以便确保相对性中的完全非恒定性,而构成双亲本身的属性皆寓于此相对性中。(在此有必要强调,如181c6–7所定义的,位移运动不仅指位置移动还包括原地翻转,后者可使观察者有视角上的变化却不必不断转换位置。)

更为明晰的一点——因为正是在此种情况下苏格拉底的驳斥

才会发生转折——是,双胞胎必定在经历着位移运动的同时经历着性质变化:在眼睛和客体间流动的白,断不能在不论多长时间之内都保持同样的明暗度(182c6-d4)。①这[93]可称得上头一遭得以辨识出发生在孪生后代身上的恒常性质变化,但却只不过是意料之中的事:如果,比方说,石头这样的父亲或母亲处于——如我们所知,它也必定处于——包括颜色变化在内的恒常性质变化之中,那么就可以直接推出,就如石头在与可看见之眼的交互作用中产生不同明暗度的白颜色一样,其后代也一定没有持续性。

对发生在双胞胎身上的恒常性质(当然也包括位移)变化的透彻认识,引领苏格拉底进入了新的问题(182c9-e7):既然诸变化必将永远持续下去,那么什么东西是我们能够成功进行言说的?答案终将是"没有任何东西",因为想要述说的对象在你开口讲话之前就会无影无踪。

我们马上就会转入考察该发现的细节以及从中得来的教训,但首先我必须停下脚步强调一个关键之处,现当代讨论这段文字时似乎都遗漏了这个关键之处。最终结局会是"语言的崩塌",乃是一种惯常的假定,也是苏格拉底以精巧的方式强加给赫拉克利特派的,而且寄希望于赫拉克利特派自己也能够意识到,这将会是

---

① 182d1-3的"白色的"客体和"白"分别是亲本和后代,在刚刚于182a4-8重提孪生子学说之后,这一点应当十分明了;对观Cooper(1967:104-105)。另有一观点(如Chemiss 1936:9-11;McDowell 1973:183-184;对观Silverman 2000的讨论,尤其是141-144)声称,那恒常经历着变化的白是抽象的或普遍的白,也就是,使他物成为白色的原因,可我从其中连看似可信性也丝毫看不出来。赫拉克利特本体论的讨论中根本不存在这种实体。把白及诸如此类者所经历的恒常变化,读解作表示颜色的后代持续不断地被不同的表示颜色的后代所代替的过程,这样似乎更加容易理解。

一个流变学说难以负担的巨大代价。可是,如此一来,就会错失这段文本的要点。

从一开始就被呈现为心甘情愿自我拒斥使用语言的人,正是赫拉克利特的追随者们自己。他们告诉我们,本就没有确定的主词或谓词,因为不论你将什么说成一个东西(即作为一个主词)或说成属于某一类东西(即含有一个谓词),它都会最终变得截然相反(152d2-6);诸如"是""某物""某物的""我的""这"以及"那"之类的语词,都必须禁止(157a7-b7);为了遵守这些严苛规定,他们自己养成了用谜语交谈的习惯(179e3-180b3)。即便最后这段描述含有一定的诙谐成分,但事实依然是,取缔对主词和谓词的确定性使用,显然是赫拉克利特派为自己而提出的举措,并不是由反对他们的苏格拉底提出的。

我们必须再次回想起那位柏拉图早先的导师,那个以异常极端的方式投身于流变以至于最终完全放弃语言的克拉底鲁。[94] 之前描绘的对语言的彻底改造,绝不能理所当然地被认作言说者苏格拉底自己的独特发明,它必定在一定程度上反映了例如克拉底鲁这样的赫拉克利特学派中人实际开展的语言实践。

其实,如果赫拉克利特的追随者们正是朝着彻底改造语言的方向发展其宗师的思想,那么,以上说法倒也不会显得有历史事实上的不可信感。我们不妨再次回想该学派的根本原则:不应当说某物"是"某物,既不能说确定的主词,也不能说确定的谓词,因为不论你称它为什么,它最终都会变得截然相反。我们通过两个例子来对比以下赫拉克利特派关于神的两个经典说法:

> 有一个事物,智慧之物,想而又不想被以 Zēn 之名称呼。

(B32)

> 神:日、夜;冬、夏;战、和;饱、饥。他如〈火〉^①般变幻,于芬芳杂糅之际,依各种馨香获得不同名字。(B67)

不论神的名字(Zēn, Zeus［宙斯］的变体,意思也是"生"),还是对其称谓,都极其变动不居,因此无法恰切地使用其中一个而不辅以反义词紧随其后。尤其值得注意的是,在上述第二句引文起首处,还出现了避讳使用"是"这一极具赫拉克利特派特点的做法(我用冒号来传达出这一点,但此举并不恰当,因为赫拉克利特的句子是完全符合古希腊语语法的)。^②

《泰阿泰德》中记录下的、这个似乎经由某个名不见经传的赫拉克利特追随者而得以发展的语言策略,是个十分高明的办法,它不但跳出赫拉克利特声名狼藉的神叨叨的表达方式,创造了真正的哲学财富,而且,这样的哲学写作较之主流的典故考据式传统写作,所达到的效果更为公允。这种发展了的哲学学说首先在主词和谓词的不确定性中,根据两者对其自身对立面的需要而将流变定位,从而构建了赫拉克利特派的流变理论,它不仅可与赫拉克利特本人神谕式的言说方式完美调和,而且力求捕捉隐匿于深处的关于世界存在方式的真理。

这样一来,在为反对普罗塔戈拉—赫拉克利特理论而进行的论证之最后阶段,苏格拉底一直力求去做的,便不是就语言使用问题上意料之外且令人作难的［95］潜在结果同赫拉克利特派对峙,

---

① 我在此处采用Diels确乎可信的增补〈πῦρ〉［火］,但是我的论证中并没有基于这一点的地方。

② 关于生与死即便作为神的属性也拥有不可分离性,对观B62,"不朽者,有死者也,有死者,不朽者也,生者,他者之死也,死者,他者之生也"(再次注意这里极有特点的对"是"的避讳)。

而是查明他们为了给自己保留一席之地,打算对语言进行的自我拒斥究竟是个什么模样。

在182c9—d7处,苏格拉底以如下方式提出了问题:

苏 如果事物只发生运动,而不变化,那么,我们就可以说出运动者作为什么性质在流变,对吗?

忒 是这样。

苏 但是,这个性质也不固定,譬如流变者作为白色的东西在流变,它也在改变,所以白色本身也改变为别的颜色,这样事物才不会在这方面成为固定的——这样的话,我们能够指称某个颜色并且正确地称呼该颜色吗?

忒 谁能有办法,苏格拉底?对于其他这类东西也一样,如果在我们说到它的同时它总是在流变中溜走了,那么谁有办法指称它?

在句子得以完全表达出来之前就已经失效的潜在威胁,定为听闻过快节奏体育运动评论员之解说技巧的人所熟知。然而,苏格拉底的论证并非针对变化的速度,甚至也不是恒常度。既然事物的颜色及其他可感知属性不论在多长时间之内都不能都保持相同,而即便表达哪怕一个语词也需要花时间,那么,便没有任何谈及颜色的尝试可被判定为成功的,这种说法一点也不为过,①就如同赫拉克利特的追随者们在一开始警告我们的那样。

要注意,苏格拉底所提之问仅仅适用于在"双胞胎"本体论中占重要地位的东西,而并不普泛地适用于一般之物。与石头在视

---

① 关于这一回环反复的柏拉图主题,对观《克拉底鲁》439d8—11,《蒂迈欧》50b3—4。

觉上相遇的白(156c7-157a4),定然不单处于快速变化,亦即石头与眼睛之间的位移运动之中,而且还处于缓慢变化,亦即性质变化之中,正是这一点保障了感知的不可修改性和不可证伪性。

目前为止,苏格拉底还只是说明了一些我们已经知道的或可轻易得出的东西。但在此之后,流变理论被推向一个出乎意料的新极端(182d8-e7)。相遇环节中的另一个"孪生子",目光,肯定也是彻底变动不居的,这不单体现在目光中的内容在恒常变化这个层面,例如从白色变到灰色,当然这一点已在我们意料之中;目光的变动不居更体现在看这个事情本身的意义上:

[96] 苏 对于任意一类感觉,譬如"看"或"听",我们应该怎么说?"看"或"听"会稳定地维持其自身吗?

忒 如果一切皆变动,那么绝不会有这种情况。

苏 如果一切东西都以一切方式在变动,那么,某个东西不能更加被说成"看见"而不是"没看见",其他某种感觉也不能更加被说成"感觉"而不是"非感觉"。

为何会如此发展?显然不仅因为赫拉克利特主义先前就致力于不给恒定之物留余地。如我一直坚持的那样,此外定然还有一个动机,它与把知识即感知这一普罗塔戈拉—赫拉克利特理论完整保留下来的目标紧密相关。可以大致推测——尽管尚未澄清——重点在于,我们感知的诸多事物之中有一个是真正的事实,即我们在看、在听、在闻、在进行诸如此类的行为。①因此,假如你留

---

① 这一点将留待亚里士多德(《灵魂论》[De anima]卷三第2部分)来阐明;但柏拉图在《卡尔米德》168d3-169a5谈到或许一种途径,可使看到看本身、听到听本身成为可能,此时他心里可能也正浮现着这么一种观点。

驻于这些感知状态里的某一种当中,那么,不论多久,你就都会有时间去修改你在看、在听或在闻的判断,并最终得出结论:经反思,你当下的经验只不过是一个幻象、一场梦。假如一切当真是幻象或梦,那它也当然仍旧是真的(就如157e1-160c6所解释);但现在讨论的乃是对某人当下感知形态的二阶感知。正是为了避免这里任何一点的可证伪性,非但对白色的看必须是瞬时的,甚至连看的事情本身也必须恰是瞬时的。

苏格拉底现在已经准备好了致命一击(182e8-183a1):

　　苏 但是,感觉就是知识——至少我和泰阿泰德刚才这么说过。
　　忒 是这样。
　　苏 所以,在被问到"知识是什么"的时候,我们给出的回答不会比"非知识"更加是"知识"。
　　忒 似乎是这样。

此驳斥的形式如下所示。泰阿泰德提出的定义,"知识即是感知",只有在定义项——即感知——被解释为极不恒定以至于在每一刻都在向其自身对立面转变的某物时,才会成立。但是,这一让步致使此定义本身变得与定义项一样,都极不恒定,因而整个定义为假而不为真。

[97]如何从"在看(等)称不上在看,只应被称作没在看(等)"当中,得出"感知称不上感知,只应被称作非感知",这一点并非显而易见。有可能苏格拉底漏掉了一步:我们自己不仅必须从不断修正我们是(举个例子)在看还是仅仅在幻觉中这一判断的境况中抽身出来,还应该从我们究竟是在全然地感知还是仅仅是在幻觉中这一判断中抽身出来。

然而,我对此表示怀疑。在157e1-160c6关于幻觉的一段文本中,所有错觉,甚至梦,都被悄然冠以真实感知之名,普罗塔戈拉—赫拉克利特理论事实上本就没有感知之外的任何其他意识状态的容身之地。① 因此,尊重文本内容,让论证提前一步结束,使我们正在使用这样或那样的明确的感觉这一判断免于永远沦落在不断修正当中而无法脱身,显得更为周全。

如此一来,泰阿泰德定义的最终失败就在于考虑到如下这点:当把知识定义为感知时,必须把不论通过哪种感觉进行的、每一种实际的感知情形都视为这样一种情形,即在某人终止称之为"感知"之前,由该感觉产生的感知就已然不是一种感知了。感知本身可能持续的唯一方式,就是感知仿佛在恒常地发生变化,比如说从看到听、再到闻等等;可是,单一感知以此方式持续到底意味着什么,却不明朗;相反,倒也并非不合理的是,从已然所知可以推出这样的结论:没有任何单一感知行为可以在无论多长的时间中持续。如果没有持续的明确的感知存在,那么表示类概念的术语"感知"便永不可能用来表示任何实际存在的东西。有人或许会尝试做出回应,认为此术语仍可在类的概念上用以表示感知本身:我们都在持续地进行感知,尽管不是持续地在看、在听、在具体地进行诸如此类的行为。但是,一旦引入任何这种表示属、类的概念,就已经意味着马上就要超越赫拉克利特关于转瞬即逝的具体之物的本体论,并且已然在展望着这个段落中作为基础潜藏着的柏拉图之教诲。我们马上就要讨论这一点。

首先,我们必须着眼于苏格拉底从驳斥中所引出的宽泛意义上的教诲(183a2-b6)。按照通常的理解,正是这一文段总结出了,

---

① 关于判断主体就是诸感知的集合,对观上文[原书]页46。

彻底流变导致语言之崩塌。但这显然不是最后结论。毋宁说,最终结局应是,[98]语言需要比赫拉克利特派旨在施加的限制更加严苛的约束。而这断然无法通过确定的单纯主谓表达模式来实现,这一点早已确立;我早就认为,这种言说模式完全贯彻了赫拉克利特本人的精神,而且可以论证,它非但远远没有抛弃真理,还呈现出了一种语言的能够藉以捕捉住世间事物之真理的方法。此番迫近的压力旨在使我们看到,这种言说方式终究将放弃宣称能够确保确定的真值:句子中的主词无法将其内容维持足够长的时间以便谓词得以附着于其上。所以,赫拉克利特派的语言必须抛开能确定真值的惯用语才可达成:如苏格拉底指出的,诸事物是"如此"也是"不如此"。苏格拉底即便并没有将此呈现为对语言的完全抛弃(尤其参见183b4-5),①也认为此中牵涉到一个致命的退让,即承认对任意主词的每个"回答"都同样正确(183a4-6)。

有人或许认为,这么说使语言作为整体失去了价值,而且本可

---

① 不巧的是,对文本的理解正是在这一点上出现了不确定,即苏格拉底容许赫拉克利特派使用一种他们或许能够合法地保留的惯用语。但他们不再被允许说"如此"(thus)及"不如此"(not thus),在我看来,这两个术语或许不当地含有了一种能够持续的真值(至少能够持续到开始进行表达时);但是他们也许又被允许"在不确定的意义上说", οὐδ οὕτως [译按: οὕτως 为副词],即"甚至不如此"(not even thus)(183b4-5)。

这一表达看起来与不合乎规定的惯用语并无差异,且只在维也纳抄本中出现,而写作 οὐδ ὅπως [译按: ὅπως 是连词,短语直译可作:也不如……方式]则是更被认可的理解。我不确定后者的意思是什么,但是稍加修改为 οὐδέ πως ([译按]πως 为副词),即"如何也不"(not even somehow),或许是个解决办法。补充上"在不确定的意义上说"是因为 πως 还表示"以某些明确的方式"的意思(参见 LSJ 本词条下 II),如此一来,此表达便同"如此"(thus)的意思相差无几。关于其他可能情况的讨论,参见 McCabe(2000: 115 n. 88)。

论证其更进一步的后果,但事实并未如此。临近的上下文以及对话中对"回答"一词有规律的使用都可证明,苏格拉底所指的乃是更需三缄其口之物:这确实是一种崩塌,但崩塌的不是语言,而是辩证法。苏格拉底最为卓越的方法——辩证法重在探查普遍的真理,尤其是定义,探查的方式就是问与答。本篇对话在此段落之外共四十三次出现"回答"一词,每一次都指问答辩证法中的回答,而大多数情况下回答中都提出了一个定义。

因此,苏格拉底驳斥流变论点的最终结局就是,如果如感知理论所要求的那样——就其字面表述而言——无物恒定,那么,某人在辩证法中的回答所涉及之物就不可能恒为[99]真,具体来说也就不会有定义存在。① 可以料想,赫拉克利特派会坚持认为,他们独具一格的言说方式能够继续保持其指称术语的不确定性,甚至(他们现在肯定认同这种说法)其术语真值的不确定性,从而精准地捕获真实世界中的流变。

也就是说,即使上述结局如今已意味着他们的所有断言从整体来看都仅仅假而无真,也没有任何理由认定他们不会欣然接受这种结果;事实上,这一切极可能确确实实发生在亚里士多德笔下真实生活中的赫拉克利特派身上,他谈起这群人时讲到,据说,赫拉克利特本人就会做出公然违背不矛盾律([译按]即平日所说"矛盾律")的断言(《形而上学》Γ 3,1005b 23-6)。

苏格拉底的反驳并不在于,如此看待事物的方式无法用语言

---

① 苏格拉底在183a6-8得出结论说,每个回答都将同样正确,"就如会说诸事物是如此或不如此——如若你有意愿,也可以说变为(become)如此或不如此,以便不使诸事物因我们言说的方式而拘泥固执"。诚然,"生成/变为"(become)并不属于下定义的常规术语,但此处正说明苏格拉底恰恰是在构想一种改良的赫拉克利特式的辩证法。

来充分表达,而单单是如此看待事物要公设一个世界,在其中不能有辩证法,更确切地说,也不能有定义存在。因此,泰阿泰德给知识的定义其实是在自掘坟墓:该定义预设了一个不能有定义存在的世界。

2 柏拉图和流变

那么,苏格拉底的发现就是,他自己独有的哲学方法,即辩证法,与完全流变学说无法相容。回头看看179e3–180c6忒奥多洛斯对赫拉克利特派叫人忍俊不禁的描述,就可以看出其言辞中明显的遥相呼应之处(179e8–180a1),他说,这些人全然拒绝参与到辩证法的问与答之中来。①

但是,我们应当推断,苏格拉底针对感知理论以及作为其理论基础的流变学说得出了怎样的结论呢?解释者们又一次分为两个阵营。认可流变学说一派的解释会认为,该结论只对可感世界有效:由于一个具有诸可知形式的恒定世界存在,语词保持恒定的所指,理性言说的可能性[100]也因此获救。②(所谓理性言说,一般意指语言本身,但如若我在前面部分言之成理,我们便应当将它替换为辩证法——所幸,因为柏拉图从未否认过我们可以对可感世界进行言说,而如我下文详述,他的确否认了关于可感世界的辩证法之可能性。)拒斥流变学说一派把179c1–183c7这一段文字的功能限定为驳斥普罗塔戈拉—赫拉克利特理论,就是说,任何关于本性

---

① McCabe(2000, ch. 4)在对这段对话的讨论中充分地提到了这方面内容。

② 对观Cornford(1935:101)。

的推论,哪怕是关于可感世界之本性的推论,最终都无法逃出(也至多能得出)一个结论,即不可能有完全的流变。在此,我再一次主张,勒令在这两种相对立的理解之间进行不假思索的直接选择,势必有损文本原意。

言说者苏格拉底完全不知道高悬于可感世界之上的可知世界的存在,这一点在苏格拉底的做法中得到极好体现:在送别赫拉克利特派之后,苏格拉底拒绝继续就帕默尼德静止的存在展开讨论,并坦言自己不大可能理解这种观点(183c8-184a6)。[①] 就此而言,我认为,拒斥流变学说派的解释是正确的:苏格拉底仅仅揭示了普罗塔戈拉主义内在逻辑上的缺陷,并无积极构筑自己形而上学之大计。

但是,运用作者特权的柏拉图,确保了柏拉图式的意涵始终处在目之所及的范围内。在以永恒生成而非永恒存在的说法剖析流变的过程中,柏拉图几乎不会意识不到,他正在把在可感世界的生成和可知世界的存在之间进行的彻底二分引入读者心中,这种二分法首先出现于《理想国》。我们来对比一下《理想国》卷五(478e7-479b10)的内容,那里把可感之物作为承认确有与之分离开来的形式独立存在的一个基础:

"既然这些论点都已摆出,我将说,就让那位心地善良的朋友给我作个解释,回答我的问题,既然他不相信美的本身,也不相信同一种美永远具有某种相同的形式,而是认为有多种多样美的事物,那位喜欢观赏的人同样绝不会让别人说,只存在一种美、一种正义以及诸如此类的话。'最高尚的人,'我们讲

---

① 从作者谋篇布局的角度来看,可以说这一任务是留给《智术师》来解决的,其中,来自爱利亚的异乡人拥有能够顺利对巴门尼德展开批判所需的所有形而上学技术。

说,'在如此之多的美物中,难道不存在某种看起来是丑陋的东西?在种种正义中,不存在某种看来是非正义的东西?在种种虔诚中,不存在某种看起来是非虔诚的东西?'"

[101]"不,事实必然是这样,"他说,"它们最终显现为一方面美一方面丑,你所问到的其他东西也都一样。"

"许多具有双重性的东西又怎样呢?其一半似乎不如其一倍?"

"一点也不是这样。"

"大的、小的、轻的、重的东西:对于我们所说的这些,事物被称为它们会胜过被称为它们的对立面吗?"

"不会,"他说,"但每一件东西总包含两个对立的方面。"

"那么,这许多东西中的每一件东西会不会更是某人声称它不是的那一东西呢?"

有关此段文字中透露的明确的柏拉图形而上学,存在大量学术异见,而重启分歧非我本意。任何一种理解(即便如一些解释者所认可的那种把"多种多样美的事物"限定为诸类型而不是诸代表的理解)①都不可否认,这里所描述的具体事物之流动性,以及《泰阿泰德》(特别是152d2-e1)中赫拉克利特理论所描述的万物之流动性,两者之间有着惊人但绝非偶然的相似之处。这两种说法都着重强调,每一被给予属性的保有者都会最终显现②为保有相

---

① 例如Gosling(1960);Irwin(1977);持反对意见的是White(1978)。
② 其后紧跟着一个简单谓词的动词φαίνεσθαι在两个文段中都有使用,它或可用"最终显现"(turn out)一词进行翻译。在两个文段中,都可以用从某物何以"最终显现"为某种对其正确的称呼这种说法中可直接得出的推论,来表明这一动词的意思不仅仅是"呈现"(appear)。

反性质,所以,用其中之一进行描述不会比用另外一种更为明确。①而且,这两种说法都根据如下这点推论而出,即一物无法被说成"是"(be)——即如我所理解,②无法去是(to be)其被述谓为的任何一种模样。在《理想国》的那段话中,这种推论才刚刚露出冰山一角:那"多种多样美的事物"的说法紧接着"在是/存在与不是/非存在间来回变动"的表述;然后在接下来的两卷中,动词"生成"(become)便被用来描述这种居间状态,跟《泰阿泰德》中的用法一样。

[102]要承认以下一点,即在《泰阿泰德》中发展起来的赫拉克利特论点,相应地符合于关于存在(being)与生成(becoming)两个世界的形而上学当中的一半,并不需要在两个世界之间均保持完全一致。就我提出的解释观点而言,至关重要之处在于:柏拉图是在让我们注意,由苏格拉底展现出大致模样的赫拉克利特的世界,究竟如何预示了柏拉图形而上学中经分析而得到的可感世界。说柏拉图的可感世界在特征上就是赫拉克利特的世界,这并不新奇,但它贯通了一种对柏拉图广为接受的解读,这种解读至少要追溯到亚里士多德。③在亚里士多德告诉我们柏拉图打一开始就从他

---

① 我之所以避免谈及相反两方"共存"(compresence)的说法,是因为这种说法往往被理解为排除了相反属性间暂时的连续相继性,鉴于柏拉图并不认为"T时刻下的F,而T1时刻下非F"相应地不同于"A角度下的F,但A1角度下非F",这些尚有争议的角度或许是同时发生的:对观《会饮》210e6-211a5。一物"最终显现"(turning out)(参见前一注释)为有着相反属性,这种表述涵盖了时间和角度两个方面。

② "是"(be)的含义在这段话中有极大争议,但479b6-10偏向于把它作为一种明显的述谓用法来加以运用(我极不情愿谈论各种不同"含义")。对观Brown(1994:220-228)中极具启发性的讨论。

③ 亚里士多德《形而上学》A 6,987a 32-b 7。对观Irwin(1977)的辩护。

早先的老师克拉底鲁那里学到了这种赫拉克利特思想的时候,不管我们是否相信他(如我本人那样相信),至少我们现在都看到了接受亚里士多德由其上述说法而来的论断所需的绝佳理由,也有理由判定,柏拉图的可感世界确实是赫拉克利特式的。而柏拉图本人则似乎在通过谋划《泰阿泰德》与《理想国》两段文本之间如此贴近的相互照应,告诉我们事情就是如此。

《泰阿泰德》展现了苏格拉底的论证,即如果全部世界都处于流变之中,辩证法便不可能。那么应该如何挽救辩证法呢?对话中的苏格拉底并无暗示出从可感世界分离出存在(Being)领域的端倪,他止步于必须抛弃一切完全流变学说这一点,而未向更深处着眼。但这不是柏拉图本人的立场:毋宁说,柏拉图更愿意指出,辨识出诸恒定形式才是辩证法的必要条件,因为辩证法是关于诸形式而非可感之物的。《理想国》中对此的表述一清二楚,它先通过我们已然看到的办法从诸形式中区分出具体之物,然后进一步明确这些形式就是辩证法唯一的对象(511b3-c2)。① 正是由于预设了诸形式,柏拉图才不必像苏格拉底那样,他大可承担得起放任可感世界处于排除了一切存在的、完全流变的状态之中所要付出的代价(《蒂迈欧》27d5-28a4)。

从我们独到的观点出发,可以认识到,苏格拉底并不是诸形而上学真理的发现者,而是通过发展辩证法这门技术,铺平那通向真理之路的人。正是这个人,这位把哲学从自然世界转向纯粹言辞世界的哲人,直觉到可感世界中不可消除的模糊性阻碍了它成为辩证法的课题。

---

① 关于辩证法若要成为可能,就必定需要诸形式,对观《帕默尼德》135b5-c4。

3 柏拉图与感知

[103]还有一个问题:到此,是否算是正式驳斥了156a2-157c3所提出的关于感知的相对主义理论。我们必须再次区分言说者和作者。言说者苏格拉底得出结论,认为确保感知绝对可靠所需要的流变,其程度超过了可容许的范围,所以,假使他终究允许感知理论得以生还,他也定会使之以某种不那么极端的形式存在。因为感知的绝对可靠性绝非苏格拉底的论点,而且它最终将在184b3-187a3遭到彻底拒斥,那里论证了感知连为真都不可,遑论绝对可靠。因此,苏格拉底或许会欣然接受仅仅减小流变程度这样的妥协。但是假装他能够接受此妥协毫无意义。整个赫拉克利特的感知理论如今已被丢在脑后,尤其重要的一点是,苏格拉底不会再否认感知的对象拥有"存在"(being)。① 在他看来,此理论一息尚存,怎奈已不再有效。

但是,有一种情形现如今应该逐渐为我们所熟悉,那就是,所有这些并未取消掉柏拉图的言下之意。苏格拉底主要使用认识论术语对感知开展的相互作用分析,在极为显著的程度上符合《蒂迈欧》(45b2-46c6,67c4-68d7)中所详细阐释的柏拉图自己对于视觉物理学的思考。在《蒂迈欧》中,柏拉图要提供一套作为视觉相互作用的基础的粒子理论,这些粒子极像《泰阿泰德》中的表述,分别从感知主体和被感知客体之中而来(通过有适合亮度的中介),结合在一起,进而产生实际的视觉。这套理论近乎完全是柏拉图

---

① 首先是在185a9;参见Owen(1953:86)。但要对观本章注释37。

的原创。① 因为就像没有形而上学理论一样,苏格拉底也丝毫没有物理学理论,他自己关于感知究竟如何在内在固有流变的世界中发挥作用的一套说法,也缺乏《蒂迈欧》中提供的那套基础物理学架构。但是《泰阿泰德》的读者能够瞥见,苏格拉底对关于感知的认识论的把握,如何预示了柏拉图日后将得出的物理学理论。②[104] 紧紧盯住这一照应不放会显得不大明智,③尤其是因为在《蒂迈欧》中,其他四种感觉并非建立在同种类型的双向交互作用之上。但不论是在《泰阿泰德》还是《蒂迈欧》中,视觉都被当作感觉的范式(整个古代的传统皆是如此),而且两处表述间相符合的程度也不大像是偶然。

在其他苏格拉底最终预示了柏拉图学说的案例中,通过涉及柏拉图早期对话表现出的准史实的苏格拉底所追求的各种兴趣——比方说辩证方法,以及对神乃绝对善的确信——而这些我在本书第一章第11节中所论述的兴趣都出现在《泰阿泰德》当中,这种所谓预示都被潜在地证成为归属于苏格拉底助产技术的不可分割的部分。但在感知相对性这一案例中,我们将要着手说明的一件事情乃是,柏拉图将感知相对性呈现为历史上的苏格拉底的观点,换言之,感知相对性可以被定位在苏格拉底助产术诸原则之

---

① O'Brien(1970)表明,事情并非如此,曾经有一种看法认为,柏拉图这一思想能在恩培多克勒(Empedocles)那里找源头。

② 通常,把《泰阿泰德》中苏格拉底的想法读作对柏拉图某些思想的预示,这种读法会使我们免于因苏格拉底与柏拉图的观点之间缺少一种完全的契合性而受到困扰。关于以下观点,即《蒂迈欧》在详述作为感知相交通过程之基础的、恒久的粒子上有着不同说法,可对观Burnyeat(1990: 16-17)——然而,这个观点并不会破坏上述解释方法。

③ 正如Fine(1998)所警告的。

中,而这件事就没有那么不言即明了。

虽然如此,苏格拉底对话中的一段话还是指向这一思路。我指的是《普罗塔戈拉》356c4-e4,苏格拉底在那里主张(可能是在做假设的情况下)一种度量快乐的技术,而且提出要比较观看远处之物和听远处之物两种不同情况。他说,各种事物的尺寸、体积以及大多数此类属性,都会由于其表象而被错误传达,在近前看起来较大,在远处看起来较小;因此,精准确立这些事物的关键就是不依赖于"表象之力",而改为应用"测量之术"。以上证据表明,苏格拉底对专门技术之本性和结构的持续关切(原则8,上文[原书]页34),据柏拉图之阐述,部分建立在两方面的对比之上,即经过训练的精确性与未经训练而对直接感觉经验的依赖性之间的对比。在这里,苏格拉底意识到,后者中的直接感觉经验正是处于在对立性质间不恒定的来回变动中,因为它总是相对于当下的视角而产生变化。

若此说无误,我们便可以按照如下方法来理解苏格拉底对于《蒂迈欧》中感知之说的部分预示。符合史实的苏格拉底被认为是进行了未经训练的感觉感知和经过训练的专门技术之间的对比的,这一对比在《泰阿泰德》第一部分差不多呼之欲出。他尤其体会到,感觉感知内在地是不恒定的,因为它处在观察者和对象间一种恒常变化的相对性之中;[105]正因为如此,苏格拉底在自己选定的伦理学领域中极其重视,而且不断寻找各种能够超越一切相对性的技术。他对感知相对性的最基本直觉,正是柏拉图日后有所发展的视觉物理学的起点,两文本中不同说法间的密切关系足以提醒我们这一点。

然而,苏格拉底在技术和感觉感知之间进行的对比,还将在《泰阿泰德》第一部分的最后一个论证中更直接地发挥作用,我们现在便转入这个论证。

4 先天的和经验的（184b3-185e1）

在驳斥赫拉克利特理论的最后阶段(183b7-c3)，苏格拉底作了如下总结：

> 那么，忒奥多洛斯，我们已经摆脱了你的朋友[普罗塔戈拉]，我们不同意他的说法，也就是说，每个人都是一切事物的尺度，除非这个人是个有智慧的人；我们也不同意知识就是感觉——至少就一切皆变动的论证方案而言，除非这位泰阿泰德有什么别的说法。

苏格拉底在这里画了一条线。对广义和狭义普罗塔戈拉主义的驳斥如今大功告成。但苏格拉底清楚表明，后者只有在他发展并批判的赫拉克利特理论的形式之中才能够被驳斥。而泰阿泰德那使感知成了真理之唯一尺度的定义，或许能够在其他根据上得到辩护，这种说法仍尚存理论上的可能性。因此，在有关帕默尼德的话一闪而过之后(参见上文页100)，剩下的工作就是，由苏格拉底来展示，不论采纳怎样独特的感知理论，泰阿泰德的定义都有内在谬误。这就是苏格拉底在184b3-187a3所做的事情。

这一段中的很大篇幅，都是在建立一种关联：被视为我们所经由(via)进行感知(希腊语用"通过"一词来表达)[①]的诸感觉，

---

① 为了强调中介性，我选择"经由"（via）一词，而非Burnyeat(1976a)所为之辩护的彰显其工具性的"通过……方法"（by means of）这种表述，我这

与被视为一切判断之主体的灵魂间的精确关联。苏格拉底问(184d7-185a10),关于一对感知对象,例如一种颜色和一个声音,你能做出的最小思考是什么?[106]很简单,它们都"是"(are)。希腊语用法并不要求我们区分苏格拉底这么说的意思,到底是它们都存在,还是它们都是某物或其他什么,比如愉悦。① 重要之处在于,此处被归为是/存在(being)的说法并不意味什么复杂的想法,反倒是个最小的思考,是最简单的谓述的基础。这一最小的思考或许老套,但苏格拉底论述称,它已然超过了任何感觉能力——例如,视力就不能针对声音的是/存在说三道四,听力也不能针对颜色的是/存在评头论足。从"所是"(being, ousia)开始,"共通的"谓词②门类扩展(185a11-186b1)到数字、相像和不相像之类话题中性的概念,最终甚至扩展到诸如美(kalon)和丑(aischron)这类价值之上。苏格拉底和泰阿泰德在185d6-186a1一致同意,以上这些都由灵魂通过其自身独立于诸感觉的各种能力进行调配。

样做是受Justin Broackes未发表文章的影响。但是在这两种意义间的选择并不会影响我解释的主体部分。([译按]via、through和by都可以表示通过、凭借之意,但through主要表示从中通过,by侧重动作主体使用某种伴随主体的方法、工具,via则强调借助某种动作主体和动作客体间与主客体相分离的第三者。)

① 这样一来,185c5-6"不是"(is not)和"是"(is)被用以述谓每个东西(everything)时,就不会是指非存在(non-existence),因为问题中所涉及之物即便有,也极少是非存在。但此处的说法并不意味着,相当于存在的"是"(being)在这里被轻而易举排除出了动词的行列,因为一般并不在与其动词含义完全分离的意义上运用这一语词。尤其参看Brown(1994)。

② 从这里往后,我用"谓词"(predicates)指代的就是这些共通性(commons),因为(对观下文页115-116)在这部分对话中,它们完全被置于一种述谓能力中加以考察。

柏拉图之钟又一次敲响:这些"共通的"项难道不是形式世界中的常客么?如果信奉柏拉图的《泰阿泰德》读者倾向于把某个地方当作是在暗指柏拉图的超验形式,那就得数这里了。然而,谨慎是必要的。苏格拉底所做的一切,就是把我们不需要运用感觉器官便可通达的一系列谓词分离出来。①

---

① 有一种解释说,我们确实有机会通过感觉器官便通达并使用是/存在(being),那就是当我们询问某些被感知之物是否"是"(is)什么,例如,是否"是"红色的之时,因为这种问法并没有超过单一感觉的能力范围。偏向这种解读之人或许会引用185b9-c2这段话(对观Cooper 1970: 131-132的评论以及Modrak 1981: 43),在那里苏格拉底主张,假若当真有可能在关于颜色和声音的事情上发问"他们是咸还是不咸?",那么提问也要由味觉来完成。我对把这一段当作证据表示怀疑,因为其说法极其违背实际,以下事实也强调了这一点,即苏格拉底使用了一个与格($\tilde{\varphi}$; c1),而没有用"通过"(through)一词,来指出发问一事如何"由"(by)味觉亲自来完成。

有些解释者认为,此与格背离了苏格拉底已然建立起来的正确用法(例如Kanayama 1987: 39-40; Bostock 1988: 121 n. 35),我们与其赞同他们,不如这样来理解苏格拉底的说法,即在这种完全违背实际的情况下,味觉会担负起下判断之能动主体这一进行协调统一的角色,而一般情况下该角色会被指派给灵魂,并且,正是单纯出于这个原因,味觉才会像符合实际的现实中的灵魂一样,能够通达存在。

因此,我倾向于另一种解释,即所有关于是/存在(being)的思考,包括关于述谓性是/存在(predicative being,[译按]即"是"附加上其他一些谓词,如"是红色的")的思考,都是灵魂本身的工作。185e1也坚定指出这一点,在那里,随着苏格拉底一番热情似火的证明,泰阿泰德说,"关于每个事物"($\pi\varepsilon\varrho\grave{\iota}$ $\pi\acute{\alpha}\nu\tau\omega\nu$)的那些"共通性",包括"是/存在",都由灵魂通过自己的能力而非通过诸感觉获得。

如此我们就必须承认,灵魂能够通过感觉器官获得的一切,只是由对红、甜等的逐渐意识而获得的感觉对象本身,而并非这些属性起了作用的真理,就如这个对象是(is)红色的。这种说法在解释梦论时会变得相当重要(下文页158-159)。

我们给这些谓词贴上"先天"的标签看起来合情合理,没什么害处,它们构成一个大的谓词门类,[107]在早期对话中,苏格拉底的辩证法就已经开始在这些谓词身上或使用这些谓词本身来做文章了——正是这些谓词的先天本性使它们更适合成为辩证法考察的对象,而非经验考察的对象,因有预设在先,即本质材料可以不需经验性的投入而可以直接为我们的灵魂所用(对观原则2,上文[原书]页33)。我不打算像康德式的预设或任何其他预设那样,用"先天"来意指某种富于意涵且令人困惑的术语,而只是打算把它当作给一些实体分类的方便之门——不论那些实体可能是谓词还是概念,只要苏格拉底把它们视作能够为辩证法考察所理解。如此处所表述,这些实体中还应当包括价值以及数学和逻辑的术语,当然,这在哲学上是有争议的,但却难以否认,柏拉图的苏格拉底不止在这里,而且在所有对话中,都常规性地认为价值属于这一门类。

究竟此门类的边界应该设定得多宽,着实是个困扰柏拉图的问题。在《帕默尼德》130b3-e4,柏拉图笔下的青年苏格拉底虽然确信这个门类(在那里是用诸形式这种说法来指代的)既包括(a)话题中性的项目,例如相像性,也包括(b)价值,但是他却极不情愿把被认为通过感觉就可充分理解的对象囊括进来,例如(c)人、火和水,以及在青年苏格拉底眼中更成问题的(d)毛发、泥(mud)和土。他不情愿囊括(c)和(d)的行为遭到了帕默尼德的斥责;相应地,柏拉图让《泰阿泰德》中开悟了的苏格拉底指出,即便(c)和(d)对他而言也都能构成辩证法的课题。我认为,苏格拉底特别地在174b4-6和147c4-6分别提出由"人"(man或"人类")(参上文页69)和"泥"①来作为被定义项的实际例证,此举绝非巧合。

[108]这背后潜藏的含义是,科学考察,即便是对这类项目的科学考察,本质上也都是灵魂本身能力的任务。

必须尽力保护辩证法要考察的领域,以免它同世俗之物掺杂以致混为一谈,这看起来似乎是不幸的副产品,由与柏拉图中期思想紧密关联的对两个世界的严格区分而招致。②一剂对付辩证法之狭隘主义惯用的解药,在于回归到较少排他主义的、更为苏格拉底式的眼光。毕竟,正是柏拉图笔下准史实的苏格拉底,把"蜜蜂"作为被定义项的科学模型,从中或可习得一些关于成功定义美德时定义之标准的事情(《美诺》72a6-d1)。柏拉图在晚期作品中会持一种类似的扩展范围的观点:不但"动物"这种属的形式在《蒂迈欧》(30c2-31a1)中起到关键作用,就连"钓鱼术"和"编织术"这种低级的项目,也会成为辩证法严格分析的课题。就如《治邦者》(266d4-11)中来自爱利亚的异乡人会坚持认为的那样,辩证法方法论应专注于真理,而不用考虑顾及尊严之事。

于是,我们又一次在《泰阿泰德》中重新发现了苏格拉底的遗

---

① 参见上文[原书]页21,我按照上下文需要,把πηλός翻译成clay[泥,黏土](对观先前关于"泥"的内容);但是这个词在《帕默尼德》文段中的惯常译作mud[泥,泥巴],《泰阿泰德》147c4-6的定义"土混合了液体"也可确认二者所指同物。

② 《理想国》卷七523a1-525a5d"手指"比喻那段最明显地体现出这种保护主义,其表述所传达的意思是,对于如手指这般可以直接在感知中被给予的项目而言,根本不需要形式。然而,这或许只代表了柏拉图思想发展的一个很短的阶段,因为,在可能更早的《克拉底鲁》389a5-390e5以及《理想国》卷十596a5-597d4,都看到有人工制品的形式的说法。

产,它指出了前往柏拉图晚期作品的道路。这些考虑同时也确证了我们绝对有必要倍加警惕,不要自己去强行预设,哪些项目在苏格拉底看来可作为辩证法的、理论的或先天的考察的对象。①

先把划界的问题放在一旁,关于苏格拉底转离经验研究,有必要再多说几句。此举代表了苏格拉底本人在历史上的贡献,《斐多》中早就指明这一点。在《斐多》中,苏格拉底像讲自传般娓娓道来,描述了自己决心进行"第二次航程",去钻研言辞(logoi)中的实在而不再探究事物中的实在(99d4-e6):联系上下文,苏格拉底的这种说法自然会被解读作从经验科学转向辩证法。而现在,在《泰阿泰德》中,苏格拉底的贡献在当前讨论中[109]得到了同样清晰的指明。此处,尽管苏格拉底仅把自己扮作一个无知的问询者,但当讨论转入灵魂独立于感觉感知去研究"共通性"这一能力时,苏格拉底的形象却是在开诚布公地宣告自己的信念——在这篇对话中算得上是破例:"你不仅美,"苏格拉底在185e5-9对泰阿泰德说,

> 还帮我省了一个冗长的论证——如果你觉得灵魂自己经由自己考察某些东西,而经由身体的一些官能考察另一些东西。因为这是我的想法,我希望你也这么想。

柏拉图的再明确不过地表明,在他看来,先天和经验间的差异当归为苏格拉底本人的思想。

---

① 仍旧悬而不定的是,这些经扩展的项目是否应加入"共通性"的类别。支持应当加入的论证——酷似184e8-185b9——或许会这样进行:你不能闻出那棕色的东西是泥巴,你也不能看出那臭烘烘的东西是泥巴。但是,假定这步论证是有意而为又显得过于轻率。

苏格拉底虽已公开承认自己理智上不孕不育，却还破例允许自己在这儿露一手，原因无疑依旧是，那个仍成问题的信条乃是一条原则，他公开承认的助产术就建基其上（参见原则2，上文页33）。但是苏格拉底心甘情愿地——事实上更是热切渴求——坚称上述说法是自己的观点，其明确果决超过了这篇对话中他所展现出的任何坚定态度。我们可以把这种情况理解为，一种强调至为关键的苏格拉底式洞见的柏拉图方式。

就经验与先天的差异我们已经谈了很多。但是，其中是否蕴含着任何形而上学暗示？先天这一门类中的内容必须与独立的诸形式相一致么？让我们静候论证的演进发展，以观其变。

5　真理与知识（186a2–187a3）

对是/存在（being）处于划界后先天一侧的界定，作为一个基础，支撑起了随后整个论证中至关重要的最后阶段。

在186a9-b1，泰阿泰德谈到，是灵魂在考量价值之所是（being, ousia），并在自身中筹划（calculating, analogizomene）过去和现在同未来的关联。此处他毫无疑问回想起了稍早时候（177c6-179b9）关于专家之能力的一番说辞，这些人可基于过去和现在而预测未来。因此"是/存在"至少就泰阿泰德的理解而言，可能显得不再仅限于无涉本体论的意义了，这层意义上的是/存在往往在日常断言中或显或隐地起作用（上文页105-106）。相反（或者说除了那层意义之外），泰阿泰德[110]似乎还赋予它更为饱满的轮廓。即便还不能将此种理解算作哲人对是/存在的见解，就如那些把ousia译作"实在"（reality）、"实体"（substance）、"本质"

(essence)等有瑕疵的翻译所传达的见解,在这里的是/存在,至少称得上某种比日常谓词在述谓能力上有着更高要求,也更难以把捉的东西。

由于苏格拉底补充了下面这段至关重要的表述,上述使术语意涵丰富的说法马上获得了其可靠性(186b11-c5):

> 对于某些东西,人和兽类一生下来就天然地能够感觉到,也就是经由身体而抵达灵魂的那些经验;但是关于这些东西在"所是"(ousia)和"益处"方面的那些筹划(calculations, analogismata),则是长期而艰难地通过许多经历和教育才能得到的——如果说得到过的话。

看起来,在这段话的第二句中,苏格拉底似乎区分出那样一些人,他们不止于经验到感觉感知,还要进而把是/存在及有益这样需要很高理解力的概念应用于内容。严格来讲,苏格拉底的意思可能是,实质上所有人都会这样做,但再无其他动物会如此。因此,一旦"是/存在"被纳入考量范围,那种按照命题方式进行思考的特有能力——就是说,把捉日常的是/存在,例如有猫"是"(is)在垫子上这一思想——虽至少需要生命中的头一年时间来进行开发,却已足以区分人与非人的兽。不过,苏格拉底在区分出这种认知活动时,使用了一个若不然就几乎无可证实的语词analogismata,我译为"筹划"(calculations);考虑到泰阿泰德先前使用的一个同源动词analogizesthai在我们已经考察过的文本中具有与它一致的意义,此处这种用法显然暗示了涉及专家工作的内容。除此之外,苏格拉底还宣称,只有那些坚持不懈接受教育的人才会渴求这些

"筹划",这意味着它不只是指那种进行日常命题式思考的能力。①

倘若如此,属于这些筹划对象当中一员的"所是"(ousia),本身看起来就不应是一种寻常的是(being),而是仅有屈指可数的人——主要是哲人——才能把捉的一种"实在"(reality),事实上也就是不变的存在(being);根据更进一步的柏拉图形而上学,这个说法专门用来描述可知世界。

[111] 而另一方面,苏格拉底自己不可能已经完全看出这一点,因为据他所说,我们所讨论的"筹划"是"关于这些东西"的,即关于感觉内容的。如果说苏格拉底已然开始察觉到知识与本质之间的联系,那他显然还没有达到在形而上学上从可感之物中分离出本质的程度。②事实上,由于苏格拉底着手求助一种低级的存在概念,所以他本人的意图可能不过是想说:经年累月努力修习方可获得的东西,并非那种进行涵盖"是(be)"和"益处"等方面思考的能力,而是去达成这种 analogismata——专家般地从在先的材料出发所进行的推论——那些关于泰阿泰德现在引入讨论的这些东西的 analogismata。我们或可将这些"筹划"视为对何为事物之所是以及如何达成大有裨益之结果的评估——一种当数专家们特有之标志的评估;但至少在苏格拉底看来,专家们并未引进超越于由普通系动词用法所表述的是(being)之外的任何存在(being)。讨论所发生的转变向读者指明了是/存在更为丰富的意义,这一事实绝非偶然,但在论证上,这更符合柏拉图的看法而非苏格拉底

---

① 这并不是说,所指之人仅限于真正意义上的专家,因为在178d8-e8,连厨师和修辞家也能成功预知后果,尽管他们是苏格拉底口中伪专家的范式(参见上文页87-88)。

② 在186b6-9、d2-3也可看出这一点。

的。苏格拉底仅仅意在指出,是/存在(being)与益处——在相当非具体专业的意义上来理解——可以成为高深技术的课题。① 我们应当暂且搁下这一有意谋划的模糊性,继续向下读。

"是/存在"不论意指什么,它都在对泰阿泰德的最终驳斥(186c7-e12)中扮演了关键角色。这段最终的驳斥可归纳如下:

(1) 知识的必要条件是通达真理。
(2) 通达真理的必要条件是通达存在(所是,ousia)。
(3) 感知不能通达存在(已经得到揭示)。
(4) 因此感知不能通达真理。
(5) 因此感知和知识并不等同。

此处我们也面临着解释上时常出现的两难局面。情况可能是,与苏格拉底着手处理的单薄的存在概念一致,感知之所以不能成为知识,也可能仅仅在于,它不能[112]容许进行命题式思考,而所有命题式思考都或隐或显地通过某种断言得以表达,即如此这般"是"(is)这般如此。如果说感知不能容许以命题的方式进行思考,那么,以强命题表述,感知自然就更不可能包含任何真命题,因此感知也达不到知识这种层次。但情况同样还可能是,苏格拉底正假设着那个后来出现的丰富的存在(being)概念。在后一种情况下,知识便不会是日常的认识行为,而是属于专家尤其哲人的

---

① 尽管柏拉图提醒我们注意其形而上学的动机可谓十分明晰,但是,为何其言说者苏格拉底会有这番话则不大明了。极为可能的情况是,因为把握真理恰恰是知识的必要条件(第二部分的陪审团一段会提醒我们注意这一点,参见下文页149-150),所以苏格拉底才假定这些analogismata将是知识中的附加因素。但若说如此,analogismata在论证当中又并没占据更多戏份,且很快便在第三部分被logos取代。

一种心灵状态。那么便会有如此论证:这种强意义上的知识需要通达其强意义上的存在(Being),即对每个事物的终极实在的把握,而在柏拉图看来,这种把握只能在形式的层面上才找得到。①相应地,"真理"(alētheia)也需要一个更强的意义,而某种东西此时呼之欲出:这个语词可以(像《理想国》卷六509a7处的日喻中所描述的那样②)用来特指永恒的真实之物,进而暗指哲学探究所关注的那种深层次真理。

"存在""真理"和"知识"在范围上的模糊性,反映并承继了早先关于"共通性"的模糊性——它们仅仅是先天的(a priori)谓词,还是超验的(transcendent)形式? 眼下我们应当欣然接受并开发利用这些模糊性,而不应勉强自己打发掉它们。我再次说明,读者可能强行认为某种苏格拉底与柏拉图之间有分工。他们可能假定,苏格拉底依旧在谋求一种对"存在""真理"和"知识"较弱的理解。这种设定不但十分符合他论证中的核心要素,还刚好满足他在剩下的对话中所探求的一个事实,即"知识"在其涵盖范围中仍旧囊括了日常认知。较强的柏拉图化理解是泰阿泰德偶然引入的,且在此后的文本不断有提示,但并不构成苏格拉底本人论证中不可或缺的部分。

论证的苏格拉底维度可以界定为,将是/存在认定为一系列感

---

① 这看似与苏格拉底在第一部分结尾准备就绪的工作产生了出入,那里将感知对象重新改为先前被普罗塔戈拉理论否定掉,因而不能成为感知对象的"存在"(being)(157b1-7)。但是谨慎的柏拉图让苏格拉底把感知对象分为是/存在和不是/非存在两种(185c4-7),如此便维持了感知对象同《理想国》478d5-479d5所刻画的可感之物的状态之间的一致性。

② 对观《斐多》65b9(极易使我们联想起当前这段文本)、99e6;《理想国》585c1-d4;《蒂迈欧》29c3、90c1-2。柏拉图著作中更好的例子数不胜数。

知所无法触及的先天谓词中的一员。这种做法已被证明足以确立感知不会是知识的洞见。[113]至于柏拉图,作为《理想国》的作者,他从苏格拉底的先天探究方法起步,但接着又将此法重新界定为一种上升过程:从变化生成的世界,上升到形式的纯粹存在;他置于苏格拉底之口的论证,强烈地暗示了那种基于形而上学本体论的、意涵丰富的知识概念。从《泰阿泰德》184b3-187a3这部分系统地设计出来的诸多模糊性中,我们可以领会到,从苏格拉底方法到柏拉图方法的演进过程是多么自然而然。苏格拉底再次作为一位对此演进过程毫不知情的策动者出现在我们面前,正是这位助产士,使柏拉图的超验认识论得以诞生于世。

6 意识的统一

常闻人言,特别是在伯伊特的文章和著作问世后,[①]第一部分最后一节代表了一个对柏拉图而言全新的哲学进展。晚至《理想国》卷七(523a1-525a5著名的"手指"比喻),柏拉图笔下的苏格拉底才谈到,理智和感觉仿佛在两个并置的平面上运作,各以自己的方式做出判断。而这种说法看来被《泰阿泰德》184b7-186a1推翻了,在这一部分,照旧借苏格拉底发声的柏拉图论证说,单一的统一实体——灵魂,施行所有认识活动,其中一些认识活动将感觉作为工具加以运用,另外一些则完全不借助感觉。如果我言之成理,那么,为何柏拉图将自己的新发现赠予苏格拉底呢?

我认为,这并不是什么赠予的事儿。理性灵魂本身就是感知

---

① Burnyeat(1976a;1990:58)。

主体，这个洞见柏拉图在写作《理想国》卷十时就已经得出。① 柏拉图如今在《泰阿泰德》所做的一切，乃是承认此洞见同苏格拉底的血缘关系。[114] 众所周知，柏拉图的苏格拉底将灵魂本身当作一个纯粹的理性实体，但此举留下了疑问，即灵魂在功能上如何同身体、灵魂各个部分以及各部分的运转相关联，而苏格拉底对此问题的看法在《阿尔喀比亚德前篇》(129b5-130e7) 中得到了明确表达。② 苏格拉底有力地论证了灵魂乃真正的主体，包括眼睛在内的

---

① Burnyeat (1976a: 34-36) 认为《理想国》卷七的错误延续到卷十602c4-603a9，错误出现在对灵魂的两个部分做出区分，即一部分灵魂进行计量，而一部分灵魂通过感觉表象进行判断。但 Burnyeat (1999: 223 n. 12) 后来也认可，602e4 的 τούτῳ 以及 603b10 的 διάνοια 两个词的明确含义表明，上述两种功能的确都由理智本身来实施，尽管是通过理智的不同部分或不同方面来进行。事实上，这里令人惊奇且鲜为人知的对理性部分的二分，无疑正是由某种需要激发起来，即有必要避免把两种会产生矛盾的判断中的任何一种归于不属理性的感知本身。

《理想国》这段话和《泰阿泰德》184d1-5 的论证看起来似乎并无矛盾，我也看不到《理想国》卷十中有任何表述暗示要把判断的权力分配给感知。尽管我们在卷七中发现一处哲学上的失常之笔——柏拉图后来对其进行了改动——我们也还是应该认为卷十已经预设了这一改动。当然，《理想国》卷十的确并未设定完全的意识统一体，就算此举被视为对灵魂划分的排除，但也没有理由认为柏拉图过去曾抛弃过灵魂划分这一思想，即便在《泰阿泰德》中；《泰阿泰德》对灵魂划分只字不提，毋宁说只是说明了这一点与对话主题毫不相干，以及这种思想不属于苏格拉底给柏拉图的遗产。

② 《阿尔喀比亚德》这篇作品的真实性广受质疑——尽管如此，关于赞成其为柏拉图真作的观点，现可参看 Desclos (1996)、J. -F. Pradeau 为 Marbœuf and Pradeau (1999) 所写的导言以及 Denyer (2001)。不论《阿尔喀比亚德》是否出自柏拉图之手，几乎都可确定它为柏拉图学园早期 (early Academy) 的作品，且代表了柏拉图对苏格拉底的看法 (Pradeau [Marbœuf and Pradeau 1999: 27] 如此总结这种观点，"一个柏拉图式的文本但可能不出自柏拉图" [un texte platonicien qui ne serait pas de Platon])。

身体器官只不过是灵魂的工具。按照这种方式,《泰阿泰德》中得出的灵魂与感觉之间的分工一说,便可被认作对苏格拉底基本洞见的重申和精细阐述;这一洞见便是承认灵魂既是真正的自我,也是所有认识活动唯一的能动主体(原则10,上文[原书]页34)。① 正是这一思想使得苏格拉底能够超越先前对话中所建构的普罗塔戈拉认识论,我们看到(页46—47),在普罗塔戈拉的认识论中,一个感知者就是一个感知的"集合",而在普罗塔戈拉的本体论中则没有更高级的实体来统一这一集合。②

7　后果

还有一个问题是,苏格拉底从对泰阿泰德定义的最终驳斥中究竟得出了哪些关于知识的积极发现。在187a3—6,他这样说道:

> 尽管如此,我们总算进展到了这一步,也就是说,完全不要在感觉当中寻找知识,而应该在另一处寻找,也就是当灵魂以完全通过其自身的方式跟那些是的东西(things-which-are, ta onta)打交道的时候它所拥有的东西,无论名称叫什么。

[115]苏格拉底和泰阿泰德接下来立马认同,这一活动或能力的名字叫"判断"(judging, doxazein)。而不甚明了的是,苏格拉底

---

① 苏格拉底对灵魂的兴趣主要是道德方面的,184d3那个明显的苏格拉底式惯用语,"某一实体,无论我们应该叫它灵魂还是别的什么",可确证这一联系。这句话也使我们想起《克力同》47d3—6苏格拉底闪烁其词,绝口不提给灵魂冠名的事。

② 对观上文[原书]页47注11。

是否假定这种判断必定总是关于感觉对象的。他提到"是的东西"之举本身并不能表示有任何这方面的假定,因为"共通性"也被囊括在诸多是者(beings)之中(186b6-9)。那么,我们应将"判断"这一术语的范围界定在多大呢?

必须承认,先前整个论证都集中在这样一些情况,即个体并不止于留下感觉经验,还要进一步进行关于对象或感觉经验之内容的推理(reason),而完全没有提及关于"共通性"本身进行推理的想法。另一方面,鉴于先前苏格拉底明确说过进行关于"经验"的推理(186c2-3,186d3),① 所以他如今在总结中更直白地谈起对"是的东西"进行推理,也就不可能是偶然。并且,看罢后文便会发现,苏格拉底在鸟笼喻一段(下文章5节6)做好了充分准备,以便假定存在着被囊括在"共通性"之中的、关于数字的知识和筹划(calculation)。那么,我们或许应当如其表面看来的那样,将之视为在延伸"判断"这一术语的范围。184b3-187a3的实际论证可能关乎我们如何从感觉经验演进到获得关于诸感觉经验直接对象的真理,但在苏格拉底看来,普遍的教义仅仅是,知识处于推理之中,而且是我们使用"共通性"所进行的活动。至于推理的对象应当是什么,则是苏格拉底精心留白的开放问题。

在这种情况下,苏格拉底承认,知识不需要关于经验对象的知识,原则上它也许应当是关乎先天项目的知识,即关于"共通性"的知识。如我所强调,一般谓词尚不算柏拉图的形式。但十分重

---

① 186d3,"在关于那些东西(περὶ ἐκείνων,尽管我所借鉴的译者中只有McDowell将此译为'那些东西'而不是'这些东西')的推理中",这里的"那些东西"未必就是指前一行中的"经验"(παθήματα),但如果根据186c2-3的表述,便有可能指"经验"。

要的一点在于,在柏拉图看来,苏格拉底对泰阿泰德式经验主义的驳斥,至少应视为敞开了一扇通往关于共通性的知识的大门,而这些共通项的独立实在性则要留待柏拉图自己去发现。

这样一来,与其非要从这段话中推出苏格拉底假定知识的对象就是可感的具体之物,或者说知识的对象包括可感的具体之物,我们不如全神贯注于下面这个想法。

[116] 苏格拉底对诸共通性的兴趣,仅仅在于它们作为谓词的用法。是/存在(being)、相同、相反等一些他在举例时考量的性质,被视为可感属性中可谓述的属性。① 苏格拉底通过用我们已然看到的方法,将其结论从对感觉经验的推理扩展到对"是的东西"的推理,以此阐明其论证中并没有什么是取决于这么一条要求的,即共通性作为谓词所联结的主词应当是可感的具体之物。

苏格拉底还没有完成的工作,就是对把共通性本身视为主词的精神活动进行讨论。但由于苏格拉底已经通过各种定义式探究把这些精神活动典型化了,甚至其中一种探究眼下正在进行当中,所以,我们难以得出结论来说明,苏格拉底没有意识到这种精神层面的活动切实存在。其实,先前讨论中的一个独有特征从另一方面对此给出了明显的提示。尽管苏格拉底给出的例子,如我之前所述,全部都是共通性作为可感主词的谓词而发挥作用的案例,但他仍固执地,并且多少有些令人诧异地,将这些案例描述为灵魂"完全通过其自身"(autē kath' hautēn)来考量共通性——"完全

---

① 即便在186a9-b1,当泰阿泰德谈到灵魂如何视一对价值相反的术语为"彼此相互关联"的时候,他从根本上也还是(通过暗示178b9-179a9)指那样一些情形,即我们在决定一些做法是好是坏时,会将这些做法过去和现在所展现的情况,同其在将来所要展现的情况进行关联对比,通过这种办法做出决断。

通过其自身"乃是一个经典的柏拉图式表达,用以描述不依赖于经验性因素的、纯粹理智的探究,且这种探究一般都是针对形式的(特别参看《斐多》64e8–66a10)。苏格拉底思想逐渐演进的方向就能极其强烈地暗示出灵魂中开展纯粹探究的能力。然而,他在这个方向上的旅程尚未完成。因此,我们必须静候苏格拉底抵达对话第二部分的鸟笼模型,在那里,苏格拉底将首次补充一个概念,该概念关乎考量思想对象其本身,且不依赖于其经验性实物(特别参看下文页143)。

8 第一部分回顾

苏格拉底昭告世人,自己的角色是不孕不育的助产士,专为他人头脑中的胎儿助产,这顶多是个模棱两可的含混说辞。而第一部分的职能[117]就在于提醒我们,鉴于所有柏拉图早期对话中描绘的苏格拉底的探究活动都有着开放性的结尾,还如何会有重要的理论基础结构已然明摆在那里。我先前指出(特别参看章1节11),整个基础结构符合于掌控着苏格拉底所专长的助产"技术"的几个原则。

首先,苏格拉底从这门技术中获得了关于技术如何构成并发挥作用的关键洞见,以及诸多他在《泰阿泰德》中通过批判相对主义和经验主义而展现出来的观点。我要再次强调,苏格拉底的助产术是一个神赋使命,此使命帮助它理解了属神的、本质的善(goodness),而在离题漫谈中,这个善使苏格拉底能够秉持着价值绝对性的观点对抗任何形式的道德相对主义。此外,苏格拉底助产术的辩证本性有其必要条件,那就是,必须理解何种实体可以凭借灵魂内在能力被加以研究而何种实体不可,大体上说,也就相当于要理解先天的和经验的之间的差异;这一差异恰恰构成了苏格拉底对泰阿泰德关于知识的经验主义定义进行最终批判的基础。

最后也是最重要的一点,苏格拉底考察灵魂的技术,的确建基于作为直接背景的苏格拉底的一个核心洞见,即灵魂是包括感知在内的所有认识活动的唯一能动主体。

至于我们应期待这些洞见如何演进,乃至最终发展为柏拉图形而上学的完整建构,对话中已不断有所暗示。尽管苏格拉底本人自始至终表现得对此毫不知情,但恰恰是苏格拉底的见解,以及他对哲学发展做出的贡献,才算得上最为引人注目的部分。在我们现在就要转入的第二部分对话中,这种情况更是有过之而无不及。

五　假的谜题

1　为何谈假？

[118]对话第二部分的正式论题是把"知识"界说为"真判断"（true judgement）的定义，实际的论题却变成了假判断（false judgement）。我认为，在后一论题下，还有更为基础的——也更具有苏格拉底特点的——认知灵魂学主题。在这个层面上，对话将继续颂扬并发展柏拉图热切希望归功于其助产士的各种洞见。

如我们所见（上文页114-115），第二部分以一个论证拉开序幕，即知识如今看来并不居于感知之中，而在灵魂内在的推理功能之中，贴切地说，也就是在"判断"之中（187a3-9）。知识不能直接被认为就是这种或真或假的判断，但泰阿泰德准备好了冒险一搏，他建议把知识定义为真判断（187b5-6）。

在这里，我必须为翻译工作做个标注，以表歉意。"判断"（judgement）对应的古希腊语词是doxa，其同源动词"判断"（judge）对应doxazein。同样这两个希腊语语词出现在柏拉图作品中的时候，常常会译作一些变体，如belief-believe（信念-认定）和opinion-opine（意见-以为）。若不想模糊语词意指或不造出不自然的英语用法的情况下,很难始终保持唯一译法,所以尽管judgement-judge(判断–判定)是我较青睐的一种译法,但有时我也会不加提示地替换作belief-believe。

苏格拉底的问题如下所示:我们如果不能解释假判断是什么,那又能使"真判断"的概念具有怎样的意义呢? 在提出这个问题时,苏格拉底其实再次挖掘出一个哲学问题,我们可以看到它正以这样或那样的形式(假陈述、假名称、假判断、假快乐)在一系列对话(《欧绪德谟》《克拉底鲁》《泰阿泰德》《智术师》《斐勒布》甚至《蒂迈欧》)中困扰着柏拉图。但为什么要让苏格拉底在此提出这个问题? 我试着从两方面来回答。

[119]第一,区分严谨的辩证论证与诡辩并同后者保持安全距离的能力,是柏拉图本人对苏格拉底的评价中一个起主导作用的部分。这种能力毕竟是一个原则性基础,柏拉图打造了苏格拉底与智术师之间鲜明的对比。这种对比尽管对公元前5世纪的雅典公民来说并非显而易见,却因柏拉图对整个后世传统占支配地位的影响力而至今伴随我们左右。这一鲜明对比首先由柏拉图在《欧绪德谟》中展现出来,那里分别展示了智术师欧绪德谟、狄奥尼索多洛以及之后苏格拉底三人如何处理某种假谜题。①

而与《泰阿泰德》更为直接相关的,是这一假谜题同普罗塔戈拉之间的联系:我们从《欧绪德谟》(285e9-286c9)获知,对假的否定被视为等同于普罗塔戈拉恶名昭彰的口号——"不可能有矛盾":对于已知问题的每一种可以想见的立场都是真的,而且可以从打算为该立场进行辩护的人那里得到证明。还有一点可以确证

---

① 我赞同Jackson(1990)的观点,在《欧绪德谟》中,苏格拉底本人并没有诉诸诡辩的方法。

这个同普罗塔戈拉的联系,即苏格拉底稍后便会提出的第二种假谜题"不可能认定不是的东西",早已在对话第一部分就被一字不漏地放置在了普罗塔戈拉口中(167a7-8)。这一事实可以说明一、二部分之间的延续性比现代学者所普遍认为的还要密切,而这种密切的延续性早已为古代注疏家们所熟知。①

柏拉图引入假这一主题的第二个原因是,尽管他并不认为自己的老师已完全解决这一串谜题,但正如我们将会看到的,柏拉图的确认为苏格拉底对认知灵魂学有一定理解,而且距离解决问题已经不远了。在对话的第二部分,柏拉图会向我们展现对此问题产生影响的苏格拉底洞见是什么,并提示我们这些洞见如何预示了柏拉图本人在《智术师》中最终解决问题的办法。

然而,首要谜题必然是,为何柏拉图,或者说任何人,打一开始就认为假信念算得上令人不解的谜题。如果我们不回答[120]这个问题,尝试解决谜题的办法就会丧失不少哲学意义。

2 知与不知的谜题(188a1-c9)

简而言之,头一类谜题所要求的表述是:

不论你是只知A,还是只B,还是既知A又知B,还是既不知A也不知B,都不能谬误地判断A是B。

---

① Proclus, *In Platonis Parmenidem* 657.5-10;参见Sedley(1996a 82 n.3)。如果《泰阿泰德》第二部分实际上并未提及第二种假谜题同普罗塔戈拉的血脉联系的话,那么原因或将有二:一是普罗塔戈拉看起来在183b7-c7已经被正式地驳斥并摒弃了,二是"不是/非存在"这种假谜题并不匹配于第一部分的普罗塔戈拉,因为此虚构的形象被刻画为主张"生成"而禁止一切"存在"。

四种情况中,只有最后一种得到了阐述(188b8-10):"既不认识泰阿泰德也不认识苏格拉底的某个人,是不是不可能在思想中认为苏格拉底是泰阿泰德或者泰阿泰德是苏格拉底?"但我们可认为苏格拉底是在举这么一个例子,即在思想中自始至终把一个人错认为另一个。

为何这四种情况都被认为是成问题的?回答此问题最为人熟知的进路便是,认为柏拉图以某种方式将对一物的知识和对该物的全知等同起来:若你完全知道A,则意味着你知道关于A的每件事,在这种情况下,你知道A不是B,而且不会将A误判为B;另一方面,若你不知道A,则意味着关于A你什么也不知道,所以你甚至不可能保有任何一个关于A的判断。并没有什么令人满意的理由,被用以解释柏拉图如何进入这样一种极端的二分之中,而且我也并未发现《泰阿泰德》之外有任何例子可以说明上述观点。苏格拉底的确在泰阿泰德的认同之下坚持认为,在知某物与不知某物之间没有什么中间道路(188a1-b2),但是,不论我们如何理解这种对知识非黑即白的假定,我们都应尽力为此假定找一个比把知道A等同于全知A更好的解释。

人们往往以为,这种在柏拉图的表述中被设定出来的错误情形错在把一切知识同化为直接的熟悉(acquaintance)——这种表达"知识"(knowledge)和"知道"(know)的用法在英语中没有恰切的对应词,但是在法语中可以表示为connaître,意为"知道"(know)某人或某物,不同于savoir,后者表示"知道……"(know that...)。[①]然而,要说若你熟悉A便不能持有任何[121]关于A的假

---

① 例如,Runciman(1962)、McDowell(1973, esp. 194-198)、Fine(1976b)、Bostock(1988)。

信念,这种想法似乎也没什么可信性,特别是因为,人们很可能认为熟悉本身也有不同程度——有略微熟悉、较熟悉、熟悉得亲密无间等等。更重要的是,知识是一种获得真理的能力,并且,如我们在第一部分结尾所得,其结构要符合命题的形式,而这些要求根本不能用熟悉这一模型来套用。由于古希腊语往往规范地使用一种表述"我知道X它是什么",所以,要在熟悉的知道和命题的知道之间进行明确抉择时,往往很容易混乱。这个古希腊语"知道"的典型用法中包含着熟悉这层意思("我知道X"),但同时也隐含着命题的内容("它是什么")。

我们如何才能将问题向前推进一步呢?不妨拿其中一种谜题来讨论,该谜题围绕"不可能将一个已知事物判断为另一个已知事物"展开。按照对这个问题的一般理解,可以举出这样的例子:某个人既知道阿那克萨戈拉(Anaxagoras)也知道普罗塔戈拉,不论这种熟识是来自碰见过、看见过、听见过他们还是读过他们的作品,抑或是约莫记得曾听人说起过他们,此人都不会把其中一个搞混成另一个。但墨索里尼(Mussolini)不就做过这样的事么?他在一次演讲中开门见山地说道,"古希腊哲学家阿那克萨戈拉(原谅我博学多识)曾经说过,人是万物的尺度",并因此而贻笑大方。①

当然,如果知道他二人的必要条件被假定为不只对他们有一定程度的熟识,还要对他二人有全知,那就不会出现错误了。但如我之前所说,如此假定将是一个难以自圆其说的惊人假定。幸运的是,我们并不需要这种假定。②即便我们仅仅采取一种更弱而更

---

① 这句蠢话因Timpanaro(1976: 68)而名垂青史。

② 接下来这个想法的框架,是我从Myles Burnyeat在20世纪70年代关于《泰阿泰德》的几个讲座中偷师而来。据我所知,他并未出版这些内容。

为看似可信的假定,此谜题也已足够叫人困扰了——这一受上文古希腊常见惯用语启发而来的假定便是:知道某物就是知道它是什么,而知道某人就是知道他是谁。

为了支持后面这种假定,应首先注意,利用"知道X"同"知道X是什么(或是谁)"之间的可转换性这种做法,一般被视为极具柏拉图风格。其实,这种用法在《泰阿泰德》中就有两个显而易见的例子(147b2—7、196d8—12)。①

[122]接着还应注意,我们似乎可以进一步假定,对于知道X是什么或X是谁,有一个充分必要条件,即能够从其他任何一个人(或物)中分辨出X来。事实上,此假定已经很接近《泰阿泰德》中考察的知识的最终定义了,且苏格拉底通过冠之以"许多人都会说",表明此充要条件完全是凭借直觉获得(208c7)。《理想国》卷七534b8—c5也部分暗示了这个充要条件:

> 那么关于好是否也如此呢?除非某人能用合理的解释区分好这一形式如何不同于其他一切低劣的东西……否则他不会懂得好本身,或其他什么好的东西。

把两种似乎可信的假定相结合便得到第三种假定:知道某物有一个必要条件,就是能够从其他任何一个事物中将它分辨出来。②若这一假定当真属于柏拉图,便能解释《泰阿泰德》中以惊人

---

① 按照字面翻译,这几段话中每一段都是先提到知道X是什么,接着才都回到同一种认识状态,即一种仅仅知道X的状态。一些也算不错的译本为了能够符合英语使用习惯,结果遮蔽了这一特征。关于有些译者翻译这里提到的前一段话时如何展现这种遣词特征,参见上文[原书]页24。

② 比起"其他所有事物"(all other things)的说法我更偏爱"其他任何一个事物"(any other thing)这种表述,因为前者可能让人误解为知道X的人还

频次反复出现的一个主题,那个未遭质疑的断言,即不可能同时对一件事物知又不知。① 通常来说,柏拉图的苏格拉底往往会乐于认为,单一主体上一组对立之物的同时共存,即 φ 和非 φ 的同时共存,是可能的,只要 φ 和非 φ 是在不同的方面实现的。② 但是,如果假定知道某物的核心要素在于拥有将此物从其他任何事物中分辨出来的能力,那就很难弄清,就一个已知之物而言,一个人如何能够在某些方面拥有这种能力而同时又在其他方面则缺乏这种能力。比方说,只能从一部分事物中分辨出某一事物,而从另一部分事物中则分辨不出,这样根本就算不上知道某物,因为苏格拉底早已采取了具有普遍性的假定:知识就是永不出错。③

假若苏格拉底的如是归结得到证成,便会留给柏拉图一种关于知识的见解,此见解一方面可以(根据188a1-b2)描述为非黑即白的——在这个意义上,知识不能有程度上的划分;但另一方面,此见解也没有虚妄地假定,若你知道某物,便要同时知道存在着的每一事物以便真正知道该物。但事实远非如此。苏格拉底的归结其实针对知识建立了一个适度有节的标准,此标准乍一看 [123] 还留下了许多可供犯错的空间:我或许能从其他任何一个我曾耳闻

得知道所有其他事物才能将 X 同它们区别开来。如此取舍的关键在于,这样便会有一种较弱的表述,即知道 X 的人固然能从其他任何一个事物中区分出 X,但在被要求进行区分时才会如此,而无关乎在此之前是否熟识其他的那些事物。

① 对观163d1-7,165b2-6,188a10-b1,191b7-8,196c1-2,7-8,199a8-9,c5,203d4-6;Crivelli(1996)对此也进行了讨论。

② 例如《希琵阿斯前篇》289c1-5。

③ 例如《卡尔米德》171d2-172a6;《美诺》97c2-10;《理想国》477e4-478a1;《泰阿泰德》207d8-208b3。

目睹的人中将你辨认出来,但在面对你在哪儿出生及你银行账户中有多少存款等问题时,我绝对会出错。

如此理解"知道"的好处如下所述。假若墨索里尼,从这种给定了的"知道"的意义上来讲,不知道阿那克萨戈拉——在能够从其他任何一个人中将他分辨出来的意义上,他不知道阿那克萨戈拉是谁——那么,说他不能持有关于阿那克萨戈拉的明确想法就显得相当合理:阿那克萨戈拉(其人,而不仅仅是名字)不会出现在墨索里尼的判断之中,因此墨索里尼更不会对阿那克萨戈拉进行任何假判断。另一方面,若墨索里尼,同样在此十分适度有节地规定了的"知道"的意义上,知道阿那克萨戈拉,情况又将如何呢?至少有一种类型的错误,他不能犯在阿那克萨戈拉身上:比方说,他不能认为阿那克萨戈拉是普罗塔戈拉。因为,假若墨索里尼当真如此认为,那便直接说明,他终究欠缺把阿那克萨戈拉与其他任何人区分开来所必需的能力;在这种情况下,墨索里尼打一开始就不知道阿那克萨戈拉,也根本不能对他下判断,不论是真判断还是假判断。无需多言,至于墨索里尼对普罗塔戈拉的"知道"以及普罗塔戈拉可否出现在其判断中,同样的道理也适用。

至此,我们已经获得了一个关于假判断的谜题,可用如下例子来总结:

(a)你不能认定阿那克萨戈拉是普罗塔戈拉,因为即便只是让阿那克萨戈拉出现在你的思考之中,你也必须知道他是谁,也就是说,你能从包括普罗塔戈拉在内的其他人中将他分辨出来;而在这种知道的情况下,你也还是不能认定他就是普罗塔戈拉。

上述例子明显涉及了一个关于辨识的错误。而这个谜题仅止于此么？为了弄清此谜题究竟如何被扩展，我们首先思考下面的例子：

(b)你不能认定阿那克萨戈拉是以"人是万物的尺度"起首之书的作者，因为如此认为的话，要么意味着，你没能使阿那克萨戈拉与普罗塔戈拉区别开来(在此情况下你就不知道阿那克萨戈拉是谁，因此就不能对他进行思考)，要么意味着，你没能区别以"人是万物的尺度"起首之书的作者，与那本以"万物皆曾聚合"起首之书的作者(在此情况下，你就不知道以"人是万物的尺度"起首之书的作者是谁，也就不能对他进行思考)。

[124]如果说(b)严格来讲仍旧是对辨识错误的一种否定，那么(b)还是比(a)含有更多具体的描述性内容，而且需要一个关于判断主词之所作所为的假信念来作为必要条件。我们能否更进一步？苏格拉底给出的关于假的难题，能否不扩展为另一种表述，即能否不扩展成那种即便在最浅显的语法上也算基于述谓而非基于辨识的描述性假信念？尽管大多数解释者不认为苏格拉底的难题能够不进行扩展，但就算是为了这一丝希望，我也要增设那样一种强的情形。

不论辨识还是述谓，一般都有"X是Y"的语言形式，要想让柏拉图对"是"的述谓意义和辨识意义进行鲜明的区分，也不大可能。究竟柏拉图有没有进行过这种区分，乃至这种区分到底是否正确，都是各执一词争论不休的问题。①但就眼下的目的而言，只需

---

① 关于《智术师》是否区分了"是"的不同意义，向来有种种疑问，对观 Denyer(1991: 130—134), Brown(1994), 特别是 Bostock(1984)。有一种观点反

注意到,即便有人把这种区分归于柏拉图,他们通常还是认为支持自己观点的论据出现在《智术师》中,而文体学证据表明《智术师》要比《泰阿泰德》晚很长一段时间。如果此说法言之成理,就不能假定柏拉图在《泰阿泰德》中是在一切了然于胸的情况下把谜题限定为假辨识(false identifications)。就我们所知,柏拉图当时或许不会把苏格拉底的那些说法视为别具一格的语言表达形式,所以,当然也不能假定他是在一切了然于胸的情况下把谜题扩展为假述谓(false predications)的。这样一来,便没有哪种基于我们自己区分出来的"是"的两种意义的解释能够如预期那般进一步深入。但因柏拉图毕竟宣称此谜题乃是一个关于假信念的谜题,所以我们要么必须假设(1)柏拉图只是没能注意到假述谓就此谜题而言是说得通的,要么必须假设(2)柏拉图有足够理由认为,假述谓就此谜题而言是说不通的。当我们讨论到相异判断(the Other-judging)和假判断的蜡板模型时,我们就会看到,苏格拉底已明确考察过假述谓的问题。所以这就使得(1)不大可行,并且促使着我们去考察一下(2)是否成立。

接下来要考察以下例子:

(c)忒奥多洛斯不曾(在143e8)认定泰阿泰德是丑的,因为,鉴于泰阿泰德事实上是美的(185e3–5:真正的美属于灵魂而非身体),忒奥多洛斯将不能从美中区分出丑;而在这种情况下,可以推出忒奥多洛斯不知道丑是什么,所以根本没有对丑进行思考。

对把《智术师》255c14–15理解为柏拉图对"是"的两种意义进行了区分,参看Dancy(1999)。

(d)你不能认定吃人是好的,因为假若你认为如此,你便不能从坏中分辨出好;而在这种情况下,[125]你就不会知道好是什么,也就根本不会对好进行思考。

上述诊断选取了谓词"丑的""美的""好的"和"坏的",把它们视为这样一种事物:可以通过某人是否知道此物是什么来言说关于该物的判断究竟是真还是假。这里没有明显不一贯之处。古希腊语中把谓词视为事物的办法,就是在作为讨论对象的形容词单数中性形式之前加一个定冠词,进而产生出"丑""好"等短语。相较于其他表述,这种做法可以说是柏拉图选取某些谓词作为定义式问询("X是什么?")之对象的常规办法。

这一原则性步骤事关成败,可看起来却有点像上文第一章第8节所讨论的"苏格拉底谬误":若你不能定义X,就不能有所指地使用X的概念。但其实,对于称得上"知道"某物所要求的条件,远远达不到苏格拉底所理解的进行定义的标准:"知道"只不过是一种在你偶然碰上某个作为判断主词的对象时能够认出该对象的能力。

总而言之,我们还是找到了一种初步看来可以成立的情况,它至少可以解释以下困惑,即某人如何能够同判断中出现的术语处于一种认知关系之中——不论形式上是辨识判断还是述谓判断——且能够使该判断虽为假却有意义。

极为重要的一点是,不但谜题中最终涉及述谓和辨识两种判断,谜题的备选解决办法也将二者包含其中。这一点之所以重要,乃是由于我在本章中所要论证的就是,对话第二部分的一个主要目的,在于展现苏格拉底对于最终成功解决假谜题所做出的贡献。这个在《智术师》中讨论并解决的谜题,所涉及的范围当然涵盖了所有种类的假/谬误(falsity),实际上这里为演示解决办法而使用的例子也恰是一个假述谓,即"泰阿泰德在飞"。假若假述谓的问题当真是要被排除在《泰阿泰德》的讨论范围之外的,那么这篇对话与《智术师》之间的联系就会被视为无关紧要,进而遭到弱化,而这恰是我们不愿看到的。

3 "是"与"不是"的解答(188c10-189b9)

随着苏格拉底提出如下所述的首个解决办法,我们有了一个更为我们所熟悉的论证基础:持有一个假信念,只不过是认定了关于某物的不是的东西,而判断中其他与认识相关的方面,例如某人对判断之中的术语是有知还是无知,则可弃之不顾(188d3-5)。

不幸的是,这种解答很快便沦为一种反驳,它从某种意义上构成了与知与不知的谜题相并列的第二种假谜题:判定或认定不是的东西(to believe what-is-not)会变成去认定无物(to believe nothing),进而会成为根本不会去进行认定(not to believe at all);因此,此处所讨论的还远远不是假信念的"信念",根本连信念也算不上。

上述情况可以反映出早先在《欧绪德谟》(283e7-284c8)和《克拉底鲁》(429d1-6)中所阐明的对假谜题的经典表述。其间的不同在于,以上两篇对话中的谜题把问题落脚在说或讲不是的东西,而在《泰阿泰德》中问,题则落脚在认定或判定不是的东西。①

---

① 还要对观《理想国》卷五478b6-c2,你不能认定(δοξάζειν)不是的东西,被苏格拉底自己始终贯彻为一个前提。

但是两种表述之间的类比意味也很强。《欧绪德谟》中的表述依赖于把"说"或"讲"用作一种表示"做"的词:就如什么也不做乃是根本不去行动,就好比说,讲不是的东西,即去讲无物,就是根本不去讲。而《泰阿泰德》中的表述依赖于把"认定"或"判定"用作一种类比于看和听的认识行动:你不能于你所感知到的不是的东西之外来认定不是的东西。

这种"不是/非存在"(not-being)的表述十分接近于后来《智术师》中的表述,该表述下的假谜题遭遇到迎面冲击并败下阵来。最终的解决办法有两个主要组成部分。

一是命题的复杂性:一个陈述最少要有主词部分和谓词部分;某人会讲错话,乃是由于给某个主词联结了一个不匹配的谓词,而该谓词之不匹配,"并不是"仅仅在于它不是该主词实际的诸谓词中的任何一个。事实上,苏格拉底似乎从一开始就预料到了这一解决办法。[①]因为他用如下一句话便引入了针对这种不是的解决办法:

> 或许可以简单地说,不论一个人的心灵深处是什么状态,一旦他认定了关于任何事物的不是的东西,就不会没有假信念。(188d3—5)

这句话中我强调的部分印证了陈述中基本的主词–谓词结构。在明确上述说法之后,一个立刻由想象出来的对话者提出的反对意见反过来印证了苏格拉底的这一步推进,但也表明仅仅如此还不足够:

---

① Burnyeat(2002)极好地说明了这一点。

> 不论不是的东西是对于是的东西而言,还是对于其本身而言,这世上到底有谁会去判定不是的东西呢?(188d9—10;对观189b1—2)

[127]到目前为止,这一反对意见在柏拉图看来相当中肯。因为最终的解决办法要想奏效,除了认识到命题的复杂性,还要拥有《智术师》中解决办法的第二个组成部分,也就是给"不是的东西"祛魅,使它等同于"相异的东西"。正是由于此原因,"不是的东西"(what-is-not)便再没有必要是完完全全的不是/非存在(non-being),且可以同许许多多是/存在(beings)相结合:是相异于X的,这并不妨碍是Y和Z,而且,是相异于X的必要条件为,是相异的。苏格拉底眼下虽然没有直接宣布解决办法中应含有这第二个部分,但是他确实做出了两个朝此方向发展的姿态。

第一个姿态就在苏格拉底的沉默中。在之前解释知与不知的谜题时,苏格拉底相当认真地指出,知与不知是两个互斥的选项,也就是说,要么知道某物要么不知道某物,没有超出于此的可能性(188a1—b2)。但当转入是与不是的谜题时,苏格拉底并没有提出这种见解,这有可能是柏拉图故意而为,以此来暗指最终的解决办法。通过保持沉默,苏格拉底暗中承认了,跟知与不知的情况不同,是/存在与不是/非存在的同时共存是完全可能的。事实上,这种可能性早在对话第一部分就已正式标明出来了(185c4—7):每件事物皆可由"是"与"不是"来称谓。

第二个姿态体现于苏格拉底为回应是与不是的谜题所做的初步工作。这一步恰恰就是围绕着将不是/非存在重新解释为某一类相异性进行的。

4 "相异判断"（189b10-191a5）

苏格拉底解决谜题的新主意似乎由一句听来不经意但意义重大的措辞而起，他刚刚用这句话最终否决了用不是/非存在来解释假信念的观点(189b4-6)：

> 苏 这样的话，持有假信念就相异于认定不是的东西。
> 泰 似乎是这样，是不同的。

这种用"相异于"替代"并非"的惯用手法，预示着《智术师》中解决办法的第二个组成部分。我想，[128]苏格拉底的下一步工作选在这种解决办法的萌生之处开展，绝不是巧合。苏格拉底认为，假判断乃是一种"相异判断"。假信念并不涉及不是的东西，但却涉及使一个是的东西被更替为一个相异的是的东西，例如，用丑的更替美的，不义的更替正义的，偶的更替奇的，马更替牛。

很明显，这些被作为术语选中的内容一般都出现在谓词的位置，所以在真判断为"X是美的"时，一个假判断就会符合于"X是丑的"的形式：在谓词的位置上，(那)美的被换成了(那)丑的。① 我们或许要顺便注意一下下面这个强证明，即假谜题从未被死死限定为必须是假辨识，它也可以包含述谓(对观上文页124-125)。另

---

① "(那)X"并不是特指X的形式(柏拉图一般称之为"X本身")，而仅仅指作为谓词，却以形而上学的方式被解释的X。但是，要注意，即便在形式是讨论的内容时，就如(或有争议)《斐多》74c1-3，还是会有限制条件提出来，而苏格拉底在目前讨论中(190b2-c4)也会提出《斐多》中那种限制条件：没有人曾有"相等是不等"这种想法。

外,因为相异判断能够作为是与不是谜题的可能解决办法被提出,所以我们同样可以确信,是与不是谜题的确曾被假定为涵盖了日常的普通述谓,比如"泰阿泰德是丑的",彼时,这一述谓被错误地诊断为在对就泰阿泰德来说不是的东西——也就是丑——进行判定。

苏格拉底所理解的相异判断诊断法可相应地概括为以下表述:

(1) A 判断 X 是 F;
(2) 但 X 是非 F;
(3) 所以 A 判断非 F 的东西是 F。

(我使用"F"和"非 F",是因为所讨论的典型项目就是一对对的对立之物,例如美的-丑的以及奇的-偶的;但是,这些项目中也包括在某单一领域内可并列的项目,两者又相互对立,因而没有东西可以兼是两者,例如马-牛。)

苏格拉底现在着手利用的一个难点,就是(3)在以下两种说法之间的模糊性。

(3a) 存在某些被 A 判断为 F 的非 F 的东西;以及其中荒谬不证自明的

(3b) A 做出判断:"非 F 者是 F"。

[129] 接下来一步工作,就是打算把(3)解释成荒谬的(3b)。为了避免有所顾虑,即猜疑此处苏格拉底的动机有戏谑甚至诡辩之嫌,我们要在心中牢记,这一步工作其实是关系到柏拉图思想发展的一件关键大事。因为苏格拉底所做的工作乃是将信念以及所

有的思想诊断为内在的言辞。以下是对话中与此相关的延伸部分（189d7-190a10）：

> 苏 那么，按照你的判断，有可能在思想中把某个东西当成另一个并不是它的东西吗？
> 泰 有可能。
> 苏 当某人的思想这么做的时候，它是不是必须思考两者或两者之一？
> 泰 必须的；要么同时，要么逐个。①
> 苏 太好了。关于思考，你的意思跟我的一样吗？
> 泰 你用它指什么？
> 苏 就是灵魂就某个关注对象自己跟自己的谈话（logos）（当然，我告诉你这个知识，却并没有实际拥有此知识）。②我只是依稀觉得，灵魂在思考的时候不过就是在自我交谈，自问自答，做出肯定或者否定。当灵魂做出界定——无论迟缓还是快速匆促——只要它对一个东西已经断定不疑，我们就可以把它称为关于这个东西的"判断"。所以我把做判断（judging）称为说话（speaking），也把判断（judgement）说成说出的言辞（spoken discourse）——只不过它不是对着别人说出声来，而是对着自己默默地进行。你呢，你怎么想？

---

① 关于此处究竟说的是什么问题，有很多分歧。我认为此处的意思是，假如思想不是内在言辞，就有可能对判断中的两者同时进行思考，但是，如果思考最终可通约为内在言辞，我们就必须不得不得出结论，要按照表达的先后次序，相继地思考这两个项目。

② 我在189e7处的 $\sigma\kappa o\pi\tilde{\eta}$ 一词后加了逗号，而没有按通常做法加句号，这使得接下来出现了一个极不常见的连词省略现象。

泰 我也一样。

苏 那么,当一个人判断某个东西是另一个东西,这意味着,他对自己说,这个东西是另一个东西。

我们将如何理解苏格拉底把自己所坚信的观点,即思想有着不作声的内在问答的形式,突然公之于世的做法呢?苏格拉底应该不大会忘记,自己所宣称的角色乃是不孕不育的助产士;而且,他坚称自己并未宣称拥有关于所持观点的知识,如果说这一行为在小心谨慎地提醒着我们什么事情,[130]那便是苏格拉底自己的助产士身份。① 柏拉图例外地允许苏格拉底不由分说摒弃了自己所宣称的理智上的不孕不育,一定是有着明确的战略目的。

《泰阿泰德》中唯一可与此处相提并论的时刻,就在我们已经遇到过的185e5-9(上文[原书]页109)。在那里,苏格拉底以极大的热情表示他赞同泰阿泰德,从而宣称,他认可灵魂运行的先天模式与经验模式之间的差异。

在讨论先前那段话时,我提出一个观点:苏格拉底声称拥有的信念(注意那时他的说法跟本段中差不多,也算不上直白地声称拥有知识),标志着为柏拉图所承认的苏格拉底本人对于认知灵魂学的特殊贡献,而苏格拉底的这个信念成为他通常表现的不孕状态的例外,恰是因为这一点是助产术本身的一条原则。对于把思想分析为无声的自我问答而言,情况差不多一样。思想被解释为在灵魂中用判断来复制苏格拉底式辩证法的形式,但这种判断不是

---

① 关于苏格拉底宣称自己无知,对观上文页31-33。头脑中的胎儿并不一定是一种知识,甚至最终会为错误的假胎——就像210b4-10所描述的泰阿泰德自己的胎儿。但苏格拉底在此处否认拥有知识,正是试图通过这种办法,来稍微缓和他对正式对外宣称的不孕不育的严重偏离。

整个思考过程,而是其最后阶段或者结果。

从早期对话中到底能看出多少这种分析的影子,着实是个棘手的难题。早期对话中没有明显谈及此事,事实上,公开声明上述说法并把它作为认知灵魂学的一项宗旨,乃是柏拉图晚期作品独有的特征,而其肇始之处恰在《泰阿泰德》。(关于后来此特征的重复出现,参见《智术师》263d6-264b5、《蒂迈欧》37b3-8及《斐勒布》38c2-e8。)但柏拉图暗示此说法的源起和灵感都由苏格拉底而来,这是极为恰当的。《卡尔米德》(166c7-d6)中,在克里提阿(Critias)刚抱怨苏格拉底试图驳斥他的行为后,苏格拉底回应说,他对克里提阿做的批驳之事,同样也会是克里提阿自己对自己所做的事,也就是无所顾虑地盘问自己,看看是否不经意地认为自己知道某些其实并不知道的东西。

《高尔吉亚》(505c1-507b7)中的苏格拉底,在那位乐于跟自己聊天的人暂时离开的一段时间里,独自一人继续以问答的形式进行论证。而在《希琵阿斯前篇》中,苏格拉底不断引用其话语作为对自己之挑战的那位无名辩证法家,最后在结尾处被证实并非旁人,而正是苏格拉底自己,那些话是苏格拉底自己内心的声音,尽管苏格拉底告诉我们,这个声音只不过说了些人人都有可能说的话(298d6)。以上几个线索足以证明,[131]似乎的确可以认为,早期对话中所刻画的苏格拉底已经领会到,辩证法不仅仅是特别有效的论证方法,还体现出了——即便只是在理想化的形式下才能体现出——理性思考的基本过程。

再回到苏格拉底的论证上来,我们现在明白,苏格拉底如何化解了针对相异判断这一解决办法的致命一击。先前从苏格拉底的论证中抽身出来时,我们面临着在两种对(3)("所以A判断非F的东西是F")的理解之间进行选择的问题:

(3a)存在某些被 A 判断为 F 的非 F 的东西；以及其中荒谬不证自明的

(3b)A 做出判断："非 F 者是 F"

把包括命题在内的思想分析为内在言辞，这种做法正是为了将合理的(3a)冷落在一旁，而专门来阐明甚为荒谬的(3b)。① 如果非 F 和 F 都将出现在判断之中，那么似乎二者都要被指称，结果就会得到上述荒谬表达。显然，就如苏格拉底要让泰阿泰德认同的那样，没有人会持具有这种形式的想法，即便是个疯子也不会。我们可以用文本中暗示的苏格拉底心中所想的两个例子（应注意，此二例都应当作假述谓）来阐明苏格拉底的归谬法：

(i)你将我的马误认为牛 = 你判断马是牛 = 你对自己说"马是牛"。

(ii)忒奥多洛斯认定泰阿泰德是丑的 = 忒奥多洛斯判断美的是丑的 = 忒奥多洛斯对自己说"美的是丑的"。

很明显，这个把假信念当作相异判断的失败解释，具备了《智术师》中成功解释的近乎全部要素：信念是内在言辞；这种言辞同所有言辞一样，有着在语言上联系一项与另一项的形式，而且这两

---

① 当然可以指摘苏格拉底出现了谬误，他在某种蓄意的语境下做了替换：若 Fido 是只狗，但你认为 Fido 是只猫，并不能推出你认为狗就是猫，至少按照(3b)所传达的意思是推不出来的。包括《泰阿泰德》在内的柏拉图作品中常出现这种含混语境替换，参看上文页 22，我在那里论证道，我们并没有什么理由来指望苏格拉底对此类谬误了然于胸。如果他当真明了此谬误，那也还是有一种可能，即苏格拉底认为目前这个驳斥就是具有决定性的结论，或者说至少是没找到什么好的答复来回应此驳斥。

项都是"是的东西";[132]假信念之假在于这一事实,即被附加的项相异于附属于所讨论的主词的事物。因此我们不由得要问,为何《泰阿泰德》中的苏格拉底在其作为《智术师》中柏拉图主要代言人的继承者取得成功的地方败下阵来。

取《智术师》中被诊断为样本的假陈述,或称假信念,即在泰阿泰德实际上坐在那儿的时候说"泰阿泰德在飞"(《智术师》262e13—263b13),进行考察。《泰阿泰德》中的相异判断诊断法就会如下所示地显示出荒谬:

> 我内在地进行一个陈述(logos),它把相异于某个坐着的人的诸种是的东西的一个是的东西,也就是飞,附加到了这个坐着的人身上:"某个坐着的人在飞。"

而《智术师》中的成功诊断大致是这样:

> 我内在地进行一个陈述(logos),它把相异于泰阿泰德的诸种是的东西的、所是的诸种东西,即"泰阿泰德在飞",附加到了泰阿泰德(他正坐着)身上。

弄明白《智术师》中的处理方法如何会在《泰阿泰德》中处理方法失败的地方获得成功,这并不是件难事。但柏拉图本人通过这两组讨论间的显著差异究竟想表达什么呢,是《泰阿泰德》中的苏格拉底即便已经来到了领悟的临界却没有最后一跃么?要想充分地回答这个问题,还需要更加深入地讨论《智术师》中提出的那个在解释上充满争议的问题。就眼下的目的而言,我只能指出在我个人看来解释此问题大致正确的方向。

两种处理之间明显的结构性差异在于,过程中处理问题的先后次序不同。《泰阿泰德》从处理假信念开始,并把它按照一个作为基础的语句来分析。《智术师》始于一段很长的形而上学训练,并考察了"相异的"这样一个类以及如何将该类根据本体论上同类的属进行分类。相异性,也就是,不是/非存在,最终被分配到一个恰巧能反映出是的东西的类型中去(285d5-e5)。举个例子,本体论上大的东西的类,恰由本体论上不(或者说"是相异于")大的东西的类反映出来。相应地,作为不是的东西的非存在,也能作为是的东西而存在,其方式就是通过是相异的而存在——在所举的例子中就是指,作为相异于大的存在。

至少我认为,这个极具争议的论证乃是263b4-13对假陈述(也是对假信念)进行最终诊断的关键:被错误地算在泰阿泰德头上的飞,作为某个是的东西的相应方式[133],并不如人们所可能期望的那样是那么一个事实,即有飞这么一件事存在;毋宁说,飞这件事,在飞这件事本身是相异于泰阿泰德实际所是的东西的意义上,是存在的。①

---

① 我在这里依据的是对263b9-11几行关键内容的非标准理解,这种理解是我通过保留流传下来的文本内容,同时变更说话之人而获得的:ΞΕ. Τὰ μὴ ὄντα ἄρα ὡς ὄντα λέγει σχεδόν, ὄντως δέ γε ὄντα ἕτερα, περὶ σοῦ [所以,它(假陈述)大概是言说像关于你的是的东西那样,但至少的确是相异的那些不是的东西]。这种解释并非完全行得通,一部分原因是出现于从句最后的σχεδόν极其罕见(尽管也不是没有可以比照的例子;对观《克力同》44d4)。

但是这种理解可以极好地解释整个分析并得出一个十分恰切的结论,相反,惯常对文本的划分,不论有没有凭个人好恶把11行的ὄντως校订为ὄντων,都会导致文法不通且意义丧失。古代文本仅仅由标点符号来标识对言说者的指派,并不会标注言说者姓名来加以提示,而且,《智术师》中有好几次把σχεδόν用作对话者一个字的答复,所以,古代抄写员或者读者极有可能假定对此处也应当做如此理解,并加上了标点。

现在我们能够领会到,《泰阿泰德》这段话中的"是/存在"一词有着相当不同的功能。在《泰阿泰德》中,假陈述或假判断是给一个主词附加上某个"是"的东西,例如丑,而"是"的意义在于即便该物尚未能落实,但确实有这个东西存在。结果就会导致,苏格拉底揭示错误的唯一办法,就是声称,进行假判断之人把其中一个是的东西误认为某个"其他的"是的东西;随后苏格拉底会试图用一个陈述句将这个错误体现出来,但正是这种做法导致了整个诊断的失败。

与此相反,《智术师》中的处理则并不依靠两个并列的"是的东西"之间的相互转换。假如假陈述附加于泰阿泰德身上的特性不属于存在着的事物,例如"在画方的圆"或者"飞得比光还快",那也并不要紧;即便把这些不存在的东西归于泰阿泰德身上,也照样会产生虚假。因为诊断中实际上把这种虚假界定在由于谓词而归到泰阿泰德头上的特性之中,而这些谓词在不是(或相异于)他的的意义上是不是/非存在的(也就是,是相异的),但也正因此,由于它亦为是,即是相异的,这些谓词又不是完全的不是/非存在。这一处理规避了《泰阿泰德》中两个并列的是的东西之间的相互转换,也因此没有招致那使整个相异判断之法脱轨的语句上致命的重述。

基于以上内容,我们现在或许已经能够得出,在《泰阿泰德》中,柏拉图认为苏格拉底向着柏拉图自己对不是/非存在意义上的假谜题的最终解决办法到底走出了多远。苏格拉底已经掌握了最终解决办法的三个要素。(1)[134]把"非"与"相异于"等同起来乃是古希腊语的惯常用法,而苏格拉底在189b4对这两者表面看来不经意的使用,更是巧妙地向我们提示了这一点。(2)将句子(logos)分析为名称(onoma)加上"描述"(rhēma),这绝不是《智术师》中的新发现,而是遍布于柏拉图对话,甚至早在典型的苏格拉底对话《申辩》的开篇(17b9-c2)已然明显可见。①(3) 正如我在上文所述,对信念如何具体化为判断句这一点的充分理解,明显带有苏格拉底的特征。然而,此举超越于苏格拉底之处乃是,建构了一幅关于实在的示意图,来详细记录并解释作为相异者的是/存在在世界中的分列排布。这项形而上学大业在《智术师》中占据了中心位置,《智术师》把这项大业视为解决假谜题的必备条件。总之,苏格拉底几乎已经掌握了一个成功解决办法的全部要素,唯有一个除外:形而上学。

5 蜡板说(191a5—196c9)

现在,我们把从是与不是角度对假的谬误所进行的考察搁置一旁。尽管这个办法最后看来是条正确的路子,但苏格拉底却因自己还算不上一个形而上学家而被阻止沿着这条路直接抵达目的地。苏格拉底用一条新的进路代替了它,而此进路基于理智助产士百宝囊(上文页33)中的一件必不可少的工具,也就是他真正擅长的认知灵魂学。

对假判断之相异判断模型的批判,终结于领我们重返知与不知的谜题(190c5-e1):

> 所以,若对自己讲话就是判断,则没有一个言说两件事物并对这两者进行判断,又用灵魂把握了这两者的人,会说出并判断出一物是另一物……但若一人只对两者中的一个进行判

---

① 更进一步的讨论,参见 Sedley (2003b, ch. 7 §7)。

断,而丝毫不管另一个,则此人也绝不会判断出一物是另一物……所以无论是对两者还是仅对两者中的一个进行判断,都不可能有相异判断出现。

此处可以明显看出,相异判断模型几乎已经将苏格拉底带回原初的知与不知谜题:两个足以构成判断却不足以避免混淆其间一物与另一物的项目,你如何能够对它们进行认知上的关联?

[135]这导致苏格拉底提出一个关于思考的全新模型:蜡板说。灵魂中包含蜡板或蜡块,我们想要记住的事情会在其上打下印记,从而被记录下来,不论是经验的事情还是先天的事情(191d6-7,"不论是我们看到、听到还是自己构想的任何东西")。这些印记只要留存着,就既可作为记忆,也可作为各项知识(191d9)。其价值则根据蜡的质和量的不同而发生变化,有些人的精神之蜡不够多,有些人的不够纯,有的要么太硬要么过溏,其他一些人的则刚刚好(191c9-d2、194c5-195a4)。当新的感知匹配上错误的印记,换言之,当新的感知匹配上错误的记忆或知识时,假判断就应运而生。尽管文本中也捎带着提到,与被感知对象之间距离过远也会导致错误(191b4、193c1-2),而且一般来说,苏格拉底还会用感官的可变性质作为理由来进行解释,但精神之蜡可变的性质才是用来解释出现错误之可能性的最重要理由。

进展到这一步的重要性不言而喻,因为如此一来便揭示出知识是如何能够允许犯错的。现在知识与记忆被等同起来,而记忆可依据持有记忆之人精神的性质,变得深刻或模糊。倘若你保存的一系列关于A、B、C等的印记,能够把A与B及所有其他东西区别开来,那就似乎仍可说你"知道"A;但你关于A的印记还是会变得模糊,以至于使你把感知到的B或C混淆为A。事实上,这时所发生的事我们在经验中再熟悉不过了:我相当清楚地知道张三、李四、王五是谁,但看见正走到近前的王五,我却误以为他是张三,因为我所回忆起的关于他们的图像实在太不精确。

为何我们已知的项目不但包括我们的所感,还包括我们的所想？文本明确地交代,苏格拉底并没有把蜡板说当成模型,来解释在思维对象上所犯的错误,而仅仅把它当作模型来解释在感知对象上所犯的错误:关于这一点的显白表述在195c7-d2,而隐含的表达则贯穿于192a1-194b6。这段文本通过一份长长的目录将各种情况分为两类:(a)通过此模型可对错误进行解释的情况;(b)通过此模型不可对错误进行解释的情况。①因此,苏格拉底肯定还想到了那样一些[136]情况,即在感知某物时,不把该物同来自感觉的印记相关联,而同来自概念的印记关联起来。不难举出能说明这一点的例子,因为早在185a11-186b1处,苏格拉底就给我们呈现了一份列表,举出灵魂通过自身能力而无需感觉输入就能获悉的各种项目:其中有是/存在与不是/非存在、像与不像、同与异、各个数字、奇与偶、美与丑(或者说正与邪)以及好与坏。所以蜡板说可以解释的错误类型不但包括——举个例子来说——把远处的泰阿泰德误认为忒奥多洛斯,或把远处的忒奥多洛斯误认为泰阿泰德的这类情况,还包括下面一类情况,即看到泰阿泰德时由于把他同精神之蜡上不清楚的"丑的"印记关联起来,而将他错误地判断为丑的,或者看见了十一个人,却由于把他们同"十二"的印记相关联而认为这群人共有十二个。(这种情况中的后一个例子

---

① 我不会对此进行深入讨论,但请读者参考Burnyeat(1990:95-100),那里明确说明了使假判断成为可能的诸种情况。

在195e5-6得到了明确的文本支持。)① 由此我们便会发现,这里再次有意涉及了假述谓判断和错误辨识这两个方面(对观上文页123-125、128)。②

蜡板模型的结论是,错误是可能的,但要满足某种情况,即判断中的主词不论它是不是已知的事物(也就是说,不论精神之蜡上是否存有一个印记),都是你有所感知却将之同一个相异的且不恰当的印记关联起来的东西。我之所以要补上一个"且不恰当的",是因为,假若我看见了泰阿泰德且没有把我的视觉图像同"泰阿泰德"的印记关联起来,而是同"男人"或"美"的印记关联起来,则明显不会出现假判断;但若我把视觉图像同"忒奥多洛斯""女人"或"丑"关联起来,便定会出现假判断。现在出现了最重要的一点,即假判断的主词定会在判断中起作用,但不是通过我运用所掌握的相关知识起作用[137](不管是关于泰阿泰德、男人还是美的知识),而纯粹是通过感知起作用,这种感知在第一部分已经被证明

---

① 在此,我要跟McDowell(1973: 214-216,218-219)站在同一阵营来反对Burnyeat(1990: 104-105 n.40)。Burnyeat认为195a5-8涉及概念上辨识错误的问题,并引证这段话来反对一种解释——他所反对的观点见下一注释。

② 对观195a5-8:"因为他们看、听或思考(ἐπινοῶσιν)某些东西的时候,不能迅速地把各个东西分派至各自的印记,他们反应迟钝,又因归错位置而看错、听错并想错(παρανοοῦσι)许多东西。"这句话常会产生误导。既然苏格拉底不久后就明确表示,现在这个模型只能满足将感知同思维联系起来的情况(195c7-d2),那么"思考"和"想错"的说法便不会暗含犯概念错误的情况,例如,不包含对一个被思考出来而未经感知的对象辨识错误的情况(Burnyeat 1990: 91 n. 32提出了这种情况)。我认为,毋宁说,苏格拉底自会对那种情况心知肚明,即我们不仅看、听事物并试图对之进行辨识,而且我们还对被感知的对象进行评估、计算等(="思考")同时也会在这些对象上出现评估错误、计算错误等(="想错")。

其本身并不是任何一种知识。

在关于相异判断的讨论中,苏格拉底把各种思考悉数分析为内在言辞。现在,这种假定在蜡板说中是否已经被取代了呢,代之以一种把感知同印记关联的、非推导出的模型呢?似乎极不可能。在195e1-196b7,苏格拉底寻求揭示蜡板理论中的缺陷,即它无法解释人们如何会误将7+5以为是11,那时他明确假定并阐述道,假如蜡板说可以解释上述问题,那它也能解释人们是如何能够问自己7+5是多少并自己回答是11的。因此我们必须这样理解苏格拉底的话,即不论蜡板模型具有什么样的解释能力,这种解释能力都不是通过提出一个关于判断的、非推导出的模型来达成,而是通过准许内在言辞这种说法获得一种与先前所理解的完全不同的内容来实现的。

个中要害大致如下所述。根据相异判断,会产生像"牛是马"这种完全不可能的内在表达,在这种情况下,蜡板说就会代之以另一种良性的表达"我正感知着的那个远处的物体是马"。事实上,一旦我们领会到这一点,就会豁然明白,柏拉图之后在《斐勒布》中(38b12-e4)其实提出了一个阐述得十分详尽的关于真假判断的说明,此说明不但与蜡板说完全一致,还阐明了我究竟该如何对假判断采用一种措辞来使之获得有效性。苏格拉底在那里谈到,判断源于记忆与感知的结合(已经可算是一个指向蜡板分析模型的标志了)。举个例子,你模模糊糊地看见远处有个人影。你问自己"那个显现(phantazomenon)[①]为在树下石头旁站着的东西到底是

[①] 《斐勒布》的这段文本极好地补充了《泰阿泰德》中的发现,因为它引入了 φαντασία [表象] 的概念——《智术师》264a4-b4将之解释为感知与判断的结合——以负责解释所描绘的感觉表象中丰富的命题式内容。

什么？"(38c12-d1)。你要么正确地回答"它（即那个显现出来的东西）是个人"，要么错误地回答"我所看见的东西是个牧羊人丢下的傀儡"(d9-10)。也就是说，提到判断存在于其中的句子的主词时，只能借助对它进行的感知描述；也正是由于这种办法，化为内在言语的假判断才得以免于陷入相异判断模型产生的自相矛盾的悖谬之中。《泰阿泰德》与《斐勒布》之间的联系是如此紧密，因此我们十分肯定，[138]此番改进了的言语化过程将会使蜡板说这一用以解决假谜题的办法完善起来。

在《斐勒布》中苏格拉底继续(38e9-39c6)详细阐述上述理论，且比《泰阿泰德》中的任何论述都要充分：内在陈述（可视为一个内在"抄写员"所为）总伴有一副与之相匹配的精神图像（是内在"插画家"的作品），若判断是假的，配上的图像就也是假的。但有一点十分明确，判断的假由内在陈述的假所决定，而图像的假则是次级的，或言衍生的。苏格拉底接下来继续(39c10-40b1)深入探讨蜡板模型，将它应用在关于我们用心灵之眼"看见"（对观40a10）的未来之事的判断之上。

《斐勒布》中接手处理并澄清《泰阿泰德》中关于感知性假判断的问题，但这方面的内容仅限于相应部分的第一阶段。不过正是这一小段论述构成了一个绝佳的证据，它能够证实柏拉图究竟如何将蜡板说看成一个答案，认为它能够解决一个问题，即什么让假判断——至少是感知性的假判断——能够在不导致自相矛盾的前提下保持其推导结构。

那么，为何这一模型在《泰阿泰德》中反倒被否定了？正式的说法是，因为此模型只能用于涉及有关感知对象的假判断，而苏格拉底亟须解释那种概念上的错误，比如上文所提到的7+5是11这一假判断。在他看来，任何一个此类假判断中被错误辨识的两项，都必须是精神之蜡上的印记——不言自明,这些印记被印上去的方式应该是概念的而不是经验的(对观191d5-7)——而蜡板模型的败笔就在于,它不能解释我们如何能把这些印记中的一个判断为另一个。而弄混12和11,正蕴含着自己对自己说"12是11"这层意思。

我们很容易发觉,苏格拉底,或者说柏拉图在这儿似乎犯了一个——倒也十分有趣的——大错。因为,虽然7+5的确是12,但不能由之推出,某个判断"7+5是11"的人一定会判断甚至内在地表述出,"12是11"。但想来苏格拉底当然也不会这么想。他只不过是在重新套用之前那个悖论,即如果说判断是内在言辞,那么,举个例子,某个把马误认为牛的人就会内在地说"马是牛"。之所以在引入蜡板说后能够避免先前那个悖论,正是由于蜡板说提供了一种可能,即内在言辞中出现的那匹马不再作为"一匹马"出现,而是以例如"远处那个我看得见的东西"的方式出现。因为,在仅涉及纯粹算术问题的情况中,修订后的表达方式似乎[139]被排除了(我们并非在感知那在总和中起作用的诸项),所以那个先前的悖论重新发挥了作用:因相加错误弄混了12和11的人,一定会在内心说上一句"12是11"。总之,我们在这里碰到的并不是一个新谬误,而是一个改头换面的旧有谬误,①不论是向好的方面还是向坏的方面,它终究都在推动着苏格拉底关于假判断的全部讨论。

即便已经知道蜡板说无法解释概念上的错误,我们或许还在期待苏格拉底对此模型的回应会是,它应当进行增补而不是被拒斥。但苏格拉底到底还是否决了它:

---

① 关于此谬误的本性,参见上文[原书]本章相关注释。

我们必须澄清,假判断是某种相异于思考与感知两者间之相互转换的东西。(196c4—5)

在下一部分,我们会找到导致这种结果的表面原因:取代蜡板说的鸟笼模型,正是为了兼顾感知和概念两种情况下的假判断而设计的。如此也就没有什么戏份留给蜡板说了。

但多少令人诧异的是,这还不能算对蜡板模型的彻底否决。只要在有效范围内,蜡板模型仍能为经验性的判断提供令人满意的合理解释;对话结尾处,苏格拉底再次使用蜡板模型中那套关于"记忆痕迹"的词汇(209c7),正是在不经意间承认了这一点。[①]此外,柏拉图本人也明摆地把此模型当作一笔净收益,因为在《斐勒布》中,如我们所见,蜡板说成了一种为他所青睐的、对判断进行分析的方法。

因此,我要提出的一点是,根据上下文,对蜡板模型的否定,乃是柏拉图在表现苏格拉底对一种描述判断过程的标准化模型的探求,他希望这种模型不单要能说明经验性判断的是非,还要能兼顾纯思维运用的对错——而纯思维正是苏格拉底所倡导的辩证方法所需的材料。如果说柏拉图本人的确预知(他至少允许苏格拉底在对话的结尾瞥见了)蜡板说如何才能被继续使用,那一定是因为他牢记着《理想国》卷五至卷七中所得出并一直贯彻到《蒂迈欧》中的认知灵魂学,这种认知灵魂学理论不再是统一标准化的理论了,但它仍能将运用判断(doxa,在那里译作"意见"更好)的范围

[①] 关于此观点参看Burnyeat(1990:102)。他自己并不认为196c4—5(上文已引出)拒斥了蜡板理论,而仅认为那是在坦言引出的这句话不足以算作对假判断的定义。

限制在经验领域。从苏格拉底所主张的统一标准化的思维模型角度来说,经验性的蜡板说已再无用武之地。对蜡板模型最终的[140]辩护,将成为建构一种二元认识论的一部分,这种二元认识论正反映了柏拉图两个世界的本体论图式。①

6 鸟笼喻(196d1-200c6)

接下来的一条全新进路更为切近地涉及对知识的审查,可它没有对知识是什么发问(这是整篇对话中未完成的任务),而是提出了知识是何种(kind)事物的问题。②苏格拉底要问的其实是:"知道"究竟是个表示潜能的词还是表示现实的词?由于柏拉图的学生亚里士多德,潜能—现实的区别已经成为我们极为常用的基本概念,以至于根本无法想象它曾经还是个新鲜玩意儿,但在我们当下讨论的这段话之前的柏拉图作品中,鲜见关于潜能—现实的论述。从某种程度上说,整个鸟笼模型是柏拉图阐述其二者间差异

---

① 古代柏拉图主义的解释认为,蜡板说代表了柏拉图二元认识论中涉及经验的一半,关于这一点参见Alcinous, *Didaskalikos* ch. 4以及Sedley(1996b)。(1)没有关于具体之物的 $\dot{\epsilon}\pi\iota\sigma\tau\dot{\eta}\mu\eta$[知识],也(2)没有关于形式的 $\delta\delta\xi\alpha$[意见],这两点在我看来绝对是对《理想国》卷五479e4一种自然而然的理解,尤其在比照了《理想国》卷六508d4-10以及《蒂迈欧》27d5-28a4、51d3-52a7之后,就更觉如此(参见下文页179注释)。我将关于(2)的解释假定为形式要被认识——如果当真能被认识的话——必然是通过一种不允许犯错的方式,这一点与亚里士多德在《灵魂论》卷三第6部分得出的观点大致相同,但要知道,$\delta\delta\xi\alpha$ 本质上就是易出错、不可靠的。而对(1)的辩护则要对观Sedley(2003b: 101 n. 5)。

② 关于苏格拉底自己在此(196d8-197a7)提出的问题,即在确定某物是什么之前就询问该物是什么样子可能不大合适,参见上文页25-27。

并将之应用于解决知识问题的最早一次尝试。①（删除）

苏格拉底把"知道"标明为表示潜能的词，其办法是把"知道"仅同"占有"（possessing）某物联系在一起，此"占有"某物与"拥有"（having）某物的意义截然相反。（古希腊语词中表示"拥有"的是echein,它又表示一种更强的意义，即"持有"[hold]。苏格拉底在这段话中偶尔用这个词指称"占有"只作为其中一个种[species]的属[genus]概念，但是往往更为精确地用它指称这个属之中其他的种[species]，即主动的"持有"。）如果知识是一种潜能，②那么知道某物就是占有该物，也就是说，知识任由你差遣，就好比一只被你抓住后置于笼中的鸟，不论你何时想要抓住它，也不管你是否真正去抓，它都可以被你抓住。[141]知识也的确是如此，因为你没准儿知道某些事情但没能主动使用这些知识。

如果潜能—现实的区分还算不上柏拉图在写作《泰阿泰德》时的所有常规"节目"的一部分，那么这里何以将它暗中归到苏格拉底头上呢？一个可行的答案会使我们回想起原则8（上文[原书]页34)，即苏格拉底的一门关于技术本身的技术。首先，柏拉图对话中最为偏爱的一个苏格拉底对于技术的论点就是，技术乃是一种针对对立之物的能力。医生不但擅长救死扶伤，也擅长夺取性命；看守财物的最佳人选，也是最可能监守自盗之人；类似的例子举不胜举。③这看起来似乎已足以保证苏格拉底能够洞察到，

---

① 在讨论到亚里士多德关于二者之区分的来源这一重大问题时，Menn (1994,尤见页81-85)既强调了当前这段话的意义，也着重提到《欧绪德谟》280b5-282a6（下文马上就会涉及这一部分）。

② 后来成为表示"潜能"的标准语词的 $\delta\acute{u}\nu\alpha\mu\iota\varsigma$，在这段话中只出现过一次，即197c7。

③ 例如《理想国》卷一333e3-334b6；《希琵阿斯前篇》通篇。

获得一种能力从来不能确保在一切恰当情况下都能够主动地使用它。我们还可以补充一点,在仅仅占有工具或其他资料同主动使用工具或资料之间有着相同的差异,且此种差异多多少少都会被放进苏格拉底口中,以此作为他对《欧绪德谟》280b5-282a6处的苏格拉底式伦理学所做辩护的关键部分。[①]因此,柏拉图有充分理由把这种区分当作他从苏格拉底那里继承而来的部分遗产。

苏格拉底请泰阿泰德设想灵魂中不再是一块蜡板,而是一个鸟笼,里面装满我们在有生之年捕获并囚禁于其中的知识之鸟。[②]我们可以对这些鸟进行各种运用,因此也需要一套术语对此进行描述。把鸟给别人是"教",从他人那里得到鸟是"学",在自己的鸟笼中占有鸟是"知道"。苏格拉底也表达了他的一个困惑,即该给从自己的鸟笼中抓鸟这一行为取个什么名称,因为"学"和"知道"都不足以表达这个意思(198a1-199a6)。最后,他放弃了给此行为取名字的尝试(这工作被留给亚里士多德,他提供了一个名字:"沉思"[③]),并且容许自己只做到解释一下假判断就够了:寻找一个问题的答案就如同抓鸟,选了一个错误的答案就如同要抓鸽子却抓了只斑鸠(199a9-b6)。鸟即便在笼中也很难用手去抓,而且很容易到头来抓了只错的;如此一番类比可以说明,一旦将知识理解为一种潜能,我们一直在[142]寻找的那块可供假判断出现的空间,就自然处于对知识的占有(possession)与对知识的成功找回

[①] 关于《欧绪德谟》可以作为一部苏格拉底对话,参见上文[原书]页10相关脚注。

[②] 关于197e2-3处明确指出排除了天生固有的知识,参见上文[原书]页29。

[③] ϑεωρεῖν;可参看例如《灵魂论》卷二第5部分,417a21-9。

(retrieval)之间。

在上一节结尾处,我称这种新的解释模型取代了蜡板说,而不是补充了蜡板说,主要理由在于,鸟笼喻的解释范围显然甚至可以涵盖先前通过蜡板模型来解释的经验性错误。举个例子,鸟笼模型不但可以解释像"7+5是11"这样的算术错误,而且可以解释涉及对外在对象进行计数的情况(198c1-2),而这种任务之前被认为用蜡板说来解释就足够了(195e1-8);此外它还可以解释另外一种要把被感知对象同自己的概念进行匹配的情况,也就是阅读(198e3)。因此我们必须认为,一个阅读错误,比方把w-a-t-e-r[水]误读为waiter[侍者],首先是看见了写出来的字母,然后问自己已知的哪个词是由这些字母表示的,最后抓住(即运用)了关于一个与正确语词十分相似的词的知识,就好像想要抓住鸽子,却抓住了斑鸠。同样的道理,把足球队人数错数为十的情况就是,问着他们有多少个人这样的问题,接着抓住了"10"这只鸟,而没能抓住可能紧挨着而且看起来十分相像的"11"那只鸟。①据说,我们的精神之笼装着我们所有的知识(197e3-6),而且我们应当毫不犹豫地相信苏格拉底这句话。上下文中没有任何地方表明,这不包括关于像泰阿泰德、忒奥多洛斯这类个体的人的知识,就像蜡板说也是如此。

但的确,鸟笼喻讨论的焦点,明显比谈到与蜡板说的联系时思考的一系列例子要多一些理智光辉,少一些人间烟火。比如说,即便在谈论像计数和阅读这样的经验性行为时,苏格拉底所关注的

---

① 顺便提醒大家注意,按照古希腊语用法,计数是以谓述的形式表示的。"这些人是十"这种说法再次确证,述谓问题也包括在所讨论的假判断问题之中;对观上文[原书]页123-125、128、136。

也是专家的行为——分别提到了算学家和文法家(198a5、e3)。尽管如我所论证的,这不能说明鸟笼喻同样没有打算顾及世俗的经验性判断,但我认为,侧重点上的差异还是代表了苏格拉底那里的某种哲学进展。现在,苏格拉底舍弃了一种关于仅凭借可感主词才可考量的判断的模型,转而换了一种还能兼顾关于概念性主词的判断的模型,他正在发展一种认知灵魂学,这种认知灵魂学与其先前的洞见相称,即某些事情是灵魂[143]经由感觉去关注,而另一些事情则是灵魂完全通过其内在的能力去关注(185e3-7),后者便是技术所面对的主要课题(186b11-c5)。

在讨论表述了苏格拉底先前思想的那个段落时(上文页105-109),我认为在宽泛的意义上,该段宣称了苏格拉底对经验谓词和先天谓词的区分。现在,在经历了针对判断的蜡板模型后来到鸟笼模型近前,苏格拉底相应地针对主词做了更进一步的工作。他头脑中形成了一种想法,它可以清楚解释,只把经验性项目之外(就如185a8-186c6所进行的表述)的概念性项目作为主词的推理和判断过程,究竟涉及一些什么东西。因为苏格拉底辩证法的特点也是把这种概念性项目作为探究的课题,所以,就可以得出一种很强的表述:认知灵魂学目前被描画成的模样,以及柏拉图希望它展现出来的模样,就是苏格拉底独有的风格所该有的模样。

鸟笼喻中还包含另一个重要线索,它同样能提示苏格拉底本人在认知灵魂学上取得的进步。此模型的一个最重要的特征就是,强调分类法对于吸收和恰当地运用知识必不可少。笼中的知识之鸟大多数都自行集结成群(197d5-10)。这是本篇对话中为数不多的几处标志之一,指出柏拉图的合与分的方法(method of Collection and Division)本是一份苏格拉底遗产。苏格拉底事实上是这种方法的创始人和灵感来源①,这一点并未得到广泛认可,但支持它的证据强而有力。原因不单在于,当这种方法在《斐德若》(265c8-266c8)中第一次正式提出时,苏格拉底把自己表现为此方法的"有情人"(erastēs)——尽管这个令人惊讶的惯用语至少明确暗示出,此处的苏格拉底与那个以"情爱之事"为独特专长的符合史实的苏格拉底之间有关联。②更为重要的是,在两次例外的场合下,柏拉图的苏格拉底大致表述了自己关于对尚存争议的概念进行定义的提议——《游叙弗伦》12d5-7的虔敬概念以及《高尔吉亚》463a6-465e1的修辞术概念,而这两次下定义都采用了从属概念上进行区分的形式。[144]苏格拉底在其他一些地方也表现出对属—种分类法的类似兴趣,例如《美诺》73e1-74a3。在《泰阿泰德》的离题漫谈部分也可以找到苏格拉底对划分的兴趣,当时苏格拉底把对各种事物的哲学探究总结为一项询问某物是如何同其他所有事物区别开来的工作(174b4-6、175c2-3)。③(我在第一章即上文页33-34列出的十项助产术原则之中,苏格拉底对分类法的推崇可归到原则4之下,即苏格拉底对有着良好形式的定义的关注。)

还要注意鸟笼喻中与分类法紧密相关的方面。有的鸟结成

---

① 在晚期作品《斐勒布》(16c5-e4)中,柏拉图似乎又对所谓"创始人"的说法表示反对,他把分类法放入苏格拉底(同在《斐德若》中一样,他再次成为此方法的"有情人",16d6)口中,但又让苏格拉底将此方法归到一个更早的古代来源,一般被理解为毕达哥拉斯派。

② 《会饮》(177d7-8、198d1-2、201d5;对观193e4-5)中的这种说法,反映了对苏格拉底的传统看法,司菲都斯的埃斯基奈斯那里也有此一说,即把erōs(情爱)看作苏格拉底的专长:参见Ioppolo(1999b)。

③ 对观D. Frede(1989)。

大群,有的结成小群,还有一些独自翻飞,在所有鸟群中进进出出(197d9-10)。最后这种鸟听起来似乎正好对应于第一部分结尾处(185a8-186b6)针对已经挑出来的那组话题中性的概念,当时举出的例子为是/存在、相异、相同、相反以及相似。① 若果真如此,那么这组概念就算是那五个大类(the five Greatest Kinds)的先声——此处提到的这组概念的头三个,是/存在、相异和相同,再加上变化和静止,共同构成这五个大类,它们之间的交互作用模式将成为柏拉图在《智术师》中最终解决假谜题的基础(对观上文[原书]页131-134)。变化和静止这对概念首先应属形而上学探究的范围,正因如此,二者在苏格拉底对话中并没占有多大分量,所以没有出现在苏格拉底的列举当中也并不稀奇。相比之下,是/存在、相异、相同、相反和相似则作为基本概念,贯穿于苏格拉底对定义的探究活动始终。就此而言,这些话题中性概念在《泰阿泰德》中出现的方式,又一次反映了苏格拉底对柏拉图主义的出现所做出的独特贡献。

如此,下面这一切都内在地嵌在鸟笼喻这一思想模型之内:探究先天实体本身的能力;作为合理运用知识之基础的分类法;以及话题中性项的重要性,这些话题中项将在《智术师》的形而上学中占举足轻重的地位。而这一切又都展现出其苏格拉底血统。唯有一个洞见不见了踪影,但柏拉图精心地让我们注意到它的缺席:这里没有提到天生固有的知识(197e2-3;对观上文[原书]页35[d])项)。按照柏拉图成熟的回忆理论的说法,苏格拉底的问题在

---

① 泰阿泰德在185c9-d2列出的清单承认(注意ἔτι[还,此外]一词;c10)这组概念与之后提到的算术(既然是算术的,也就不完全是话题中性的)项目之间某种程度上是分离的。

于没能提供一套适当的、[145]能够在认知上通达形式的机制。他十分到位地总结了大部分必不可少的认知灵魂学理论,却不能描述无形的灵魂对是/存在的直接认知。

在前一节中,我指出,柏拉图的苏格拉底从来没有抛弃把判断等同于内在言辞的说法,不论是在讨论蜡板说的时候,还是在后来《斐勒布》里再现蜡板模型时。因此,尽管此处没有明显提及这种说法,但似乎也没什么理由来怀疑鸟笼喻会排除这种说法。我们可以完全由鸟笼喻出发,将假判断解释为问自己一个问题然后默默地回答之;鸟笼喻与蜡板说的一个不同之处在于,在鸟笼喻中,不是通过把感知对象同先前存在的印记联系起来而获得答案,而是通过抓住一只已然贮存于灵魂之中的知识之鸟来获得答案。《斐勒布》中有个例子,即看见远处一个人却将他误认为一个傀儡,就这个例子而言(上文页137),灵魂会问"那边那个我能看见的东西是什么",并通过伸手去够合适的鸟来进行回答。

但灵魂可能抓了一只相似但错误的鸟,以至于回答说"那边那个我所看见的东西是个傀儡"。因此,就算术的案例而言,情况大抵会是问自己"7+5是什么?",然后错误地抓了一只代表11的鸟,结果导致对自己说"7+5是11"。再也不需要对自己说"12是11"这种荒谬的话,也更不会像在蜡板说中碰到的那样,在将泰阿泰德误认为是忒奥多洛斯的时候,还要荒谬地对自己说"泰阿泰德是忒奥多洛斯"。

那么,为何鸟笼喻还是没能解释假判断呢?为了便于讨论,我把苏格拉底所宣称的对鸟笼喻的反对意见分成三个部分(199d1–8):

> (1)我的意思是,首先,一个人拥有(也就是抓住)关于某个

东西的知识,却又不知道这个东西,不是因为无知,而是因为他自己有知识。

(2) 其次,他会判断这个东西是那个东西且那个东西是这个东西——灵魂会什么也不知道,且对每一个自己已经获得了其知识的东西无知,这岂能不算是一桩极不合逻辑之事呢?①

(3) 按照这种说法,一旦获得无知,便没有什么可以阻止无知使一个人知道某个东西,一旦获得失明,便也没有什么可以阻止失明使一个人看见——如果情况竟是知识能使一个人无知的话。

[146] 为了把握细节,有必要弄清楚,(1) 中的"拥有"就如之前规定的一样,是指抓住一个知识之鸟的抓,而(2) 和(3) 中的已经"获得"(acquired)知识,则指对知识非主动的占有。②

明白这些细节后,我们就能弄懂(1)中第一点反对意见说的是,假判断被诊断为并非由没能激活的潜藏的知识所导致,而是由已被主动激活的知识所导致:在作为样本的例子中,正是对11这个知识的主动使用导致犯下了一个关于11的错误,也就是把它跟12搞混了。用关于X的知识作为原因来解释一个关于X的错误,在柏拉图看来是一个严格意义上的矛盾,因为这相当于让知识成了其对立面的原因,也就是导致无知的原因。我稍后还将回到对这个

---

① 我是以易于理解的意译来翻译d4-5的,并没有按照字面义直译为"获得了知识之后,灵魂会什么也不知道,且对每一件事无知",因为这句话中,对每一件事无知这种说法不但不能合理地衔接前文,而且同接下来几行的类比也不大贴合。

② 表示"被获得"的动词 παραγίγνεσθαι,在197c8被用来表示诸种潜藏着的潜能。

关于因果关系的论点上来。

(2)从主动使用知识转换到对知识潜在的占有。这个判断错误的人把12弄混为11,也因此有悖于他对这两个数的无知。但此人会解释说,针对假判断的鸟笼解释把每个错误归纳为把某人关于X的知识混为了此人关于Y的知识(特别参看199c10—11);每次应用这种分析方法,看起来都会把所涉及的"知识"呈现为实际中的无知。因为你既然把两个知识相互搞混,又岂能称这两个知识为"知识"呢?

(3)形式上接续(2),但事实上既适用于(1)也适用于(2)。它转而开始讨论一项因果关系原则,这条原则于包括苏格拉底对话在内的柏拉图作品中无处不在,其中最有代表性的当数《斐多》。不过此原则难以在现代读者当中引起共鸣了。这条原则就是,相反之物彼此间不能引起对立一面。我们在这里没空探索此原则在柏拉图思想中的来龙去脉,①但略加解释当属恰当之举。

关于因果律的现代观点趋向于关注变化如何被引起的这类问题,但柏拉图眼中关于因果的范式往往是一些估计我们根本不会当作因果关系的例子:智慧使你为智慧的、美使事物为美的等等。聚焦这类例子有其吸引人的一点,那就是它们使因果关系看起来不再神秘而不可知,反倒具有[147]凡真理皆有的不证自明性。②这样一来,其他一些因果关系也可通过此标准来进行判断,其中有些满足此标准,另一些则不能。若"热使事物为热的"是个不证自明的因果性真理,那么,仅仅给出热是火不可分割的性质,便可推

---

① 我在Sedley(1998b)对此进行了充分的讨论。
② 应当认为,"美使事物为美的"这句话意味着:(a)凡事物若是美的,那么美就是使该物为美的东西;而且(b)如果说美能对某物施加任何因果性影响的话,那结果一定是使该物为美。

得,"火使事物为热的"同样确乎真实可信。但"繁重的工作使你为热的"或"吃咖喱使你为热的"在柏拉图看来就不那么可信了,原因是热不是繁重工作或吃咖喱不可分割的性质,甚至不难想到某些情况下这种活动反倒会使你冷起来。

尽管这一番诊断略显粗浅,但从仅对相应的关于因果关系的论点做一个概念背景理解的角度来说,已经足够了。而那个柏拉图的代言人在论证时经常使用的、包括在这里也涉及了的因果关系论点就是:相反之物彼此间不能引起其对立面。如果说知识使你有知是个不证自明的真理,那么知识使你无知则是个不证自明的谬误。就如苏格拉底在(3)中所说,进行思考会反过来极为荒谬地成为去认定相反一面,如无知使你有知,或者将某种对应的缺陷理解为一种不同的认识官能,如失明使你看得见。

重要的是,这种提出异议的风格,在柏拉图创作的对话中开始展现为一种苏格拉底式风格。在《普罗塔戈拉》中(355d1-3)有一种关于薄弱意志的看法,即某人被快乐征服然后被迫去故意做坏事,但苏格拉底声称,一旦快乐与好相等,这种看法就是荒谬的,因为这无异于说,某人蓄意作歹是由于被好征服了。在非常符合苏格拉底风格的《理想国》卷一中,苏格拉底反对伤害敌人是正义的这种看法,他论证说,伤害某人最佳的途径就是使之不正义,说正义的人会因其正义而使人不正义是十分荒谬的,正如说音乐家会因其音乐而使人不谙乐理十分荒谬一样(335c9-d2)。同样的因果关系原则后来得到柏拉图的器重,①《斐多》表现得尤其明显。但

---

① 对观《泰阿泰德》189c5-d4,关于对一种与此相关的诸如"当真错误的"(truly false)这样的副词结构更加深入的思考,参见Sedley(1998b: 118-119)。

是以上所引证据都表明,这项原则早已作为一种苏格拉底式的驳斥模式、作为苏格拉底辩证法中不可或缺的一个部分被确立下来。因此,对于苏格拉底进一步以此原则来反对自己最后、最出色的一次分析假判断的尝试,应[148]理解为,那是在赞颂苏格拉底辩证法的批判(也包括自我批判)能力。

现在,苏格拉底已经结束了他解释假谜题的尝试,但泰阿泰德还有最后一次尝试(199e1-6)。既然假判断涉及的知识最终被证明是无知,那何尝不可沿着这个路子来解释假判断呢?有时,在寻找知识之鸟时,一个人可能反而恰巧抓了一只无知之鸟。我们或许可以用算术的例子来阐明泰阿泰德的提议,也就是说,一个判断7+5是11的人,在寻找答案的过程中,抓到了一个关于数字11的错误概念,而这个错误概念表示7与5的和。遗憾的是,苏格拉底在回应泰阿泰德时指出(199e7-200c6),这一步所做的一切工作只不过是用一个没能解释的困惑代替另一个。这位算术水平糟糕的人尽管没有把11误认为12,却把一种无知误认为了知识。所以,这不过把我们带回了那个自讨论伊始便萦绕在我们心头的问题的二阶变体:某人与自己所混淆的两样事物分别处在怎样的认知关系中?若我们问出这样的问题,便意味着我们的进展都将重回我们已经尝试过的相同解释模型,只不过是在它们的高阶和更高阶的变体中来回打转。

我们目前走上的歧途就是,试图诊断假判断的尝试,都以将假判断视为内在的精神过程而告终,而这些精神过程本身又有关于更深层的精神项,即一个个知识。选中数字11作为加法问题之答案这一过程,被有效地解释为抓住了关于数字11的知识(199b1-6)。这样一来,如何会把11和12弄混的问题,最后也就理所当然地变成了,如何会把关于11的知识与关于12的知识弄混。

这就是最终导致反驳倒退问题的起点,我们最后只有通过补充额外的蜡板说或鸟笼喻,才能解释把一个精神项混淆为另一个精神项的错误,但这些额外的模型反过来又会给我们一套新的精神项,它们会互相混淆,如此循环往复,无限倒退。

如此看来,遗漏掉了的东西,用算术的例子来说,就是在形而上学上区分数字本身与数字得以被知道的认知状态。假如苏格拉底单单致力于解释我们如何会把一个数字误认为另一个数字,而不理会如何会把一个精神状态误认为另一个精神状态,那么无限倒退的漏洞就无从谈起。所以,要想避免这种倒退,苏格拉底需要着手形而上学的研究,并明确区分认识状态与认识状态的对象。而这一步工作又要[149]作为一项任务留给柏拉图主义来解决了。①如果说苏格拉底最终也没能直接找到假谜题的解决办法,那还是要归咎于他本人对形而上学的忽视。

7　陪审团(200d5-201c6)

为了给第二部分画上句号,苏格拉底还需要处理掉"知识是真判断"的定义,该定义是由头,它引出了整个关于假判断的讨论。这段对话完成了此任务,而它显然再现了早些时候针对《美诺》结尾所进行的、关于同样观点的苏格拉底式证明——而《美诺》被普遍认为基本上是(尽管不是唯一)一篇柏拉图用史实表现了苏格拉底精神的对话。在那里,真判断同知识区分开来,因为,尽管真判

---

①　这种说法背后的推理体现于《帕默尼德》132b3-e12的论证,帕默尼德借此论证给青年苏格拉底泼了一盆冷水,因后者试图将形式和思考合二为一。

断依照定义来从来不会出错,而且它作为一个好的引导可谓大有裨益,但它毕竟不是"被捆定了的"(tied down),因而缺乏知识所具有的稳定性(《美诺》96e1-98b5)。就目前对《泰阿泰德》的解读来说,显得十分引人注目的一点在于,真判断不同于知识这一点,是极少数几件《美诺》中的苏格拉底会自称"知道"的事情中的一件,即便他所能做的也只不过是对两者如何相异进行一番臆测(98b1-5)。就眼下的目的而言,我们或可暂且不管苏格拉底臆测的内容是什么(相关内容参见下文[原书]页176-177),而只专注来看一件事,即尽管他在《美诺》中声称知道知识与真判断不同,但并没有透露出他是如何知道的。或许可以认为,《泰阿泰德》恰恰填补了这当中的裂隙。

这一段的要点可以一笔带过。恰如泰阿泰德在那部分读起来好像有意引起对《美诺》之回忆的段落里所发觉的(200e4-6),真判断的的确确不会使事情出错,因而只有好处没有坏处。① 可苏格拉底仍旧答复说,真判断不是知识。既然[150]一个好的演说家会让陪审团相信某些不可能知道的事情,陪审团成员也没有亲眼见证他们所讨论的那桩罪案,所以也就可以说,演说家能够让陪审员在没有知识的情况下判断案情是怎样一番模样,而且当案情果真如此之时,演说家便在陪审员身上引发了真判断,并且一切仍然是

---

① 关于以下观点,参见Burnyeat(1980: 174-176):位于《美诺》96e1-97c5的、作为当下这句断言之来源的根据,比眼下这段表述本身所示倒少了些稚嫩,因为在那里,真判断已经被称为一种牢靠的引导,而其所涉及的被引导项也已经是诸如财富和健康之类有条件的善了(对观87e5-88c1)。但当真如Burnyeat所推论的,《泰阿泰德》在这方面内容上的缺失意味着柏拉图犯了个大错么? 我更倾向于按照文本互文的说法,把《泰阿泰德》这部分内容当作另一篇对话的前提和概括,柏拉图期待读者能因此而回忆起那另一篇对话。

在没有知识的情况之下进行的。这样一来便可推出，真判断和知识并不是同一种东西。

按照我的解释意图，最应给予关注的重点在于，此番对《美诺》中未加解释之内容的澄清，显然是基于苏格拉底对技术的理解，"有整整一门技术向你提供迹象来表明它(真判断)不是知识"(201a4-5)。换言之，在助产术的十项原则中([原书]页33—34)，与苏格拉底在这一点上的洞见相应的一条，似乎是其中的8：助产术是一门苏格拉底已然精通的技术(technē)，这一事实使得他能够理解技术本身是什么以及技术如何发挥作用。

然而必须承认，苏格拉底诉诸技术阐明自己观点的做法充斥着反讽意味(201a7-b4)。他告诉泰阿泰德，自己所以为的技术是"在智慧方面所有人中最伟大的那些人，也就是被人们称为演说家或讼师的人所拥有的技术"(201a7-8)。像这样以戏谑的态度对待这些在《高尔吉亚》中被斥责为伪专家的人，仿佛他们真成了名副其实的专家一样，这种情况在本篇对话中已经是第二遭了。(较早一次出现在178d8—179a9，毫无疑问，那段话的确会使我们回忆起《高尔吉亚》来，参见上文页87。)此番在陪审团一段中，可以确定苏格拉底仍然用了反讽的手法，因为他又提到了法庭中对时间限制的运用(201a10-b4)：

> 或者说，你会认为有如此聪明的教师，在漏壶滴水的短时间内，就能够充分地把所发生之事的真相教给那些在发生抢劫或者其他暴力事件的时候并不在场的人们么？

此处明显呼应了先前的离题漫谈，那里(172d4-e4)挑出了法庭上强加的、对待奴隶般的时间限制，与哲学家对时间的自由使用形成鲜明对比,以便说明此种限制如何导致了演说家和讼师在理智和道德方面的可鄙言行。简而言之,我们已毋庸置疑,[151]为苏格拉底证明真判断并非知识提供佐证的那种"技术",其实根本不是技术。但是,一旦我们再把理应考虑到的反讽考虑在内,那从某种程度上说正是全部要害所在。能够确证真判断和知识之间差异的,恰恰就是某种相应的差异:既不基于知识也不能传授知识的伪技术,与能运用知识的真技术之间的差异。而真技术会运用知识可谓苏格拉底对话中的一个普遍假定。①

8　第二部分回顾

尽管第二部分涉及现代文献所提及的许多重要的哲学问题,但我还是选择一个样板式的问题作为集中讨论的对象,而我一直觉得此问题长期处于被忽视的状态,其原因就在于一种近乎普遍的假定,即得出柏拉图思想的人看起来是柏拉图自己。从某种意义上说,上述假定确实所言不虚。把思想分析为内在言辞,给出关于假判断的感知—记忆模型,表明分类法对于有效使用知识的重要性,提出日后构成了五个大类之核心的话题中性属——所有这一切都指向柏拉图晚期作品的显著特征,我也力图展现这一点。

但是在这样一幅图景中遗漏掉了的,也是我通过纠正的办法想方设法来补充的,乃是要充分领会到,那样一种谋篇方式,即上述一切,尤其是这一段中涉及的内容,皆是从柏拉图手里的苏格拉底遗产当中得来。苏格拉底不再强调物质世界,进而转入纯粹辩

---

① 例如《申辩》22c9-e1。

证法这一谋划,奠定了以鸟笼喻取代蜡板说从而取得进一步进展的基础。苏格拉底辩证法的方法论,包括其中对分类法所萌生的兴趣,也通报了鸟笼模型本身的到来。苏格拉底本人的驳斥技巧,借他本人之口展现出来,又在揭露鸟笼模型的缺陷中扮演了关键角色。最后,苏格拉底关于技术的技术,使他能够送别那个正在被正式考察的定义"知识就是真判断"。

总之,苏格拉底在认知灵魂学上的洞见最终证明极具潜力和生命力。但是,假判断未能从苏格拉底的认知灵魂学中得到解释,其原因[152]已经不属于苏格拉底能够认识到的事情了——这原因正是他对形而上学不够注重。探讨心灵在形成假判断时所关联之实体的本体论这一任务,就留待柏拉图去完成了。而这项待到《智术师》中才着手进行的重任,将不再由苏格拉底来肩负。

六　解　释

1　梦（201b6-202d7）

　　[153]在对话第三部分也就是最后一部分，苏格拉底和泰阿泰德抛出一个问题，真判断还要加上什么才能成为知识，由此，第二部分的阴霾一扫而空。此问题的备选答案是，那个被遗漏的要素就是某种"解释"（account）；因此，有待考察的关于知识的新定义就成了"知识是真判断加上一个解释"。而他们接下来的工作，就是批判地考察针对"解释"可能是什么这一问题的三种备选答案。

　　表示"解释"的词是logos，它在之前章节中出现时表示"言辞"（discourse），也就是灵魂在形成判断时发出的那种内在言辞（页129）。对logos更明确的一种解释是"陈述"（statement）——表示一种最低程度上的简单陈述句，对柏拉图而言，尤其是在《智术师》中，这种陈述句是真理和假象最基本的居所。但在对话中，定义某物的辩证工作有时也被称为"给出（或者'给出并接收'）一个有关该物的logos"，读者往往采纳这种被证成了的意义，认为logos是柏拉图所偏爱的表示"定义"的诸多术语中的一个。在《斐多》（76b5-6）和《会饮》（202a5-9）中有一个标准表述，即任何知道某物的人都可以"给出一个有关该物的logos",这一表述明显是《泰阿泰德》中目前这种提法(尤其对观202c2-3)的前身,且丝毫不必怀疑logos就相当于"定义"。在《泰阿泰德》之后的内容中,从206c7-8(下文[原书]页169)开始,苏格拉底将回顾其他几种logos的相关意义;但在使用这个于第三部分伊始便占据主导的术语时,苏格拉底采取的是"定义"这层意义的特殊用法:指出一个通过列举某物所包含之要素的方式来对该物进行分析而得出的解释。

这种用法最终用logos来表示组成部分的清单,这未必体现了此古希腊术语的独特意义,毋宁说,它体现了某种哲学上的特殊提法,即在"定义式解释"的意义上,对某物的logos应当如何来组织构建。然而,[154]苏格拉底也极有可能受到logos另外一种流行用法的影响,即用logos表示财务上的"账单"(account)、"记录"(tally)或"计算"(reckoning)。① 如果当真如此,我们就可以把这种财务上的用法看作在这段话中给出的一个活生生的隐喻,甚至认为它直接激发了在"组成部分清单"意义上使用logos的灵感。而我们所使用的account一词恰好能够捕捉到这种二重语义。

对于这种关于知识之定义的哲学提案,对话中给出了两种表述,第一种,也是更为有名的一种,就是201b6-202d7的梦论。它以梦著称,仅仅是因为泰阿泰德和苏格拉底似乎将每条回忆起来模糊不清的理论,都比作仿佛从梦中来:"聆听一梦以换得一梦",苏格拉底如是说(201d8)。表面看起来,苏格拉底的这种说法暗指刚刚醒来后交流梦境的常见活动,② 其重点在于说明,泰阿泰德和

---

① 感谢Stephen Menn使我对这一点印象深刻。

② Damascius, *Life of Isodore*, frr. 25, 3; 131, 12 Zintzen两次用到这种表述都表示这个意思。

苏格拉底曾经听闻的各种理论都像迅速消逝的梦一般,回忆起来实属不易。与这里所料想的相一致,泰阿泰德之后(202c5-7)也会确认,他的梦的确跟苏格拉底的梦差不多。无法确定还有多少意义可以同"梦"这个字联系在一起,[①]但对于柏拉图而言,此处的"梦"有可能跟其他几处一样,还附带有"假说"的意涵。[②]

以下七项原则构成梦论的基础:

(1)复合物有logos,其logos在于组成该复合物之元素的清单,也正是由于这个理由,这些元素本身并无logos,因为真正的元素不能再进一步还原为组成其本身的元素。

(2)元素可以被命名。

(3)不能对这样的元素进行任何更进一步的言说,即便说他们"是/存在"也不行。

(4)元素不可知,但复合物可知(也可对其进行真判断)。

(5)元素可感。

(6)包括我们在内的所有事物都由元素组成。

(7)元素的范例是字母表中的字母;复合物的范例是音节。

梦论的基础呈现出一种认知上的不对称。你可以通过对某物由之构成之物的解释、一份其组成部分的清单,而知道该物;[155]但当你抵达了解释这一层面,便不能在这个方向上继续前行了,因为构成该物的东西本身不由更深层的东西构成。终极元素可被感知、被命名,但却不能被分析,所以也就不可知。

事物的"元素"是什么?在亚里士多德(《形而上学》B 3,998a

---

① 关于其中可能有的意涵的讨论,参见Burnyeat(1970:103-106)。
② 对观Sedley(2003b:165)。

20-b 8)以此问题自问时,浮现出两个相抵触的答案:(a)普遍的类和(b)组成部分。

关于诸原则[存在一个谜题],应当以属还是以事物所含有并由之构成的基本物作为元素(elements, stoicheia)和原则。例如,构成音节的基本物,正是声音的元素和原则,而非作为属的声音。我们所说的数学证明之元素是那些其他的一切命题或多数命题有赖于的、不证自明的命题。另外对于物体而言,说物体为几种元素构成的人和说物体为一种元素构成的人,其意都在于,物体的元素就是物体的原则:例如恩培多克勒说水、火等物为事物通过包含它们而由它们组成的元素时,他并不以这些为现存事物的属。此外,要考察任何事物的本性,例如一张床,若懂得了它的各个部分及其合成,就懂得它的本性了。

就这些论证而言,属不是现存事物的原则。若我们通过定义知道每一事物,而属又是定义的原则,那么属就定是可被定义事物的原则。而且,如果获知某种现存之物就是获知这些现存之物经由之而被言说的种,那么当牵扯到种的问题时,属就成了现存之物的原则。

到底是指定构成要素或组成部分作为"元素",还是指定定义中作为普遍之物的共相作为"元素",这个两难困境贴切地反映了每个梦论读者所面临的解释上的抉择。前一个选项按照"元素"一词最基础的意义来使用这个词,把它作为复合物或系统的基本构成部分。我们看到亚里士多德用四个例子来揭示这层意思:(1)字母(它本身也常被冠以同样的称呼,即elements),它被视为话语或声音的基本元素;(2)数学上的"要素",欧几里德后来用这个术语给自己的著作《原本》(Elements)冠名;(3)土、气、火、水常被称为物理学理论中的"元素"——[156]据说,实际上柏拉图一般把它们当作本原来使用;①(4)任何一件复合物体的组成部分,例如构成床的木块等。

要注意,亚里士多德如何在第二个和第四个例子中特别强调,系统或复合物的组成元素就是我们通过它可以知道该系统或复合物的东西——这种说法与梦论也有深层次的潜在一致性,在梦论中,补充一份事物之元素的清单就可以把真判断转换为知识。尽管在关于床的第四个例子中,②亚里士多德认可知识也需要对各部分是如何聚合的进行把握,但他并没有把这个附加的、有关形式的方面视为更深层次的"元素":设定的知识的基础,主要还是把握物质性的组成部分本身。与此相抵触的支持把属作为"元素"的论证③同样是认识论的:事物通过其定义而被知道,而属则是定义的起点。

根据亚里士多德的证言,我们在解释梦论时最好还是兼顾两类备选的解释选项。在当今④解释者中有一种强烈的趋势,他们偏

---

① Eudemus, fr. 31 Wehrli。

② 这个例子改编自亚里士多德在《物理学》卷二第1部分193a 9—17提出的与安提丰有关的一段论证:因为事物的本性被定义为其变与定的内在原则,所以人工制品的"本性"就是其物质,就如构成了床的木头,因为当床埋入地下发芽后长出的是树木而不是床。

③ 《形而上学》Δ 3 的相应章节中把这一论点归到"某些人"头上(1014b 11),由此可以看出此论点并非亚里士多德的独创。

④ 绝不仅仅有当今的解释者。Stephen Menn说服我(他也打算写成一篇论文)相信,Simplicius, In Aristotelis Physica 18.10-17(倘若不认可Diels的删减的话)就已经偏向这种解释了,作为一个浸润于亚里士多德思想的读者,辛普利丘的确很有这样做的可能。

好甚至直接假定,第二种解释路径只局限于关注定义中所列举的那些我们称之为"概念性的"组成部分。这样一来,"人"的 logos 就应该是对诸如动物、会死的、理性的之类的组成部分的罗列。几乎必然的是,不论这些组成部分是不是属,它们都将是作为普遍之物的共相。

但这种理解不能契合我列出的梦论七项原则。第一,根本无法想象,苏格拉底竟在头脑中有普遍之物之思想的情况下,还会随随便便地提出原则(5),认为元素可感(202b7)。可以进入感觉的东西被限定为具体之物及其属性,而不管是在种的层次的普遍之物,还是在属的层次的普遍之物,则都只能进入理智,这乃是柏拉图思想中的老生常谈。尽管《泰阿泰德》中的苏格拉底并不是形而上学家,但他[157]在本篇对话中的几个哲学提议包含了一个论点,即心灵在研究某些东西时不是通过感觉,而是单凭心灵本身的能力(185e3–7);鸟笼思维模型的构想优于蜡板说,恰恰在于鸟笼模型能够解释我们对没有感知到的事物进行判断这一现象。因此,《泰阿泰德》中塑造的苏格拉底,尽管对柏拉图的形而上学一无所知,却也不会是一个犯假定普遍之物可被感知这种错误的人。

第二,字母是"元素"的范例,而不仅仅是一种跟"元素"的类比。由 202e3 把字母说成是理论之"抵押",可推得这一点。而 203b2–4 表明,尽管不能陈述单个字母的元素,但能够陈述单个字母的类,也就是上文构想的概念性组成部分。当被苏格拉底要求给出字母 S 的 logos 时,泰阿泰德回答说:

> 一个人怎么能陈述一个本身就是元素的东西的元素?毕竟,苏格拉底,S 是个清音,仅仅当舌头制造嘶嘶杂声时才发出。

看起来,这已经近乎一个通过区分属而形成的成功定义了。但这断不是梦论所要求的意义上的logos。

第三,普遍之物只可被命名,而不可成为定义和知识的对象这种观念,在柏拉图那里没有明显可与之相照应的思想。相反,对柏拉图而言,普遍之物(倘若认可那种广为流传的一致意见,认为形式就是普遍之物)是定义和知识最典型的对象。一个人最多可以怀疑一下,在没有更高的属或支配性原则的条件下,万物最高的原则是否不可定义且不可知。但事实上,柏拉图针对这个角色极力推举了他的心仪之选,即《理想国》卷七中的至善,至善显然既可知,也可定义(534b8-c5)。①这样看来,柏拉图从自己现有的诸假定中几乎不可能推出梦论所表现出的这一特征;而猜想别的什么人是这段话的作者并非易事。

我极力主张一种最为自然的理解,即之前构想的logos远不是指上升到被定义项作为属的组成部分的logos,反而是指下降到对象物质性的组成部分的logos。如此理解完全符合苏格拉底使用音节和字母[158]作为范例来代表复合物和单质这种做法的意图,此处的字母明显被当作一种声音符号而非书写符号:将说出的语词分解为音节的做法可以继续延伸至基础声音层面,也就是字母层面,但那些字母尽管可听闻、可命名甚至可描述,却不会进一步分解的作为课题的对象。把这种分析模式套用在普通的物质对象上,我们就会发现,梦论本质上是一个还原论,通过把事物分析为

---

① 依据柏拉图的说法,至善何以被知?对此,令人信服且相当考究的解释参见 Reeve(2003:50)。

不可再分的物质组成部分来理解事物。①

从亚里士多德那里,可以得到对梦论的唯物主义解释的有力确证。如我们所见,他也首先从字母下手,在相同的意义上将它们作为"组成部分"的"元素"的例证,并直接将之与物质性构成要素相比较,恩培多克勒这样的前苏格拉底自然哲人把一切物体都分解成这样的物质性构成要素。亚里士多德支持上述论证的一番言辞,也附带着确定了一个基本思想的内在可信性,即知道某物的关键是将它分析为其终极的组成部分。

如此便能说明,梦论定然不可如许多人曾假设的那样,归于历史上的某些人物,比如安提斯忒涅斯(Antisthenes),②而很有可能是苏格拉底原创思想的产物。这种说法其实是不证自明的,只要能够意识到,此理论的主要原理都来自对话第一部分苏格拉底自己的发现。③在此,我谈一谈这套理论的两个具体方面。

首先,根据梦论,元素可感知、可命名,但它作为元素,不能加以进一步言说,就连说它们"是"或"不是"也不可以。这里存在

---

① 自Taylor(1926: 344-346) 之后,除了 Sayre(1969: 120-130) 和 G. Adalier那篇我从未得见的杜克大学1999年学位论文,"Materialism in the *Theaetetus*",就再没听闻过支持这种再明显不过的理解方式的声音了。

② Burnyeat(1990: 164-173)对自己先前(1970)极力否定的安提斯忒涅斯假说重新表示了理解。

③ 梦论基于对话第一部分的想法之框架由Meyerhoff(1958)在45年前勾勒出来,后经Sayre(1969:120-130)得以发展。如果说他们的想法总被人忽略,那极有可能是因为他们遗漏了这一点与《泰阿泰德》184b3-187a3的关联,而只关注第一部分讨论中更靠前的一些原理,而这些原理极有可能被理解为到这里已经被苏格拉底否定掉了(对观Burnyeat 1990: 139)。另一方面,D. Frede (1989: 34-35)把184b3-187a3的一些发现同梦论联系在一起,可她根据一些于我而言不是很明确的理由认为,这些发现只能给梦论提供极不充分的基础。

着一条[159]绝非偶然且显而易见的路子,它利用了第一部分结论段(184b3–187a3)中的发现。第一部分结尾处表露出一种想法(参见章4节4),即灵魂通过诸感觉中的一种,所能把捉的全部东西,之能事像红颜色这样的感知的基本对象。不能跃居其上进行理解,甚至连把是/存在与不是/非存在归附于被感知对象也不行。① 任何关于感觉对象是如此那般或不是如此那般的思考,都要由灵魂在不依赖于感觉的条件下进行。但红本身,作为红而不作为某物之是/存在,是被感知的——也就是说,成了感觉意识的内容或对象;没有任何信息表明,冠之以"红"之名,应该像用"是"来言说它一样,被排除在灵魂于感知模式下运转时可以进行的行为之外。②

所以,可感知之物作为就其本身而言可被命名却不能用"是"来言说的对象,似乎的确可以说是出自第一部分的。不论是在第一部分的最后结论中,还是在梦论中,苏格拉底的意图都不是否定可感之物的存在;其意图只在于说明作为可感之物,也就是被这样或那样的感觉器官把捉的对象,它们被限定为红、暖、刺鼻这类东西,且其中并不包含是/存在这种组成部分。

就此而言,梦论仅在一点上背离了第一部分的发现。第一部分讨论说,有一系列项目,它们由于对两种或两种以上感觉形态的对象来说是"共通的",所以不能通过感知来通达。当在是和不是之外继续扩展这些项目的清单时,这部分内容以例子的形式给

---

① 在上文相关脚注和[原书]页106–107中,我论证了,没有任何关于"是/存在"的问题能够通过感觉来处理,即便是某被感知对象是否"是红的"这样的问题也不行。红本身是通过感觉获得的,但在苏格拉底看来,谓词却是一种心灵通过自己的能力得出的东西:你看不见也听不见存在/是。

② 对观Cooper(1970); Burnyeat(1990: 61–65)。

出了作为哲学辩证法的典型项目的术语——相同、相异、像、不像、一、二、相反等等。类似地,梦论也把讨论内容扩展到了是和不是之外的一系列不能被称为作为元素之元素的事物,而且如此做的理由与第一部分一致(对观之前提到的术语"共通";185e1),即这些事物"东奔西跑,且被应用在每一个事物之上,还相异于它被应用于其上的事物"(202a4-5)。

但是,梦论中选出的例子不是像第一部分中的"共通性"那样的先天实体。苏格拉底代之以"它""那个""每个""唯一一个"和"这个"——多是那种在试图通过真正地点出某物来单独指称它时所用的术语。如果你在看见红的时候[160]说出"红",那么你就是在传达某个基本到不可还原之程度的东西。但是若你指着红说出"只有这是红的",那你就已经超越了你已有的基本材料,附加上了一些关于该物之存在、该物确定的位置、该物与他物的关系等额外信息(之所以谓之"额外",是因为从上述一类术语也可应用于某些相异于红的事物这一事实可以推出,此类术语超出了对该物指定的言说可供选择的范围)。梦论替换掉被典型地用于在普遍之物上进行分类法的先天谓词,进而将注意力转向更适于直接表示经验对象的术语,这一做法正应和了一个事实(如我之前经论证而得),即对象的"元素"被设定为在直接的感知交会中得到的项目,而并非普遍的概念。

梦论利用对话第一部的第二条路子,同第一条密切相关。根据梦论,元素不可知。通过186c7-e12很容易理解这一点,那一段完成了从感觉不能通达存在到感知不能作为知识的推论;看起来从这一发现直接可以推出,只能通过某种感觉被把捉的对象,其本身就是不可知的。就好比如果红色只能被感知把捉,而感知某物不足以知道该物,那么似乎就可以推出,红色不可知。

如我先前所言,苏格拉底自己为梦论创造了素材这一事实应当足以表明,这套理论不是假借而来的。但考虑到他接下来又断然否定了此理论,所以其实这套理论也没有最终为他所有。我认为,毋宁说,提出这套理论,代表着苏格拉底试图借助自己的术语和洞见,来表现前苏格拉底还原主义自然哲人思想中暗含的认识论内容。苏格拉底基于自己在对话第一部分中对经验主义的批判性分析,在梦论中详细表述了前苏格拉底自下而上认识世界的整套程序,即由仅从经验中得出的基本元素开始,进而知道这个世界。他如此做就是为了演示,为何到头来这样一套程序事实上算不上为知识提供了合理的基础:你若要从不可知之物启程,就永远不会达到可知之物。

如此,《泰阿泰德》中的苏格拉底似乎就与《斐多》中的苏格拉底一样,成了拒斥前苏格拉底物理学的标志。简言之,依据我大体上的解释,至此已经能够辨清有关梦的整段论述在《泰阿泰德》中所发挥的功能。[161]我们不断提醒着一点:苏格拉底并不是形而上学家,所以他不能引领我们直通柏拉图主义。但是,苏格拉底已经看清,前苏格拉底唯物主义作为理解世界的基础时现出了怎样的谬误,并相应地加以拒斥。① 他的洞见,即对物质世界进行还原论式分析并不能收获知识,确定了前苏格拉底时代的终结,也为柏拉图主义铺平了道路。

---

① 梦论的唯物主义解释逐渐退潮的一个原因无疑是,这种解释难以说明柏拉图为何会在整个对话进程中相当晚的一个阶段,才严肃地表现出对这类理论的极大兴趣。可一旦我们把梦论视为一种对历史的重构,旨在说明为何苏格拉底会拒斥前苏格拉底的唯物主义,上述困难就会化为乌有。还有另外一个原因就是,维特根斯坦(Wittgenstein 1953: 21)过于亢奋地在《逻辑哲学论》(Tractatus)中将梦论同自己的逻辑原子论进行了比较。

如果非要挑一个苏格拉底特别关注的前苏格拉底哲人,那么,第一个浮现在脑海中的定会是阿那克萨戈拉,他把世界分析为诸如热和冷、明和暗之类直接被感知之实体的结合物。①但我不认为这一说法完全契合阿那克萨戈拉的理论,因为他的理论到头来至少会剥离出一件东西——心灵,它不可化简为对立之物的混合。相当有趣的是,出于这个原因,更能满足刚才说法的,反倒是由其追随者阿基劳斯改良了的阿那克萨戈拉体系。阿基劳斯似乎与他师父的做法不同,他把心灵也当作混合物的产物,而不是独立在外的第一因。②我之所以说"相当有趣"是因为,据说雅典人阿基劳斯事实上曾是苏格拉底的老师。而且可以想见,柏拉图在表现苏格拉底拒斥前苏格拉底哲人关于认识世界的典型方案的同时,头脑中出现的应当是苏格拉底自己年轻时被教授的那套方案。

但最为重要的是,不论这种理论在早期希腊思想家中是常见还是罕见,柏拉图自己都把这类理论理解为一种典型。《智术师》(242c4-d4、243d6-e2)[162]就表现了诸多思想家中的主要一派,

---

① 我支持Schofield(1980)的观点,即阿那克萨戈拉系统中的构成要素只能是像热-冷、湿-干、明-暗这样的对立之物。然而流行的观点认为,像肉和金这样的东西也被包含于基本构成要素之中。就眼下的目的而言,这种观点之争并不会有多大影响,只要明确所有阿那克萨戈拉所认为的构成要素都是从感知中获得的基本物即可。因为梦论也没有把"元素"特别限定为诸种可感属性,所以原则上允许其他的经验之基本对象,例如气和火,像在许多前苏格拉底思想家体系中一样扮演元素的角色。

② 60A4,II 46 line 5 in DK之后紧跟着一段关于世界起源的叙述,其中就没有像阿那克萨戈拉所做的那样,把心灵当作原因。

他们把整个现实还原为两到三项东西,比如湿和干,或热和冷。①

我们还要牢记一点,就在《泰阿泰德》这篇对话之中,对还原主义定义风格的精心考察至少已经进行过一次了,也就是对话刚开始之处(147c3-6)那个成功的定义,即把泥定义为"土混合上水分"。这个定义并不是简单地罗列经验性的组成部分,因为"混合上"一词补充说明了组成部分之间形式上的关系,但此定义至少还是展现出还原论分析模式的姿态。值得一提的还有157b8-c1,在那里,秘传学说仔细考察了现象主义论点,后者将完整的经验对象分析为不过是可感属性的集合。②尽管现象主义论点隶属其中一部分的整体理论已经被苏格拉底正式拒斥了,但它同样会对读者理解梦论究竟如何运作有所帮助。

与其认为梦论代表某位具体的思想家,不如更保险地说,它其实是为整个先前的还原论分析传统做了一个总结。在其他诸多理由当中,这一点最能够解释为何泰阿泰德说,这种知识之定义的大致轮廓是从"某一个人"那里听说的(201c7),而苏格拉底却认为他接下来要详述的那个完整定义是他从"某一些人"那里听说的

---

① 分为热和冷两物的一派理论家极好地代表了阿基劳斯:据说他们使挑选出来的一对对立之物同居,而且还会"把它们嫁出去"(ἐκδιδόναι,《智术师》242d4),关于这一点,对观Archelaus 60A4 (3)DK。还要对观亚里士多德《形而上学》A 3,984b 5-6;《物理学》卷二193a 21-8,那里概括出了成其完整一派的思想,称其特色就是将每一事物的"本性"追溯到最基本的物质元素;以及恩培多克勒的说法,例如B21+23。

② 我曾指出([原书]页46-47),这种论点把感觉经验之客体视为可感属性的集合,但把感觉经验的主体视为感知的集合。其实,梦论只能使我们回想起这一"集合"理论的前半部分。过多关注关于感知的这部分秘传学说,会使之前联结梦论与第一部分的尝试尽数失效,其诸多理由中的一个特征就在于此(本章上文相关注释)。

(201e1)。这一将单数变复数的转换,恰巧照应了梦论是在概括整个传统的说法。

梦论中体现出的还原主义是唯物主义的一种形式,因此其本身不能构成一个明确的认识论论点。不过,成熟的柏拉图式观点因《理想国》卷五结尾处的表述而出名,该观点认为,认识论与本体论不可割裂,因为知识必须在一定程度上从其对象之本体论状态的角度出发才能得到理解。

[163]苏格拉底在《泰阿泰德》开篇不久就暗中与这种柏拉图式观点划清了界限,他当时论证说,知识是什么的问题必须同知识是关于什么的问题相分离并且不受其支配(146e4-11)。但现在,在对话马上就要结束的时候,苏格拉底逐渐开始明白,强制实行这种分离将是件多么困难的事情。苏格拉底的前辈们关于知识本性的经验论假定,亦直接来自他们对现实之本性本身的自下而上的解释。而这样一种思路,或许正好预示了柏拉图在《理想国》和《蒂迈欧》中的观点,也就是我们刚才所说的,直接从认识对象的角度来解释知识。我将在本章最后一节回来讨论此种做法的可能性。

2 对梦论的批判(202d8-206c2)

接下来,苏格拉底又认为这一自下而上的知识理论出了什么错误呢?他对于梦论的驳斥冗长而繁琐,但在这里,我只需尝试大致勾勒出批判梦论的主要框架即可,因为驳斥过程中的一些细节对本书的内容没有什么直接影响。[1]

---

[1] 关于更完整、更明晰的讨论,对观 Burnyeat(1990:134-209)和 Harte(2002:32-47),尽管他们所得结论与我大相径庭。

苏格拉底的批判集中于梦论所需的认知不对称,按照这种认识不对称的说法,可以产生知识的解释(account)是从一些本身就仅是被给予而并非被知道的起点逐渐建立起来的。

就像元素(stoicheion)一词同时表示"字母",同样,表示"复合物"(syllabē)的语词也有"音节"之意。故此,苏格拉底把他名字的第一个音节"SO"当作复合物的范例,就显得相当自然。苏格拉底在203c4-6详细表述了这个音节中的两难困境,此举确立了整个批判工作的计划:

> 接下来,我们要说,(1)复合物就是两个元素,而若多于两个元素,则说复合物就是全部元素,还是要说,(2)复合物是元素相结合时形成的一个单独的形式?

这段两难论证为我们提供了机会,使我们可以在以下两者之间进行选择,为方便起见,我们可将两者称为(1)还原(reduction)和(2)突现(emergence)。

按照(1)的说法,复合物就是其诸元素,或是元素的"总和"或是元素的合取,这两种情况在随后的讨论中分别被作为——特别参看204b7-e13——"全"(all)(单数、复数两种全)和[164]元素的"数"来加以考量。按这种还原论观点来看,当你列举出某物的终极元素时,你就已经完成了对该物本身是什么的言说。(苏格拉底这段讨论中从未注意或充分发掘一个事实,即组成音节的字母必须按照特定顺序排列,在他看来,大概这一点与此处的讨论并不相关。)

按照(2)的说法,元素是复合物中第一位的东西,但现在被某种新出现的东西取代了。在203e2-5把这种新出现的东西被描述为从元素的结合中产出却不同于元素的东西。苏格拉底对第二个选项的描述,使人想起了现代意义上的"突现"这一术语,这个词通常被用以表述生命从无生命的组成部分所构成的结构中突现而出。

(1)意味着,把虽然相异,但在被观察、被枚举或者被整理排列时(对观204b10-c3)可被当作属于同一套的元素聚集起来。以一套藏书为例:在给定的时间点上,不论单独的一本本书在哪儿——在架上、在桌上、借给朋友、弄丢了——这一本本书仍旧同属同一套藏书。苏格拉底自己在204b10-d12举出的例子,看起来也是某些可视为与其部分之总和同一但其实是离散的东西:(a)数字6经简单计算,与2×3、3×2、2+4以及3+2+1是完全相同的东西;(b)定量的长度或面积,同构成该长度或面积之单位的数量是一致的;(c)一支部队与部队本身的人数是相同的东西。(c)作为一个非算术的例子看起来似乎最难理解,但我认为这个例子说的无非是,一支部队跟一套藏书一样,都是这么一种东西:只要其所有成员持续存在,便能够维持其自身,而其成员却或许是离散的。不论一个个士兵是在战斗中,还是离队回家,抑或是在行军队列中,只要他们仍构成部队建制,这支部队便还是这支部队。

与(1)相反,(2)使元素仅仅成为素材,不再主动地存在于合成的复合物中。蛋糕就是最简单的例子。作为蛋糕原材料的面粉、鸡蛋和牛奶不再自成一份;相反,某种全新的东西取代了它们,那就是蛋糕。蛋糕的部分也不是面粉、鸡蛋等,蛋糕的部分是蛋糕的块、屑等等。这大概就是为何在接下来的论证中苏格拉底会基于(2)的假定而认为复合物没有部分的主要原因。在块、屑等都算部分的情况下,蛋糕当然是有部分的,但在与梦论相关的意义上,蛋糕就没有部分可言,因为蛋糕的部分还是蛋糕。因此,[165]你对整全一无所知,并不也对部分一无所知。虽然梦论中公设出的"部分"或"元素"并不是这种意义上的部分或元素,但却被认为是在认识论上不依赖于复合物的。

基于(1)与(2)之间的差异,苏格拉底的论证按照如下所示的方式演进。

203c7–e1	假定是(1),复合物就是元素,所以,任何知道复合物的人相应也就知道元素。举个例子,若"SO"与S和O两者是相同的,则任何知道此音节的人一定知道字母S和O。然而,这一点却足够推翻梦论建基于其上的认知不对称。
203e2–204e10	反过来,假定是(2),复合物不由部分组成,因为由部分组成之物就是这些部分的总和,这将把我们重新领回(1)。显然,避免回返(1)的唯一方法就是,否认"整全"与部分之总和是相同的,所以整全就不会像总和那样由部分组成。
204e11–205a7	但是,部分一定是整全的部分。否定总和是整全乃是死路一条,因为"整全"和"总和"两者都可被定义为在毫无缺失的情况下所拥有的东西。
205a8–d3	所以,若如(1)所述,则复合物与其元素相同,且两者都同样是可知的;若如(2)所述,则复合物与其元素不同,复合物没有部分,且因此而是不可知的。不论按照两种说法中的哪一种,梦论都不能继续有效。
205d4–e8	两难困境得以重申。

这段驳斥论证向来是深入考察和猛烈批判的课题,而我的目的也不在于回顾对此的纷争。我只想说明我认为此论证属失败论证的原因。我这么做,主要是为了论证柏拉图不大可能意识到这一谬误。

早在203c7–e1,苏格拉底就反对还原论的论点,他所根据的理由是,若复合物和元素是同一的,则不能在不知道元素的条件下知道复合物。以近来关于意识的论辩作为一个极具启发的类比来看,苏格拉底这种说法着实是一步相当有趣的论证。对于否认精神状态与神经生理状态之同一性的人来说,会有一种自然而然的诱惑去诱使他们指出,一个人原则上能够知道某个主体的大脑的一切状态,但却根本无从知晓主体究竟是个什么模样,也就是不知道主体的[166]意识状态。如此看来,这一派反对某物与其构成物的同一性,所根据的理由便是,假若两者当真同一,那么,知道构成某物的东西,也就相应地意味着知道由这种东西所构成之物。《泰阿泰德》中的苏格拉底的推论则刚好颠倒过来:假若某物的构成要素当真与该物同一,那么,知道此物就相应地意味着知道其构成要素。

两种类型的论证都招来一种反对意见,即在诸如由"知道"所引发的这种与意向相关的语境中,常见的同义替换规则必须被叫停(也就是所谓的"所指不明"谬误)。① 举个例子来说,水是氢加氧,我们由此可以推断,当柏拉图喝水之时他喝着氢加氧。但是,由柏拉图知道自己正在喝水这一事实,我们并不能推断出,柏拉图知道自己正在喝着氢加氧。

但是这种谬误极易被忽略。在柏拉图作品中有许许多多这种谬误的例子,《泰阿泰德》中就有几处。② 我认为极有可能的情况似乎是,柏拉图恰恰把他的论证本身看作对任何一种产生以下结果的论点的成功反对,即根据此论点,关于某物的知识可以来自将该

---

① 对观 Brandt and Kim(1967,尤见页534-537)。
② 参见上文[原书]页22和页131相关注释,以及William(1972)。一些被判定为以这种谬误作为基础的著名论证有《高尔吉亚》467c5-468e5和《斐多》74c1-5。

物分析为某种本身不被知晓的东西。①

看起来,更有力的反对是,苏格拉底给出的(1)和(2)之间的背离还不够彻底。他为什么没有想到如下所示的第三种选择呢?

(3)复合物是其元素的总和加上一些形式的组成部分——排列、结构、功能等等诸如此类。

这里补上的组成部分与亚里士多德的"形式"多多少少相一致,他将形式与质料相结合来产生实体。由此就可以说,凭借关于其形式的知识,便可知道整个复合物。柏拉图自己也极有可能倾向于朝着同样的方向演进,[167]尽管他大概会把尚需存疑的"形式"视为在形而上学上是一种分离在外的东西,但至少在使形式成为知识的首要对象这一点上可以看出这种倾向。那么,为什么(3)这种思想没有在此浮现出来呢?

我首先给出的答案当然会是,《泰阿泰德》中的苏格拉底缺乏读柏拉图的老们想必会拥有的一种形而上学洞见。但若要更直接地切中上下文,那么我必须指出,以质料形式学说来解释梦论,这一理论无论如何都要崩溃。因为在把形式的组成部分当作一种元素的情况下,就会有一种元素不能被可靠地描述为不可知的;而在形式组成部分不是一种元素的情况下,列举一物的元素对认识该物而言终究还是不够充分。②整个梦论都有赖于把元素限定为一

---

① 在这种情况下,我提出的一种解读,与 Gail Fine 把"知识定要基于知识"的原则(或者此原则的变体,知识的"相互关联模型"[interrelation model])归于柏拉图的理解相一致;参见 Fine(1979a),进一步的讨论见 Annas (1982), Nehamas(1984), Bostock(1988: 243-250)。然而,我会在下文澄清,我其实偏离了她这种相互关联的循环式理解,而主张一种分层级式的解释,即至少留下一项使之完全以非衍生的方式被认识。

② 对观亚里士多德《形而上学》H 3, 1043b 4-13。

种仅通过感知获得的基本组成部分。因此,(1)和(2)之间的两难困境其实是由梦论中的唯物主义思想而起,而且两者之间的彻底背离其实在上下文中已经得到了证明。

苏格拉底在206a1-c2给出了自己的结论。我们自己都有学习某些系统——诸如字母表或音乐之类——的经验,这些经验确证了一点:关于元素(字母、音符)的知识不单是本质的,而且事实上也先于关于由元素构成的复合物(音节、和声)的知识。比之关于复合物的知识,关于元素的知识要"更为自明也更为重要"(206b7-8)。苏格拉底在这里并没有(如对他进行的常规描述一样)声称,元素实际上比复合物"更为可知",而且其实,他在205b2-3就已经得出结论,元素与复合物"一样可知"。苏格拉底的意思似乎是,元素更多地在直接的、非衍生的意义上是可知的,这与被译作"自明"的形容词(enargēs)的惯常用法相一致。①

如果说,正是整体与部分的同一,使复合物和元素一样可知,那又怎能允许元素比复合物更为直接地可知呢?难道学习复合物与学习元素未必是完全相同的行为?大概的确未必,因为与知道复合物相同的,其实是知道每个元素,尽管[168]你大可在知道复合物之前逐个、逐步地知道元素,而且其实逐个、逐步地知道元素正是知道复合物的手段。在苏格拉底自己给出的读音和音乐的例子中,他也几乎没有否认,接下来提到的学习的先后次序恰恰是这

---

① 对观《理想国》544b4,其中,同样的比较级 ἐναργέστερον 可见于一条原则,即城邦的特性比灵魂的特性"更容易学习"(368e8)且"更容易看出"(434d8),所以(545b5-c5)前者应当作为理解后者的参照。在《泰阿泰德》中尤其要注意179c6,其中泰阿泰德的定义"知识是感知"就等同于感知和感知判断是"自明的"(ἐναργεῖς)且就是一些知识"这样一种论点。认知之首要性,或言(在比较级中体现出的)优先性,似乎是主导概念。

种顺序。

所有苏格拉底所说的"元素"——字母、音符,都还是梦论中假定的那种可感知的组成部分。不过,苏格拉底在结论中流露出的直觉在精神上极具柏拉图之风:不论知识建基其上的这些项目最终是个什么模样,它们一定不仅同样是已知的,而且还要比基于它们而被知的那些项目以更为直接的、自明的、非衍生的方式被知。我认为,这种说法中暗含的知识模型就是柏拉图自己的模型。此模型不单是对知识的一种融贯的解释,基于复杂的感知认知网络。它本质上是分层级的。某些东西要凭借对另外一些东西优先且更为直接的知识,以衍生的方式才能被知。可以料想,这样一种层级制度必有一个绝对起点,该起点位于某种以完全非衍生的方式被知的东西之中。其实,扮演此角色的正是《理想国》中提出的善的形式,而且我有充分理由从苏格拉底拒斥梦论的根据推断出,柏拉图心中还存有一种同样分层级的形而上学,来作为知识的真正基础。①

苏格拉底本人自然没有柏拉图那种层级式的形而上学思想。但苏格拉底基于童稚时以那些不可还原的基础之物为起点的学习经验,得到了关于获取知识之顺序的直觉,这种直觉早已明摆着指向同一个方向。如果柏拉图觉得能够把这些直觉归在其老师苏格拉底身上,那么,这一认可无疑在很大程度上要归因于苏格拉底矢志不渝地坚持定义在一切研究活动中的首要性(上文[原书]页33第4项)。

---

① 对观上文本章相关注释。柏拉图曾放弃层级式结构,转而赞成一种循环式知识结构——这一论点是不能完全令我信服的(有力证表明,柏拉图在诸对话之外始终认可一和无定二的终极原则,这一点必须考虑到),但我不能在这里过分纠缠于此。

3 第二"元素"理论（206e6-208b12）

在206b9-c2处，苏格拉底离开了梦论的讨论，不管是有心还是[169]无意，他最终得出结论：梦论定然是个玩笑。此外，苏格拉底又补充说，还可以用别的办法来驳斥梦论。但究竟被驳斥了的是什么内容呢？并非泰阿泰德记忆中从别人那里听来的那个知识定义，即知识是真判断加logos；对此还将继续讨论。也不是把logos和列举元素等同起来的那个更进一步的做法，因为它也将被当作一个尚在讨论中的选项，对它需要参考梦论中的详细表述（207b6）继续加以考察。如此，被驳斥掉的就只能是梦论中的认知不对称一说。

在206c7-8处，苏格拉底开始着手列举泰阿泰德无名的消息来源①在知识是"真判断加上logos"这种说法中使用logos一词所意指的三种东西。其中一种很快便被视为不相关而淡出视野："陈述"。②显然，把判断表述为有声的断言这种稀松平常的能力，并不

---

① "好吧，那么，他到底想让logos向我们表示什么意义？我觉得他是来意指三种东西中的一种。"这里指代的是201e7作为泰阿泰德消息来源的"某人"，因此正在讨论的意义就是言说者所认为的意义。在我参考的八种翻译中，只有Valgimigli辨认出了这一点。所有其他翻译，除了Levett，都采用了一种听起来就好像苏格拉底在陈述词典中词条的表述。

② "通过伴有描述（ῥήματα）和名称（ὀνόματα）的声音使一个人的思想明晰"（206d1-2）。在此，如惯常一样（尤其是《克拉底鲁》431b3-c1；《智术师》262a1-d7），完整的陈述被视为既含有"名称"又含有"描述"，二者分别饰演主词和谓词的角色（对观[原书]上文页126）。苏格拉底在此明确这一点，用意并不是要矢口否认自己先前的断言（189e4-190a8），即思想即便没有有声的表

足以使判断成为知识,苏格拉底如是指出。

然而,logos的第二种可能意涵得到了严肃对待:"那种能够在被问及每个东西是什么时通过仔细审查该物之元素来对提问者做出回答的能力"(206e6-207a1)。苏格拉底以赫西俄德(Hesiod)《工作与时日》中的一行(*Works and Days*, 456),"车有一百块木料",作为例子来解释这种说法。并非专家之人或许能够列举车中作为复合物的(或言"音节式的")部分,例如"轮、轴、轭"等。但只有某些有知识的人才可能从如此多的木条、铆钉等入手,列举出上百个终极元素。

正在被描述的是怎样一种理论,此理论的起源又是什么?为钻研并逐渐深入这个困难重重又鲜为人问及的问题,我们不妨由从赫西俄德那里引来的话开始着手。就我所知,从未有人注意到,原始语境对于解释这些话语来说具有直接意义。[170]赫西俄德对农耕建议的全面总结,使他提出拥有属于自己的车和牛的必要性:不要指望能够在需要的时候借到车和牛(453-454)。但是,为了拥有自己的车,一定要确保准备好一整套部件(457)。

> 一个财富仅在空想中之人谈论起了造车。他定是一个愚人,且并不知道:车有一百块木料。(455-456)①

我加了强调的这个短句肯定一上来就让某些人注意到,这些字眼的直接效果在于,它们隐含着关于知识的定义。因为似乎在

述,其本身在形式上就已是语言性的了;他其实是在强调,并非任何一种内在表达都能在外化时形成有声"陈述",只有本来就既含有主词又含有谓词的内在表达才可以。

① νήπιος, οὐδὲ τὸ οἶδ ἑκατὸν δέ τε δούρατ ἁμάξης.

某些人的理解中,要能够把上百种造车部件的清单倒背如流(肯定不只是要能够说出一共有多少种部件)就是赫西俄德本人针对如何获得关于车这一作为课题之对象的知识所给出的建议。我尚未找到此种解释的其他来路,不过赫西俄德确曾被众人尊为权威(众所周知,赫拉克利特就对此怨声载道),①而且可以料想,一些前苏格拉底作家曾引用这行诗来支持那样一种观点,即只有当我们发现了一个事物所有的组成部分时,我们才能被称作知道该物。当然,并没有理由假定正是柏拉图自己从赫西俄德那里提炼出了这种观点,既因为就如接下来的驳斥所确证的,柏拉图并没有将赫西俄德的观点(若这确实是其观点)全然看作权威,又因为,在《泰阿泰德》这段话中,柏拉图也没有引出能够传达赫西俄德这行文字完整意思的上下文。毋宁说,我们在此已知的,只不过是由某个旁人实实在在的知识理论这一点可得出的证据:这种理论不纯粹是柏拉图的个人独创。假若非要让我猜想此理论的来源,我会认为是持原子论的留基波(Leucippus)和德谟克利特(Democritus),众所周知,柏拉图在作品中一次也未提及二人的大名。原子式组成部分得以浮现于我脑海中的理由,稍后就会更为明晰。

第二个我从未见有充分探讨②更无从谈起得到解决的严肃问题是,除却接替梦论这一原因,苏格拉底为何立刻进入对另外一个

---

① Heraclitus B40,57,106 DK.

② McDowell(1973: 252-253)至少问出了这个问题,并且可以算是草草了事地在没有确凿结论的情况下讨论出了一个可能的答案,即其中的项目(1)。大多数其他讨论都着眼于,柏拉图希望通过驳斥 logos 是元素之列举这一理论,要得出什么新观点,却没能停下脚步问一问,此理论本身的观点究竟有什么意义。

理论的考察,而在此理论中事物的logos就是对该物元素的列举。新理论同梦论有两点不同,[171]且每一点都以其独特方式展现出一种哲学上的进步。

第一,新理论中诸如车轮条幅之类关于"元素"的例子,都是形式层面可定义且具有功能性的部分,因此不能完全照应于梦论中那些物质性的基本组成部分,我认为后者是只能在直接感觉中被给予的。有一种猜想似乎很有道理,即在柏拉图眼中,像这样的"元素"将会是物体终极组成部分的优先之选;这一揣测某种程度上在对话临近结尾时得到了证实,在那里,苏格拉底认为,"泰阿泰德"的"组成部分"包含了一些形式特征,比如泰阿泰德自己独有的"短扁上翘性"或言短扁上翘的朝天狮子鼻(208c5–10)。①

第二,与元素得以彰显出来的形式层面相一致,这一修订了的理论当即抛弃了关于认知不对称的一切说法。尚不完全清楚抛弃认知不对称之说是否能够如此轻易地完成,因为,若关于X的知识取决于将X之元素罗列出来的logos,而元素又不再含有元素,则我们似乎毫无选择余地,只能承认,X由之得以被认识的元素本身并不可知——简言之,我们又回到了认知不对称之中。然而,通过之前对认知不对称的坚决驳斥,再加上此处对它的闭口不谈,我们定然可以假定,苏格拉底其实是在让元素如何被知的问题保持开放,

---

① 关于这一点,参见Burnyeat(1990:140),他认为泰阿泰德的"短扁上翘性"应被视为一个组成部分。或许还有一种可能,即当苏格拉底说"构成你的其他东西也是如此"时,他指的并不纯粹是像鼻子短扁上翘、眼睛向外凸出之类的形式特征,他的意思是"你的其他部分也是这样"(即除鼻子之外的部分)。但即便如此,那种普遍的观点还是行得通,也就是说,应从结构和形式的角度来理解事物的组成部分,而不是狭隘地以物质性的方式来审视。[译按]原文给出的引证是208c5–10,但这部分内容所对应的应当是209c5–10。

而没有武断地将元素判定为不可知。想来,在这种特殊情况之下的元素估计是通过某种其他方式被认识的,例如,通过说明它们在整体当中的功能(对观上一段论述)。但我们还是让此问题如苏格拉底所愿保持开放吧。而我们先前提出的问题尚存:为何要用这种新的形式反复重述此元素理论呢?

我的观点是,只有准确理解了梦论,才能看出此修订了的元素理论的意义所在。我认为,此次苏格拉底心中所想,并非将分析深入至基本元素性物质的那种阿那克萨戈拉和恩培多克勒式的前苏格拉底模式,而是由早期原子论者先行提出的一种结构式的元素理论,[172]柏拉图本人也在《蒂迈欧》中以更为繁复的形式详细阐述了这种理论。柏拉图的表述建基于,借助按照几何学方式定义出的粒子把物质分析为基本的三角形(对观上文页72)。

根据《蒂迈欧》,惯常的物理学声称"知"之且以之作为世界之"元素"的东西——土、水、气及火——其实甚至算不上"音节"(48b3-c2;我一直将syllabai一词译为"复合物",但这里该词被用作字母系统意义上的最小复合物)。它们可被分析为有着四种正多面体之形式的粒子,而这些多面体本身又可被分析为基本三角形的组合。这已经反映出《泰阿泰德》中修订了的元素理论,此种理论宣称,把对象仅仅分解为其复合之部分的能力在认知上尚不能满足要求(207a9-d2)。

《蒂迈欧》中,即便基本三角形还没有被称为知识的终极起点,可知识之起点的基础原则也尚在神秘性之中:这些原则仅有神和少数特定的人知道(53d6-7),要想追求这些原则,尚需一种与当前的物理学探究不相容的方法论(47c2-d1)。由此出发不难推测,终极原则乃是那些需要高级的数学方能加以理解的原则,尽管这恐怕算是进入另一研究领域了,理解至善无疑就属这种情形。① 但随着对"元素"这一术语的深入思考,在《蒂迈欧》中,基本三角形被指定为元素(54d6、55a8、55b4、57c9、61a7)。② 因此,根据柏拉图自己的物理学,复合物体似乎可被一直穷尽地分析至作为其终极"元素"的基本三角形,这些元素尽管没有自己的"元素",即组成部分,理论上却能够通过诉诸某些更为基本的原则而被解释、被知道,推想起来,这些原则大概就是某些更高级的数学分析。③

《泰阿泰德》中修订了的元素理论在精神上同蒂迈欧的物理学极为接近,以至于我觉得不能不相信柏拉图头脑中也装着这套物理学理论,或者某种与之极为相像的理论。与前苏格拉底式还原主义的梦论不同,《蒂迈欧》中的物理学将混合物体分解[173]为会在某种方式上可知的终极"元素",这些元素在整体中定然有一个形式和一个结构性的功能。为了匹配回溯历史的笔法,柏拉图的发言人苏格拉底不得不避免涉及蒂迈欧的理论,而只谈及某些未被指明的先贤对此的观点——很有可能是德谟克利特的原子论,此理论认为基本元素比元素所构成的自然混合物更为可知,在这一点上它近似于蒂迈欧的理论。

尚存一个问题:即便没有了认知不对称,这样一种分解为元素的方式,是否当真是*知道*混合物体的路径?苏格拉底当然明了答案是否定的,而《泰阿泰德》正是在着手展示答案为何是否定的。

---

① 对观 Cooper(1977)。
② 我能发现的唯一一处例外是 56b5,那里称正四面体为火的"元素"。
③ 这也就假定了,对三角形的终极分析会把三角形定位在可知领域,而不是把三角形视为不完美且不恒定的具体之物。继续探讨这一想法会牵涉到一些复杂推测,这些推测关系到柏拉图在数学方面的未成文学说。

简短地说,苏格拉底对修订了的元素理论的反驳如下(207d3-208b12)。一个人或许会成功陈述出给定复合物的元素,但换一个场合却可能对相同的元素进行了一番错误陈述——实际上我们拼写时也经常发生这种情况:你正确拼出了一个确定的音节,但在另一个不同的词中却把同样的音节拼错了。

出现这种情况的人,即便是在成功陈述的场合,也断不能被称为"知道"了该音节或该复合物。苏格拉底此番批判的要点在于,偶尔一次正确所能保证的只不过是真判断,且其本身缺乏知识特有的可靠性。显而易见,此处提出的洞见是一个完全苏格拉底式的思想,我们在《美诺》中(96e1-98b5)已然遇到过它(上文[原书]页149-150):真判断同知识之间的差异在于后者的可依赖性。

与对梦论的驳斥结合后,对修订了的元素理论的驳斥将产生的效果在于,作为苏格拉底所选定的哲学方向之基础的两种洞见,就此可以得到解释。苏格拉底不但拒斥把现存的(阿那克萨戈拉式的)还原论物理学当作朝向知识的路径,而且明白,根据革新的原子论的几行表述而得出的改良了的物理学,原则上也绝不能成为知识的基础。我们要把这两种洞见都牢记在心,以便弄明白为何苏格拉底本人对知识的探索完全撇开了物理学,而且把物理之路替换为他曾采用过的纯粹辩证法之路。假若柏拉图在《蒂迈欧》里算是最终恢复了物理学,那么物理学也断没有被当作一种获得知识的方式,一种凭相应方法论不可求得的认知状态(《蒂迈欧》27d5-28a4、29b3-d3),而是一种[174]注定要留居于多多少少可能为真的"判断"或"意见"(doxa)领域中的探究模式。

4　对进行区分之标志的陈述（208b12-210b3）

我们逐渐接近了对话的结尾。还剩下一种相关的logos没有讨论。如苏格拉底所解释，剩下的这种logos是"一种许多人都会说起的：能够陈述某些被问及之物由之得以同其他每一物区分开来的标识"（208c7-8）。如此，logos就被当作关于已知对象独特性的陈述，一种对该物与所有其他事物之区分的陈述。

一方面，这种关于logos的表述，产生了《泰阿泰德》所讨论的所有定义中真正最具柏拉图风格的一个，这种渐进过程与苏格拉底定义式对话习见的模式相一致，即尽管所有定义都以失败告终，但每个被考量过的定义对于先前的定义而言，都是一种哲学上的进步。此处给出的这个定义，知识即真判断加上一段关于使对象独为其所是之物的陈述，甚至可以被称为分的方法（method of Division）的先兆，而此方法大致萌生于创作《泰阿泰德》的时期，最早出现在《斐德若》，在几部柏拉图晚期作品中都占有中心位置。之所以称之为先兆，是因为，一旦我们认识到知识需要对对象进行独特的区分，接下来的行动自然就是去找寻实现这种独特区分的方法，而分的方法似乎正是这样一种方法。我们也早已见识了（上文［原书］页143-144）思维的鸟笼模型如何以自己的方式指示分的方法。

另一方面，十分矛盾的是，提出的这个定义同时也是最为稀松平常的，因此也是考量过的定义中最不哲学的一个，苏格拉底把知识所需的logos的概念称为"一种许多人都会说起的"，也承认了这一点。我认为，这是因为，从其他事物中区分出已知对象的简单能力,只需要一种很低级又很常见的知识评判标准——这一点我在解释假谜题时已经提出过(上文[原书]页122-123)。只有当为了实现区分而附加上一种方法时,这一关于知识的说明才会变得充满哲学上的风险。苏格拉底给出的日常例子表明,他的头脑中尚不存在这样的方法。苏格拉底说[175](208d1-4),太阳的logos是,它是"环绕大地的天宫中最明亮的东西",而泰阿泰德的logos挑出的,不是像拥有狮子鼻和金鱼眼这样许多人共有的特征,而是他的狮子鼻和他的金鱼眼这一独有的特征。

这些例子都关注具体之物而不是作为知识之对象的普遍之物,也没有给出任何能够通达最终差异的系统;而且这些例子中挑选出来的独有特征可以被看作非本质的——就此而言,这些例子虽并没有传达深刻的柏拉图洞见,但毋宁说,它们确证了苏格拉底在把这种logos称为大众的评判标准时,含蓄表达了对此的拒斥。柏拉图化的关于定义的隐含观点,正以我们一直以来期待的方式,逐渐现身于苏格拉底自己表述之外的柏拉图的言下之辞中。

就像在先前那些例子中一样,我们或可料想,苏格拉底拒斥此有关logos之定义的根据,会传递出某种使他成为柏拉图主义助产士的批判性洞见。苏格拉底开宗明义的观点如下(208e7-209d3)。能够把某物从所有其他事物中区分出来,就其本身而言,即便对于有关该物的真判断来说,也是一个必要条件(其原因我们已结合假谜题进行了充分思考,上文[原书]页123-125):直到把某物从所有其他事物中标识出来——最少是通过正确判断该物与他物如何不同——该物才至少能够作为如其所是的独立之物出现在思想之中。

这最终(209d4-210b3)导致了一个致命的两难困境,它关乎认识者与这个附加logos所必然处于的认知关系。一方面,若拥有关于一物与他物如何不同的真判断就已足够，那么这个附加的logos便是多余，因为单单打一开始让该物出现在判断之中，就至少需要对该物与他物如何不同进行正确判断了。另一方面，若认识者与logos所处的认知关系必须强于真判断，那么，知道该物与所有其他事物有何不同看来也将成为必要。这就产生了循环定义：知识就是真判断加上对于对象与他物之差异的知识。

如此，苏格拉底最后丢下的话就完全是苏格拉底式的：根据已给出定义中暗藏的循环谬误，来拒斥该定义。这也是作为苏格拉底在《泰阿泰德》中第一次驳斥之基础的核心动机，苏格拉底拒斥知识是"制鞋术（等）"这一定义，其根据正是该定义等同于一个循环表述，"知识是关于制鞋等的知识"（上文［原书］页23-27）。[176]在那里，我们看到驳斥过程如何反映出那种柏拉图极力将之与苏格拉底联系起来的批判技术。通过一种回环往复的行文，同样的苏格拉底洞见在对话结尾处再次出现，且低调地隐匿了苏格拉底和年轻的泰阿泰德能够召唤出的最后一个、也是最有前途的一个关于知识的定义。

不难得知，上述反驳也同样威胁着所有把知识界说为真判断加上某种东西的定义。① 不论这某种东西是什么——是证成理由、

---

① 对观Bostock（1988：238-240）。根据柏拉图的成文材料，出现过一个通过诉诸认识论外在主义（epistemological externalism［译按］相对于认为知识之证成仅取决于外在于人的因素的内在主义而言，认识论外在主义断言，知识之证成有赖于附加而来的外在于人的因素，二者构成了"认识论中的内外之争"［internalism-externalism debate in epistemology］）来规避这种问题的策略——否定那种认为只有我们意识到或能意识到的要素才对证成理由有影响的观点。但就我的理解而言，认为柏拉图给类似策略留下可能性的想法，应该都犯了时代混乱的错误。

层层分析、充足根据、区分差异还是《美诺》(98a1-8)中所说的"对原因的推理"(calculation of the cause)——都有出现同样问题的危险。单单对额外的某种东西进行真判断,或仅仅对某种东西进行断言,或只是存有这某种东西,都不够充分。认识主体与某种东西所处的认知关系,不能比知道这个东西的这种认知关系更弱。一旦意识到这一点,循环谬误就开始上演。知识就会被定义为真判断加上关于某种东西的知识。

尽管《泰阿泰德》中把发现这种恶性循环的功劳算在柏拉图头上,实属正常,但事实上,在柏拉图的苏格拉底对话中,可寻得关于这种发现更早的历史。众所周知,在致力于审查苏格拉底思想的对话《美诺》中,苏格拉底提出(98a1-6),当把正确的判断用"对原因(aitia)的推理(logismos)""捆缚"(bind)时,它就变成了知识。紧接着,他又用表示原因的术语转述了这种关系:正是"因为捆缚(desmōi, 98a8)"知识才不同于正确的判断,这里用古希腊语与格表述出"因为"之意,此乃柏拉图表示原因的标准方式。① 苏格拉底紧接着的一番评论又补充了一个意味深长的翻转。相关的一系列论述如下所示(98a6-b5):

> 苏 就是由于这个缘故,知识要比正确的判断更有价值。且正是因为捆缚,知识才不同于正确的判断。
>
> 美 确实看起来是这样,苏格拉底。
>
> 苏 我这样说并不是我知道,而是我猜想如此。而我并不以之为单纯臆测者乃是,正确的判断[177]和知识是不同的。

---

① 关于柏拉图表示原因的惯用语,参见Sedley(1998a: 115)。尤其可以比照《斐多》101b4-6,其中,"十比八多是由于(by,与格)二"被明确解释为一种因果性的说法。

> 若尚有我可称之为知道的任何别的东西——而鲜有我可称之为知道的东西——那这件事便会被我添加到我知道的事情之中。

在苏格拉底对知识之否认这一常见主题之上的微妙变化,被用以产生一个悖论,此悖论看起来是精心制作的,叫人根本不能把它当作偶发之事而不予理会。[①]苏格拉底在此明显从因果论(Causal Thesis)当中区分出了差异论(Difference Thesis)。也就是说,苏格拉底区分了如下两个论点:一个是正确的判断与知识相异,一个是确定的捆绑是造成相异的原因。不过苏格拉底也声称知道差异论为真。他如何知道呢?根据原因论,要想知道差异论为真,苏格拉底将不得不通过推理原因将差异捆绑起来——也就是说,他将不得不推理正确判断与知识相异的原因。

但这种做法恰是他否认曾经做过的举动:苏格拉底现在也承认,他关于究竟何物导致了正确判断与知识之间差异的提法,在他看来只是一个猜想,远远无法列在屈指可数的几件他能称之为知道的事情当中。不管苏格拉底在这段话中于何种意义上使用"猜想"一词,所谓"猜想"都必定远远不可被称为"推理",或任何被认为能够充分确保知识的东西。

为了以最简洁的形式表述这一悖论,苏格拉底断言(a)自己知道这两种认知状态不同;(b)二者不同的原因是某种他只可猜想的东西;而且(c)为了知道某物你不得不先推理该物的原因。鉴于猜想与推理之间几乎毋庸置疑的不相容性,(a)—(c)这三种说法似

---

① 安置这种恶作剧式的陷阱是《美诺》中反复出现的特征。另一个例子参见上文[原书]页26相关脚注。

乎不可能皆为真。

这样,苏格拉底就布下了一个双重陷阱。他称其所暗示的知识之定义中的关键元素只不过是一种猜想,从而提醒我们保持对此定义的怀疑状态。但是,他又更为巧妙地把我们的注意力引向此定义中错误之所在,其方法就是凸显《泰阿泰德》中随后将浮现出来的那个问题:若知识是真(或"正确的")判断加上某种东西,那么在认识主体与这某种东西之间,所需要的最简单的认知关系是什么?苏格拉底承认,[178]在《美诺》的案例中,他自己同这额外的某种东西的认知关系只不过是一种臆测,这一承认既破坏了此定义本身的根基,更确切地说,又引入了一个致命的问题:若上述关系不仅仅是臆测,认识主体和这额外的某种东西之间所需要的认知关系是什么?

这样一来,《泰阿泰德》里把知识定义为真判断之一种的最终失败,就建立在一种怀疑之上,而柏拉图很久以前就曾描绘过保有这种怀疑的苏格拉底形象。在这里我要补充一点,即早在典型的苏格拉底对话《卡尔米德》中,柏拉图就表明——尽管只是顺便一提——苏格拉底和其对话者都公认一个假定,即知识(epistēmē)同意见或判断(doxa)有不同的对象①。这一点是两种认知状态彻底分裂的首要基础,而一旦柏拉图两个世界的形而上学理论就位,他就会对这一分裂加以利用。

于是,即便到了《泰阿泰德》的论证即将告终的当下,我们见

---

① 在《卡尔米德》168a3-9,知识的对象是一门mathēma,"学问"。文中也提到了doxa的对象,尽管不是很明确,但毋庸置疑它被苏格拉底假定为某种有别于mathēma的东西。在这里,doxa和epistēmē各自的对象当然还不是后来在《理想国》中所区分的那些东西,这种区分超越了苏格拉底对形而上学相对尚不成熟的理解。

证的也只是对明显的苏格拉底式议题的展开和推进,而我们被此番论证鼓舞着要去弄明白的结果,不可阻挡地指向了《理想国》中柏拉图主义的认识论。

5 回顾与展望

尽管第三部分失败了,但其中还是有更为深刻的层面,即这一部分比之前的任何内容在精神上都更具柏拉图之风。在第一、二部分中,关于知识的讨论集中在关于知道某事这种平常情况:知道风是冷的,这样那样的行为是有益的,那样这样的行为是犯罪。第三部分则把焦点移至知道某物是什么这一论题。因为在把知识界说为"真判断加上一个logos"的定义之中,logos是一种公式化表述,它表示用内在分析或同他物进行划界的方法使某些项目最终独立突显出来。我们一定要知道,用logos来辅助的那个最初的真判断并不是任意的真判断,其中虽也出现同样的项目,但却是对这些项目的初步拣选。比如,在208d1-3"太阳"的例子中,毫无疑问可以确定,关于太阳的知识[179]被粗略地阐明为(1)正确地判断出,你所看见的早上升起的明亮的橙色圆盘即是太阳,而且(2)能够把此圆盘描述为"环绕大地的天宫中最明亮的东西"。这种知识就能被恰切地总结为"知道太阳是什么"。这样一来,尽管探查研究失败,但我们距离柏拉图给出的关于知识的范式模型也不是很远:由一种在被问到某物是什么时能以其定义来进行回答的能力,而知道这样或那样的形式——就比如正义——也就是知道某物是什么。

那么,对泰阿泰德的读者来说,究竟要采取一条怎样的进路呢？想来他们必须保留区分差异这一关键概念，把它作为知识的基础：知道某物的必要条件是能够把该物同所有其他事物区分开来，这一点已经在对话过程中多次得到暗示，而且鸟笼喻一段还补充揭示了苏格拉底的洞见，即必须按照分类的方法来对知识中的项目加以组织。读者需要抛弃的观念是，真判断终究可以借助这种进行区分的力量被转化为知识。

前方的柏拉图主义之路乃是，把知识——尽管无一处有严格的定义——视为一种与真判断大相径庭的心灵状态，因而绝不能被定义为真判断之一种。无论是时间上普遍被认同早于《泰阿泰德》的《理想国》卷五至卷七，还是公认为相当晚的作品的《蒂迈欧》，都表明得以充分阐明的柏拉图立场仍旧是，知识和判断(或"意见")乃两种完全分离的心灵状态或认知能力，分别处理各自专属的一系列对象。知识是关于所是、关于不变的形式的，而单纯的判断是关于可感世界、关于永恒"生成"而不曾"是/存在"的项目的。①

《泰阿泰德》读者会发现其令人不安的搅扰一直伴自己左右的不孕的助产士所调用的装备当中，断然没有那形而上学上的肯定的区分。但在发展和批判普罗塔戈拉理论的过程中，苏格拉底展现出一个相应的否定洞见，即没有存在而只有永恒生成的领域，似乎不可能构成知识之对象(179c1–183c7)。而且，在驳斥梦论及其后续理论的过程中，通过表明[180]对物质世界自下而上的前苏格

---

① 《蒂迈欧》51d3–52a7：真判断($δόξα$)和理智($νοῦς$)是彼此间独立地($χωρίς$)出现的两个类($γένη$)，且诸形式彼此相分离的实存正由此区分而来。(尽管柏拉图在《蒂迈欧》中更偏好的术语是 $νοῦς$，但在37c2和46d7，他还是指出了 $νοῦς$ 和 $ἐπιστήμη$[知识]相等同。)

拉底式分析并非通向知识之路,苏格拉底又一次试水了形而上学。苏格拉底最初坚持认为,对知识之定义的探究必须抛开知识之对象是什么这一问题(146b7-8),这份坚持现已逐渐动摇。把超验实体作为适宜的知识之对象引入,对于通晓柏拉图思想的读者来说,似乎是一个在急切地召唤着我们的选择。

以我在本书中一直在加以梳理的办法来看,苏格拉底的批判力量,就展现在将我们引领至柏拉图主义之发现的临界。但从这里开始,他将离我们而去,让我们只身前行。换用对话中的说法,我们现在必须自己尝试生育,进一步去确定头脑中新生的胎儿是否可以被成功养育。苏格拉底在《泰阿泰德》中针对感知、真假判断以及真判断同知识的差异,开展了绝佳的探究活动,这正是我们的产前培训课。

此外,到目前为止,我们或许发现,自己也见证了一场对柏拉图自己所接受的产前培训课的再现。因为柏拉图正是我们所知道的一位被施以苏格拉底式助产术且大获成功之人(对观上文章1节12)。如今《泰阿泰德》就详细地给我们讲解了,苏格拉底的独门绝技如何成为催化剂,使柏拉图摆脱先前传统的束缚,并指导他受孕、分娩并成功培育了自己的哲学。

至此,理应强调一下这篇对话作为一个整体所凸显出的一个特征。我在第一部分探查的最显著的主题是,从苏格拉底的背景中派生出柏拉图当下的——也就是中期的——形而上学思想。第二部分和第三部分的焦点从回顾转移到了展望。我们的注意力也渐渐被引向柏拉图尚未在成文作品中系统探索,但在未来的对话中将成为讨论中心的观念——尤其是合与分的方法、假谜题的解决办法以及如何将一种符合要求的物理学纳入其总体的认识论。从回顾到展望的逐渐演进本身就是一个精心设计且极具哲学意义的结构性特征,也加强了本对话的功能,即阐明柏拉图过去、现在及未来工作的延续性——正如我先前所呈现的。但是这也要付出代价。我认为,正是我刚才提到的那些规划要在将来才成文这一事实,使第二和第三部分,尤其是[181]第三部分,不尽人意地缺少了坚实的具体性,而这一缺点向来有碍于对这些部分的解释。同未来的作品进行互文是一种截然不同于对读者有关现存作品集的知识加以利用的工作。或者换用主导对话的隐喻中的表述,要把苏格拉底表现成一位专门接生头脑中尚待分娩和养育的胎儿的助产士,可没那么容易。

尽管《智术师》成书于《泰阿泰德》之后相当晚的时间,但它却是《泰阿泰德》戏剧上的延续,柏拉图在写《泰阿泰德》的尾声时,对后续故事显然已成竹在胸。首先来说一个小线索:在阐释进行区分的独特标识之本性时,苏格拉底对泰阿泰德说,一旦自己掌握了标识的本性,"若明天遇见你,标识就会提醒我并使我对你进行正确的判断"(208c9-10[译按]应为209c9-10);而事实上,他们的确在第二日再次相遇了,苏格拉底也的确被表现为认出了泰阿泰德(《智术师》217d6-7)。

更重要的线索是对话的结语,

> 现在我在国王柱廊有个约,要去回应美勒托针对我的诉状。让我们明早头件事儿就来这儿再会吧,忒奥多洛斯。(210d2-4)

结语的前一半使我们想起曾经在序言中顺便提到但很容易被忘掉的一件事:苏格拉底的生命只剩下最后几周了。因此,结语后一半指向苏格拉底将要被人替换掉,这至少在象征的意义上是恰切的。第二天的会面在《智术师》中如期进行，那时忒奥多洛斯将在一位无名访客的陪同下出现，而任凭你如何发挥想象，你也不能指责这位爱利亚学派训练出的哲人对形而上学一无所知。自此，这位异乡人将代替苏格拉底，成为柏拉图主要的发言人，无论在《智术师》本身，还是在其后续戏剧《治邦者》中；而苏格拉底则将成为一个几乎完全沉默的听众。但最起码，今天所进行的关于虚假的核心探究还将继续下去，且得出积极圆满的结论。而且，分的方法也会第一次走上舞台中心。

用我整本书都在倡导的一个象征意象来说，柏拉图主义的助产士将会完成对自己职务的卸任。接下来，详细阐述柏拉图主义逻辑—形而上学式真理的任务，就无可避免地必然落在他人肩头。

参考文献

希腊文文献

The text of the *Theaetetus* followed, except where otherwise indicated, is:

HICKEN, W. F., in E. A. Duke *et al.* (eds.), *Platonis Opera*, vol. i (Oxford, 1995); cited as OCT (Oxford Classical Text).

《泰阿泰德》译本（引用时交代译者名）

CORNFORD, F. M., *Plato's Theory of Knowledge* (London, 1935).
FOWLER, H. N., *Plato: Theaetetus, Sophist*, Loeb Classical Library (Cambridge, Mass. 1921).
JOWETT, B., *The Dialogues of Plato* (Oxford, 1871), vol. iv.
LEVETT, M. J., *The Theaetetus of Plato* (1928), rev. with introd. by Myles Burnyeat (Indianapolis, 1990); with introd. by Bernard Williams (Indianapolis, 1992); repr. in J. M. Cooper (ed.), *Plato: Complete Works* (Indianapolis, 1997).
MCDOWELL, J., *Plato: Theaetetus* (Oxford, 1973).
NARCY, M., *Platon: Théétète* (Paris, 1995).
VALGIMIGLI, M., *Platone: Teeteto* (1931), introd. and notes by Anna Maria Ioppolo (Rome, 1999).
WATERFIELD, R. A. H., *Plato: Theaetetus* (Harmondsworth, 1987).

《泰阿泰德》注疏或评论（引用时交代作者名及出版年份）

ALLEN, R. E. (ed.) (1965), *Studies in Plato's Metaphysics* (London).
ANNAS, J. (1982), 'Knowledge and Language: The *Theaetetus* and the *Cratylus*', in M. Schofield and M. Nussbaum (eds.), *Language and Logos* (Cambridge), 95–114.
——(1999), *Platonic Ethics, Old and New* (Ithaca, NY).
——and C. J. ROWE (eds.) (2002), *New Perspectives on Plato, Modern and Ancient* (Cambridge, Mass.).
BARKER, A. (1976), 'The Digression in the *Theaetetus*', *Journal of the History of Philosophy*, 14: 457–62.
BASTIANINI, G., and D. SEDLEY (1995), 'Commentarium in Platonis Theaetetum', in *Corpus dei Papiri Filosofici*, part III: *Commentari* (Florence), 227–562.
BETT, R. (1989), 'The Sophists and Relativism', *Phronesis*, 34: 139–69.
BEVERSLUIS, J. (1987), 'Does Socrates Commit the Socratic Fallacy?', *American Philosophical Quarterly*, 24: 211–23.

BLONDELL, R. (2002), *The Play of Character in Plato's Dialogues* (Cambridge).
BLUMENBERG, H. (1976), 'Der Sturz des Protophilosophischen. Zur Komik der reinen Theorie, anhand einer Rezeptionsgeschichte der Thales-Anekdote', in W. Preisendanz and R. Warning (eds.), *Das Komische* (Munich), 11–64.
BOBONICH, C. (1991), 'Persuasion, Compulsion and Freedom in Plato's *Laws*', *Classical Quarterly*, 41: 365–88.
—— (2002), *Plato's Utopia Recast: His Later Ethics and Politics* (Oxford).
BOSTOCK, D. (1984), 'Plato on "Is Not"', *Oxford Studies in Ancient Philosophy*, 2: 82–119.
—— (1988), *Plato's Theaetetus* (Oxford).
BRADSHAW, D. (1998), 'The Argument of the Digression in the *Theaetetus*', *Ancient Philosophy*, 18: 61–8.
BRANDT, R. B., and J. KIM (1967), 'The Logic of the Identity Theory', *Journal of Philosophy*, 64: 515–37.
BRITTAIN, C. (2001), *Philo of Larissa: The Last of the Academic Sceptics* (Oxford).
BROWN, L. (1993), 'Understanding the *Theaetetus*', *Oxford Studies in Ancient Philosophy*, 11: 199–224.
—— (1994), 'The Verb "To Be" in Greek Philosophy: Some Remarks', in S. Everson (ed.), *Companions to Ancient Thought*, iii: *Language* (Cambridge), 212–36.
BURNYEAT, M. F. (1970), 'The Material and Sources of Plato's Dream', *Phronesis*, 15: 101–22.
—— (1976*a*), 'Plato on the Grammar of Perceiving', *Classical Quarterly*, 26: 29–51.
—— (1976*b*), 'Protagoras and Self-Refutation in Plato's *Theaetetus*', *Philosophical Review*, 85: 172–96.
—— (1977*a*), 'Examples in Epistemology: Socrates, Theaetetus and G. E. Moore', *Philosophy*, 52: 381–96.
—— (1977*b*), 'Socratic Midwifery, Platonic Inspiration', *Bulletin of the Institute of Classical Studies*, 24: 7–16.
—— (1978), 'The Philosophical Sense of Theaetetus' Mathematics', *Isis*, 69: 489–513.
—— (1980), 'Socrates and the Jury: Paradoxes in Plato's Distinction between Knowledge and True Belief', *Proceedings of the Aristotelian Society*, suppl. vol. 54: 173–92.
—— (1982), 'Idealism and Greek Philosophy: What Descartes Saw and Berkeley Missed', *Philosophical Review*, 91: 3–40.
—— (1990), Introduction to M. J. Levett (trans.), *The Theaetetus of Plato*, rev. Myles Burnyeat (Indianapolis).

—— (1997a), 'The Impiety of Socrates', *Ancient Philosophy*, 17: 1–12; repr. in T. C. Brickhouse and N. D. Smith (eds.), *The Trial and Execution of Socrates: Sources and Controversies* (Oxford, 2002), 133–45.

—— (1997b), 'Antipater and Self-Refutation: Elusive Arguments in Cicero's *Academica*', in B. Inwood and J. Mansfeld (eds.), *Assent and Argument: Studies in Cicero's Academic Books* (Leiden), 277–310.

—— (1999), 'Culture and Society in Plato's *Republic*', *The Tanner Lectures on Human Values*, 20: 215–324.

—— (2002), 'Plato on How Not to Speak of What Is Not: *Euthydemus* 283a–288a', in M. Canto-Sperber and P. Pellegrin (eds.), *Le Style de la pensée: Receuil de textes en hommage à Jacques Brunschwig* (Paris), 40–66.

BUTTI DE LIMA, P. (2002), *Platone: Esercizi di filosofia per il giovane Teeteto* (Venice).

CAIZZI, F. DECLEVA (2002), 'Da Protagora al discorso "maggiore"', in Casertano (2002: 63–86).

CAMPBELL, L. (1861 and later edns.), *The Theaetetus of Plato* (Oxford).

CARLINI, A. (1994), 'Il commento anonimo al Teeteto e il testo di Platone', in *Storia, poesia e pensiero nel mondo antico: Studi in onore di Marcello Gigante* (Naples), 83–91.

CARONE, G. R. (2001), 'Akrasia in the *Republic*: Does Plato Change his Mind?', *Oxford Studies in Ancient Philosophy*, 20: 107–48.

CASERTANO, G. (ed.) (2002), *Il Teeteto di Platone: Strutture e problematiche* (Naples).

CHERNISS, H. F. (1936), 'The Philosophical Economy of the Theory of Ideas', *American Journal of Philology*, 57: 445–56; repr. in Allen (1965: 1–12).

COOPER, J. M. (1967), *Plato's Theaetetus*, facs. repr. of 1967 Harvard University Ph.D. diss. (New York, 1990).

—— (1970), 'Plato on Sense-Perception and Knowledge: *Theaetetus* 184 to 186', *Phronesis*, 15: 123–46; repr. in G. Fine (ed.), *Plato, i: Metaphysics and Epistemology*, Oxford Readings in Philosophy (Oxford, 1999), 355–76.

—— (1977), 'The Psychology of Justice in Plato', *American Philosophical Quarterly*, 14: 151–7; repr. in J. M. Cooper, *Reason and Emotion* (Princeton, 1999), 138–49.

—— (ed.) (1997), *Plato: Complete Works* (Indianapolis).

CORNFORD, F. M. (1935), *Plato's Theory of Knowledge* (London).

CRIVELLI, P. (1996), 'The Argument from Knowing and Not Knowing in Plato's *Theaetetus* (187E5–188C8)', *Proceedings of the Aristotelian Society*, 96: 177–96.

DANCY, R. (1999), 'The Categories of Being in Plato's *Sophist* 255c–e', *Ancient Philosophy*, 19: 45–72.

DENYER, N. (1991), *Language, Thought and Falsehood in Ancient Greek Philosophy* (London).
—— (2001), *Plato: Alcibiades* (Cambridge).
DESCLOS, M.-L. (1996), *Platon: Alcibiade* (Paris).
DIEHLE, A. (1968), *Der Kanon der zwei Tugenden* (Cologne).
EMILSSON, E. (1994), 'Plato's Self-Refutation Argument in *Theaetetus* 171a–c Revisited', *Phronesis*, 29: 136–49.
FARRAR, C. (1988), *The Origins of Democratic Thinking* (Cambridge).
FINE, G. (1979*a*), 'Knowledge and *Logos* in the *Theaetetus*', *Philosophical Review*, 88: 366–97.
—— (1979*b*), 'False Belief in the *Theaetetus*', *Phronesis*, 24: 70–80.
—— (1992), 'Inquiry in the *Meno*', in R. Kraut (ed.), *The Cambridge Companion to Plato* (Cambridge), 200–26.
—— (1995), 'Protagorean Relativisms', *Proceedings of the Boston Area Colloquium in Ancient Philosophy*, 11: 211–43.
—— (1996), 'Conflicting Appearances: *Theaetetus* 153d–154b', in Gill and McCabe (1996: 105–33).
—— (1998), 'Plato's Refutation of Protagoras in the *Theaetetus*', *Apeiron*, 31 (1998: 201–34).
FREDE, D. (1989), 'The Soul's Silent Dialogue: A Non-Aporetic Reading of the *Theaetetus*', *Proceedings of the Cambridge Philological Society*, 215: 20–49.
FREDE, M. (1981), 'Categories in Aristotle', in D. J. O'Meara (ed.), *Studies in Aristotle* (Washington), 1–24; repr. in Frede's *Essays in Ancient Greek Philosophy* (Minneapolis, 1987), 29–48.
—— (1992), 'Plato's Arguments and the Dialogue Form', *Oxford Studies in Ancient Philosophy*, suppl. vol. 201–19.
GEACH, P. (1966), 'Plato's *Euthyphro*', *The Monist*, 50: 367–82.
GILL, C., and M. M. McCabe (eds.) (1996), *Form and Argument in Late Plato* (Oxford).
GOSLING, J. C. B. (1960), '*Republic* V: Ta polla kala', *Phronesis*, 5: 121–39.
GUTHRIE, W. K. C. (1962–81), *A History of Greek Philosophy* vols. i–vi. (Cambridge).
HARTE, V. (2002), *Plato on Parts and Wholes* (Oxford).
IOPPOLO, A. M. (1999*a*), Introduction and notes to M. Valgimigli, *Platone: Teeteto* (Rome).
—— (1999*b*), 'Socrate e la conoscenza delle cose d'amore', *Elenchos*, 20: 53–74.
IRWIN, T. (1977), 'Plato's Heracliteanism', *Philosophical Quarterly*, 27: 1–13.
—— (1995), *Plato's Ethics* (Oxford).
JACKSON, R. (1990), 'Socrates' Iolaus: Myth and Eristic in Plato's *Euthydemus*', *Classical Quarterly*, 40: 378–95.

KAHN, C. H. (1993), 'Proleptic Composition in the *Republic*, or Why Book I Was Never a Separate Dialogue', *Classical Quarterly*, 43: 131–42.
——(1996), *Plato and the Socratic Dialogue* (Cambridge).
——(2002), 'On Platonic Chronology', in Annas and Rowe (2002: 93–127).
KANAYAMA, Y. (1987), 'Perceiving, Considering and Attaining Being (*Theaetetus* 184–186)', *Oxford Studies in Ancient Philosophy*, 5: 29–81.
KRAUT, R. (1992), 'Introduction to the Study of Plato', in R. Kraut (ed.), *The Cambridge Companion to Plato* (Cambridge), 1–50.
LONG, A. A. (1998), 'Plato's Apologies and Socrates in the *Theaetetus*', in J. Gentzler (ed.), *Method in Ancient Philosophy* (Oxford), 113–36.
MCCABE, M. M. (1994), *Plato's Individuals* (Princeton).
——(2000), *Plato and his Predecessors* (Cambridge).
MCDOWELL, J. (1973), *Plato: Theaetetus* (Oxford).
MCPHERRAN, M. (1996), *The Religion of Socrates* (University Park, Pa.).
MARBŒUF, C., and J.-F. PRADEAU (1999), *Platon: Alcibiade* (Paris).
MENN, S. (1994), 'The Origins of Aristotle's Concpt of ἐνέργεια: ἐνέργεια and δύναμις', *Ancient Philosophy*, 14: 73–114.
MERKI, H. (1952), Ὑμοίωσις θεῷ. *Von der platonischen Angleichung an Gott zur Gottähnlichkeit bei Gregor von Nyssa* (Freiburg).
MEYERHOFF, H. (1958), 'Socrates' "Dream" in the *Theaetetus*', *Classical Quarterly*, 8: 131–8.
MODRAK, D. (1981), 'Perception and Judgment in the *Theaetetus*', *Phronesis*, 26: 35–54.
MOORE, G. E. (1925), 'A Defence of Common Sense', in J. H. Muirhead (ed.), *Contemporary British Philosophy*, 2nd ser. (London), 193–223.
NAILS, D. (1995), *Agora, Academy, and the Conduct of Philosophy* (Dordrecht).
——(2002), *The People of Plato: A Prosopography of Plato and Other Socratics* (Indianapolis).
NARCY, M. (1995), *Platon: Théétète* (Paris).
NEHAMAS, A. (1984), '*Episteme* and *Logos* in Plato's Later Thought', *Archiv für Geschichte der Philosophie*, 66: 11–36; repr. in A. Nehamas, *Virtues of Authenticity* (Princeton, 1999), 224–48.
O'BRIEN, D. (1970), 'The Effects of a Simile: Empedocles' Theories of Seeing and Breathing', *Journal of Hellenic Studies*, 90: 140–79.
OWEN, G. E. L. (1953), 'The Place of the *Timaeus* in Plato's Dialogues', *Classical Quarterly*, 3: 79–95; repr. in R. E. Allen (ed.), *Studies in Plato's Metaphysics* (London, 1965), 313–38; and in G. E. L. Owen, *Logic, Science and Dialectic* (London, 1986), 65–84.
PASSMORE, J. (1970), *The Perfectibility of Man* (London).
POLANSKY, R. (1992), *Philosophy and Knowledge: A Commentary on Plato's Theaetetus* (Lewisburg, Pa.).

PRESS, G. A. (2000) (ed.), *Who Speaks for Plato? Studies in Platonic Ambiguity* (Lanham, Md.).
REEVE, C. D. C. (2000), 'Socrates the Apollonian', in N. D. Smith and P. B. Woodruff (eds.), *Reason and Religion in Socratic Philosophy* (Oxford), 24–39.
—— (2003), 'Plato's Metaphysics of Morals', *Oxford Studies in Ancient Philosophy*, 25: 39–58.
REUTER, M. (2001), 'Is Goodness Really a Gift from God? Another Look at the Conclusion of Plato's *Meno*', *Phoenix*, 55: 77–97.
ROLOFF, D. (1970), *Gottähnlichkeit und Erhöhung zum seligen Leben. Untersuchungen zur Herkunft der platonischen Angleichung an Gott* (Berlin).
ROWE, C. J., M. WELBOURNE, and C. J. F. WILLIAMS (1982), 'Knowledge, Perception and Memory: *Theaetetus* 166B', *Classical Quarterly*, 32: 304–6.
RUE, R. (1993), 'The Philosopher in Flight: The Digression (172e–177c) in Plato's *Theaetetus*', *Oxford Studies in Ancient Philosophy*, 11: 71–100.
RUNCIMAN, W. G. (1962), *Plato's Later Epistemology* (Cambridge).
RYLE, G. (1966), *Plato's Progress* (Cambridge).
SAUNDERS, T. J. (1973), 'Penology and Eschatology in Plato's *Timaeus* and *Laws*', *Classical Quarterly*, 23: 232–44.
SAYRE, K. (1969), *Plato's Analytic Method* (Chicago).
SCHOFIELD, M. (1980), *An Essay on Anaxagoras* (Cambridge).
SEANOR, D., and N. FOTION (eds.) (1988), *Hare and Critics* (Oxford).
SEDLEY, D. (1977), 'Diodorus Cronus and Hellenistic Philosophy', *Proceedings of the Cambridge Philological Society*, 23: 74–120.
—— (1990), 'Teleology and Myth in the *Phaedo*', *Proceedings of the Boston Area Colloquium in Ancient Philosophy*, 5: 359–83.
—— (1993), 'A Platonist Reading of *Theaetetus* 145–147', *Aristotelian Society*, suppl. vol. 67: 125–49.
—— (1996*a*), 'Three Platonist Interpretations of the *Theaetetus*', in Gill and McCabe (1996: 79–103).
—— (1996*b*), 'Alcinous' Epistemology', in K. A. Algra, P. W. van der Horst, and D. T. Runia (eds.), *Polyhistor: Studies in the History and Historiography of Ancient Philosophy* (Leiden), 300–12.
—— (1998*a*), 'Platonic Causes', *Phronesis*, 43: 114–32.
—— (1998*b*), 'The Etymologies in Plato's *Cratylus*', *Journal of Hellenic Studies*, 118: 140–54.
—— (1999), 'The Ideal of Godlikeness', in G. Fine (ed.), *Plato, ii: Ethics, Politics, Religion, and the Soul*, Oxford Readings in Philosophy (Oxford), 309–28.
—— (2003*a*), 'The Collapse of Language? *Theaetetus* 179c–183c', *Plato* <http://www.ex.ac.uk/plato> 3.
—— (2003*b*), *Plato's Cratylus* (Cambridge).

—— (2003c), 'A Socratic Interpretation of Plato's *Theaetetus*'. *Proceedings of the Boston Area Colloquium in Ancient Philosophy*, 18: 277–313.
SHEFFIELD, F. C. C. (2001), 'Psychic Pregnancy and Platonic Epistemology', *Oxford Studies in Ancient Philosophy*, 20: 1–33.
SILVERMAN, A. (2000), 'Flux and Language in the *Theaetetus*', *Oxford Studies in Ancient Philosophy*, 18: 109–52.
—— (2002), *The Dialectic of Essence* (Princeton).
SPINELLI, E. (2002), 'Socratismo, platonismo e arte della vita: Ancora sulla digressione del *Teeteto* (172c–177c)', in Casertano (2002: 201–15).
TARRANT, H. (1988), 'Midwifery and the *Clouds*', *Classical Quarterly*, 38: 116–22.
TAYLOR, A. E. (1926), *Plato, the Man and his Work* (London).
TIMPANARO, S. (1976), *The Freudian Slip* (London).
TSOUNA, V. (1998), *The Epistemology of the Cyrenaic School* (Cambridge).
VLASTOS, G. (1991), *Socrates: Ironist and Moral Philosopher* (Cambridge).
—— (1994), *Socratic Studies* (Cambridge).
WARDY, R. (1990), *The Chain of Change* (Cambridge).
—— (1996), *The Birth of Rhetoric* (London).
WATERLOW, S. (1977), 'Protagoras and Inconsistency', *Archiv für Geschichte der Philosophie*, 59: 19–36.
WHITE, F. C. (1978), 'Gosling on *ta polla kala*', *Phronesis*, 23: 127–32.
WILLIAMS, C. J. F. (1972), 'Referential Opacity and False Belief in the *Theaetetus*', *Philosophical Quarterly*, 22: 289–302.
WITTGENSTEIN, L. (1953), *Philosophical Investigations* (New York).
WOOLF, R. (2003), 'Commentary on Sedley', response to Sedley (2003c), *Proceedings of the Boston Area Colloquium in Ancient Philosophy*, 18: 314–25.
YOUNG, C. M. (1994), 'Plato and Computer Dating'. *Oxford Studies in Ancient Philosophy*, 12: 227–50.

文献出处索引

(涉及相关文段的译文时,用加粗字体表示。)

Alcinous
Didaskalikos
4   140 n. 27

Alexander
In Aristotelis Metaphysica
83.19–22   78 n. 39

Anonymus, *In Platonis Theaetetum*
2.52–3.25   11 n. 19
3.7–15   **53 n.**
3.28–37   1 n., 15 n.
20.24–37   23 n. 36
22.32–52   4 n. 7
47.8–59.34   29 n. 49
55.42–5   31 n. 55

Archelaus (ed. Diels-Kranz)
A4   161 n. 17, 162 n. 18

Aristotle
De anima
II 5, 417^{a}21–9   141 n. 34
III 2   96 n.
III 7   140 n. 27
Metaphysics
984^{b}5–6   162 n. 18
987^{a}32–^{b}7   102 n. 20
998^{a}20–b^8 **155**
1005^{b}23–6   99
1010^{a}7–15   90 n. 2
1014^{b}11   156 n. 7
1043^{b}4–13   167 n. 24
M 4   10
1086^{b}2–10   71 n. 28
Nicomachean Ethics
1144^{b}19–21   76
Physics
193^{a}9–17   156 n. 6
193^{a}21–8   162 n. 18
250^{a}19–21   51
Rhetoric
1417^{b}1–3   90 n. 2

Damascius
Life of Isidore (ed. Zintzen)
fr. 25, 3   154 n. 2
fr. 131, 12   154 n. 2

Empedocles (ed. Diels-Kranz)
B21 + 23   162 n. 18

Eudemus (ed. Wehrli)
fr. 31   156 n. 5

Euripides
fragments (ed. Nauck)
1108–9   15 n.

Heraclitus (ed. Diels-Kranz)
B32   **94**
B40   170 n. 30
B57   170 n. 30
B62   **94 n. 7**
B67   **94**
B106   170 n. 30

Hesiod
Works and Days
453–4   170
455–6   **170**
456   169
457   170

Plato
Alcibiades I
121e3–122a8   81 n. 46
129b5–130e7   114
Apology
17b9–c2   134
18b4–8   70
19b3–c6   70
21b1–22c6   67 n. 19
21b4–5   32
22a8–c8   18 n. 28
22c9–e1   151
26b8–c8   84

37a6–b2	66 n. 18	889c3–890a9	65 n.
40b2	84	889e3–890a9	64 n. 14
40c5–41c7	80 n. 42	904b6–905b2	80–1
Charmides		968a1–4	75
166c7–d6	130	*Meno*	
168a3–9	178	71b3–4	26 n. 40
168d3–169a5	96 n.	71b4–7	**26 n. 41**
171d2–172a6	122 n. 10	71e1–73c5	20
Cratylus		72d4–73c5	21
385e4–386d2	51, 55	73e1–74a3	144
389a5–390e5	108 n. 32	76a2–d1	108
401b7–9	70 n. 26	76b4–5	**26 n. 41**
429d1–6	126	79b4–c3	20, 25
431b3–c1	169 n. 28	79e7–81a2	29 n. 51
439d8–11	95 n.	85d3–8	30
Crito		87e5–89a5	75
44d4	133 n.	87e5–88c1	149 n. 46
54a8–d2	80 n. 42	96e1–98b5	149, 173
Euthydemus		96e1–97c5	149 n. 46
278e3–282e5	75	97c2–10	122 n. 10
280b5–282a6	140 n. 29, 141	98a1–8	176
283e7–284c8	126	98a1–6	176
285e9–286c9	119	98a6–b5	**176–7**
286c2–3	61	98a8	176
287a1–b1	62	98b1–5	149
287e4–288a1	**62**	99e6	75
290b7–d8	10 n. 18	*Parmenides*	
290e1–291a7	10 n. 18	130b3–e4	107
Euthyphro		130c1–4	71 n. 27
5d2–5	78 n. 40	132b3–e12	149 n. 45
6a7–9	83 n. 48	132d2	78 n. 39
6d6–e3	20	135b5–c4	102 n. 21
6e4	78 n. 39, 79 n. 41	*Phaedo*	
11a6–b1	20	64e6–66a10	116
11b9–e1	32 n. 56	65b9	112 n. 38
12b4–d3	81	68c5–69e4	75
12d5–7	143	73a7–b2	29 n. 50
14b8–c5	36	74c1–5	166 n. 22
Gorgias		74c1–3	128 n.
463a6–465e1	143	76a9–c3	30 n.
464a1–465e1	87	76b5–6	153
467c5–468e5	166 n. 22	82a11–b3	75
483c8–484a2	65 n.	97d5	78 n. 40
505c1–507b7	130	99c6–8	28 n. 47
Hippias Major		99d4–e6	108
284d1–e9	88	99e6	112 n. 38
289c1–5	122	101b4–6	176 n. 37
298d6	130	*Phaedrus*	
Laches		247d6–e2	19 n.
192c8	76	252c3–253c6	81 n. 45
Laws		265c8–266c8	143
716c4–6	**81**	269e4–270a8	70 n. 26
811c6	64 n. 15	274c5–275e6	16

Philebus

16b6	143 n. 36
16c5–e4	143 n. 36
38b12–e4	137
38c2–e8	130
38c12–d1	**137**
38d9–10	**137**
38e9–39c6	138
39c10–40b1	138
40a10	138

Politicus

266d4–11	108
299b7–8	70 n. 26

Protagoras

319b1–d7	69
330b4	19 n.
330b6–332a1	81
330d8–e1	73
334a3–c6	50 n. 17
355d1–3	147
356c4–e4	104

Republic

333e3–334b6	141 n. 31
335c9–d2	147
362e1–367e5	75 n. 33
368e8	167 n. 25
377a1–383c7	83 n. 48
402c2–5	78 n. 40
427b6–c5	83 n. 49
433e3–434b8	83 n. 49
434d8	167 n. 25
472b3–e2	79 n. 41
475e6–476a8	78 n. 40
477e4–478a1	122 n. 10
478b6–c2	126 n. 12
478d5–479d5	112 n. 37
478e7–479b10	**100–1**
479a5–b2	77 n. 38
479b6–10	101 n. 19
479e4	140 n. 27
500b8–d1	**77**, 78 n. 40
500d4–9	78
500d6–8	75
500d10–e4	77
500e3	78 n. 39
504a4–6	10 n. 17
505b5–c5	20
508d4–10	140 n. 27
509a7	112
511b3–c2	102
517a4–6	65
517d4–e3	76
517d8	65

520a6–c1	68 n. 21
523a1–525a5	108 n. 32, 113
534b8–c5	**122**, 157
540d1–2	64 n. 15
544b4	167 n. 25
545b5–c5	167 n. 25
585c1–d4	112 n. 38
591b5–7	75
596a5–597d4	108 n. 32
602c4–603a9	113 n. 40
602e4	113 n. 40
603b10	113 n. 40
607a3–5	74
613a7–b1	81 n. 45
619c6–d1	75
621c5–6	75

Sophist

217d6–7	181
242c4–d4	161
242d4	162
243d6–e2	161
247c9–e6	46 n. 9
255c14–15	124 n.
258d5–e5	132
262a1–d7	169 n. 28
262e13–263b13	132
263b4–13	132
263b9–11	**133 n.**
263d6–264b5	130
264a4–b4	137 n.

Symposium

173b1–6	16
177d7–8	143 n. 37
193e4–5	143 n. 37
198d1–2	143 n. 37
201d5	143 n. 37
202a5–9	153
205c1–3	30 n.
210e–211a5	101 n. 18

Theaetetus

142c5–6	181
143a4–5	16
143b5–c7	17 n.
143d1–6	68 n. 23
143d3	**70 n. 25**
143e8	124
145a6–9	27 n.45
145d1–5	28
145d1–3	27
145d6	18
145d7–e7	**18–19**, 89 n.
145e8–146a1	18
146b7–8	180

146c7–147c7	19–27	153d8–154b6	40
146c7–d3	20	154a2	40
146d4–5	20	154b1–6	40
146d6–e11	20, **22**	154b2	44 n.
146e4–11	163	154b6–155d5	44, 50 n. 17
147a1–b10	**23–4**	155e3–156a7	45
147a1–b7	20	156a2–157c3	103
147b2–7	121	156a2–e7	41 n. 2
147b8–10	20	156a3	41 n. 3, 46 n. 9
147b11–c2	21	156a6–7	46 n. 9
147c3–7	21	156b2–7	42 n. 4, **52–3**
147c3–6	162	156c7–157a4	95
147c4–6	107	156c7–d3	42
147d8–9	22 n. 32	156d3–e7	91
148e1–151d6	28	155e3–160e5	91
148e1–8	29 n. 51, 34	156e3	41 n. 2
148e7–8	36	156e4–6	41 n. 2
149a4	32	157a5–7	47 n. 11
149a7	32	157a6	50 n. 15
149b4–c4	32 n. 57	157a7–b7	93
149b9–c3	84	157b1–7	112 n. 37
149c1–2	**32 n. 57**	157b4–c1	**46**
150b6	32	157b8–c1	47 n. 10, 162
150b9–c3	34	157d2–9	53
150c1	32	157e1–160d4	42 n. 4, 43
150c4–7	32	157e1–160c6	91, 96–7
150c4	31	158e5–159a9	43 n.
150c6	31	159c11–e6	45 n.
150c7–8	32 n. 57	159e1–5	91
150d8–e1	32 n. 57	159e7–160a4	**46**
150d1–2	32	160b8–10	50 n. 15
150d1	31	160c4–10	41
150d2–6	85	160e2–161a4	36
150d6–8	36	161b1–5	**32–3**
150d8–e1	85	161b8–168c7	52–7
150e1–8	36	161c2–162a3	51 n. 19
151a5–b1	34	161c2–d2	54
151b1–6	35	161d2–e3	54
151c5–d1	85	161e3–162a3	54
151d1	**83**	162c2–7	54
151d7–e3	38	162d5–e2	54
152b2–c4	**38**	162e2–163a1	54
152b3–4	41	163a7–c5	55
152b12–13	50	163b8–c4	55
152c8–153d7	39	163c5–164b12	55
152d2–e1	101	163d1–7	122 n. 8
152d2–6	93	165b1–c10	55
152d3–4	39	165b2–6	122 n. 8
152d4–6	**44**	165d2–e4	55
152d7–e1	39	166a4	55 n. 3
152d7–8	45	166b1–4	55
152e1–153d7	40	166b3–4	55 n. 2
153a5–d5	40	166b4–5	55

166b5–c1	55	178d8–179a9	87, 150
166d1–167d4	54	178d8–e8	110 n.
167a7–8	119	179a10–b9	**86**
167b7–c4	54	179b2–3	31
167d3–4	48, 86	179b4–5	48
167e3–168a2	54	179c1–183c7	89–100, 179
168b6	50	179c1–d5	89
169d3–171e9	57–62	179c2–7	89
169d3–170c9	63	179c6	167 n. 25
169d3–170c1	57	179c7–d1	89
170b9	89 n.	179e3–180c6	99
170c2–8	**57**, 62	179e3–180b3	93
170c2–9	57	179e8–180a1	99
170d1–2	57	181c1–182a3	45
170d4–e6	**59–60**	181c2–d7	92
171d5–7	89 n.	181c6–7	92
170e7–171c7	59	181c9–d3	92
171b12–c1	60 n.	181d1	42
172a1–177c4	28 n. 48, 62	181d8–e2	92
172a1–c1	62–5	182a4–8	92 n.
172a2	64 n. 16	182c6–d4	92
172a3	81	182c9–e7	93
172b5	82	182c9–d7	**95**
172c2–176a1	65–74	182d1–3	92 n.
172c2–174b8	65	182d8–e7	**95–6**
172c4–5	**70 n. 25**	182e8–183a1	**96**
172c9–d1	**70 n. 25**	183a2–b6	97
172d4–e4	150	183a4–6	98
173c7–e1	66	183a6–8	99 n. 12
173c7–8	67	183b4–5	98
173e1–174b6	**69**	183b7–c7	119 n. 2
173e2–3	68	183b7–c3	**105**
173e5–6	70 n. 24	183c8–184a6	100
174b4–6	107, 144	183e7–184a2	16 n.
174b9–175b7	72	184b1	32
174c2–6	65	184b3–187a3	13, 49, 103, 105, 113, 115, 158 n. 12, 159
175b8–d7	**72**		
175c2–3	144	184b3–185e1	105–9
175c4–5	73 n.	184b4–6	**127**
175e7–176a1	74	184b7–186a1	113
176a2–177c4	74–81	184c8–185b9	108 n. 33
176a2–c2	**74**	184d1–5	47 n. 11, 113 n. 40
176b1–2	74 n. 82, 84 n. 51	184d7–185a10	105
176b2	64 n. 16	185a8–186c6	143, 144
176b8–c1	84 n. 51	185a9	103 n. 22
176b8	78	185a11–186b1	106, 136
176d1	64 n. 16, 84 n. 51	185b9–c2	106 n. 29
176d5–6	67 n. 19	185c4–7	112 n. 37, 127
176e3–177a3	**78**	185c5–6	106 n. 27
177a3–8	**79**	185c9–d2	144 n. 39
177c2–179b9	86–8	185d6–186a1	106
177c6–179b9	109	185e1	107 n. 29, 159
178b9–179a9	116 n.	185e3–7	143, 157

185e3–5	124	196d11–12	26 n. 40
185e5–9	**109**, 130	196e4	26
186a2–187a3	109–13	197a1	26 n. 41
186a9–b1	109, 116 n.	197a4	26 n. 40
186b6–9	111 n. 35, 115	197c7	140 n. 30
186b11–c5	**110**, 143	197c8	146 n. 41
186c2–3	115	197d5–10	143
186c7–e12	111, 160	197d9–10	144
186d2–3	111 n. 35	197e2–3	29, 141 n. 33, 144
186d3	115	197e3–6	142
187a3–9	118	198a1–199a6	141
187a3–6	**114**	198a5	142
187b5–6	118	198c1–2	142
188a1–c9	120–5	198d4–8	**30**
188a1–b2	120, 122, 127	198e3	142
188a10–b1	122 n. 8	199a8–9	122 n. 8
188b8–10	**120**	199a9–b6	141
188c10–189b9	125–7	199b1–6	148
188d3–5	**126**	199b9	60 n.
189b1–2	126	199c5	122 n. 8
189b4	134	199c10–11	146
189b10–191a5	127–34	199d1–8	**145**
189c5–d4	147	199e1–6	148
189d7–190a10	**129**	199e7–200c6	148
188d9–10	126	200d1–2	**26**
189e4–190a8	34–5, 169 n. 28	200d5–201c6	149–51
190b2–c4	128 n.	200e4–6	149
190c1–3	131	201a4–5	150
190c5–e1	**134**	201a7–6	150
191a3–196c9	134–40	201a7–8	**150**
191b4	135	201a10–b4	**150**
191b7–8	122 n. 8	201b6–202d7	153–63
191c9–d2	135	201c7	162, 169
191d5–7	138	201d8	**154**
191d6–7	**135**	201e1	162
191d9	135	202a4–5	**159**
192a1–194b6	135	202b7	156
193c1–2	135	202c2–3	153
194c5–195a4	135	202c5–7	154
195a5–8	136 n. 22, **n. 23**	202d8–206c2	163–8
195c7–d2	135, 136 n. 23	202e3	157
195e1–196b7	137	203b2–4	**157**
195e1–8	142	203c4–6	**163**
195e5–6	136	203c7–e1	165
195e9–196a8	28, 41	203d4–6	122 n. 8
196c1–2	122 n. 8	203e2–204c10	165
196c4–5	**139**	203e2–5	164
196c7–8	122 n. 8	204b7–e13	163–4
196d1–200c6	140–9	204b10–d12	164
196d2–197a7	25	204b10–c3	164
196d8–197a7	140 n. 28	204e11–205a7	165
196d8–12	121	205a8–d3	165
196d9	26 n. 40	205b2–3	165

205d4–e8	165	37c2	179 n.
206a1–c2	167	39e7	78 n. 39
206b7–8	167	45b2–46c6	103
206b9–c2	168	46d7	179 n.
206c7–8	153, **169**	47a1–b3	72
206d1–2	**169 n. 28**	47c2–d1	172
206e6–208b12	72 n. 30, 168–74	48b3–c2	172
206e6–207a1	169	48e5	78 n. 39
207a9–d2	172	49a1	78 n. 39
207b6	169	50b3–4	95
207d3–208b12	173	51d3–52a7	140 n. 27, 179 n.
207d8–209b3	122 n. 10	53d4–7	72 n. 29
208b12–210b3	174–8	53d6–7	172
208c5–10	171	54d6	172
208c7–8	**174**	55a8	172
208c7	122	55b4	172
208c9–10	**181**	56b5	172
208d1–4	175	57c9	172
208d1–3	178	61a7	172
208e7–209d3	175	67c4–68d7	103
209b2–c10	175	69a6–90e3	71 n. 27
209c7	139	77a3–c5	56
209d4–210b3	175	89d2–90d7	68
210a3–9	20	90a2–d7	72
210b4–d2	36	90c1–2	112 n. 38
210b4–10	130 n.	*Eryxias*	
210b11–c5	34	401c6	64 n. 15
210b11–c4	36	401e3	64 n. 15
210c4–6	**33**		
210c4–5	32	**Proclus**	
210c6–7	**85 n. 53**	*In Platonis Parmenidem*	
210d2–4	**181**	657.5–10	119 n. 2
Timaeus			
27d5–28a4	102, 140 n. 27, 173	**Simplicius**	
28a7	78 n. 39	*In Aristotelis Physica*	
29b3–d3	173	18.10–17	156 n. 8
29b3–c3	72	1108.18–28	51
29b4	78 n. 39		
29c3	112 n. 38	**Xenophanes** (ed. Diels-Kranz)	
30c2–31a1	108	B10–16	83 n. 50
30c2–d1	71 n. 27	B23–6	83 n. 50
37b3–8	130	B34	83 n. 50

总索引

(数字表示原书页码及注释号)

Academy 学园, early Academy 早期学园 页114注41; sceptical Academy 怀疑论时期学园 页31

account (*logos*) 说理、解释 页3、72、108,页111注36,页129、132、153-178

Aeschines of Sphettus 司菲都斯的埃斯基奈斯 页90注2,页143注37

afterlife 后世 页79-80

anamnêsis 参见 recollection

Anaxagoras 页121、123、161、171、173

anonymous commentator on the *Theaetetus*《泰阿泰德》的佚名注疏家 页5注10,页23,页25注38;另见著作索引

Antiphon 安提丰 页156注6

Antisthenes 安提斯忒涅斯 页158

a priori 先天 页33、105-109、112、115、130、135、139、142-144、157、59-60

Archelaus 阿基劳斯 页64注14,页161,页162注18

Aristophanes 阿里斯托芬 页70

Aristotle 亚里士多德 页23、48、68、140-141、158、166;另见著作索引

atomism 原子论 页170、173

Aviary 鸟笼喻 页29-30、115、116、139-149、151、157、174、179

becoming（*genesis*）生成，参见being

becoming like god（*homoiôsis theôi*）变得像神 页13

being（*ousia*, *einai*）是/存在 页106，页107注29，页109-116、124、144、154、158-160；being and becoming（*genesis*）存在与生成 页8、40、42-43、76，页99注12，页100-103、113，页119注2，页179；being and not-being 是与不是/存在与非存在 页106注27，页112注37，页119注2，页125-128、132-134、136、158-159

belief（*doxa*）信念，参见judgement

Burnyeat, M. F. 伯伊特 页4-6、84、113，页121注5

categories 范畴 页23

causes 原因 页146-147、176-177

Collection and Division 合与分的方法，参见taxonomy

commons 共通性 页106、112、115-116、159

complexes 复合物，参见elements（*stoicheia*）and complexes（*syllabai*）

Cornford, F. M. 康福德 页4、7注释，页29

Cratylus 克拉底鲁 页90、93-94、102

Cyrenaic school 居勒尼学派 页41，页46注9

definition 定义 页19-27、33、67-68、99、107、116、125，页139注26，页143-144、153、155-157、174-176、179

Democritus 德谟克利特 页170、173

demotic virtue 大众美德 页75-76、78、82-83

dialectic 辩证法 页26、34、55、98-100、104、107-108、117、130-131、139、143、147-148、151、173

Digression 离题漫谈 页28注48，页62-86、117、144、150

discourse (*logos*) 言辞，参见 account

Division 分的方法，参见 taxonomy

doxa，参见 judgement

Dream 梦论 页153-168、170-171、179

elements (*stoicheia*) and complexes (*syllabai*) 元素与复合物 页153-174

Empedocles 恩培多克勒 页103注23，页155、158、171

Euclid 欧几里德 页155

expertise (*technê*) 技术 页32-35、56、63、69、87-88、104-105、109-112、117、141、143、150-151、169

falsity 虚假/假 页3、118-152、180-181

flux 流变 页39-49、89-103

Forms 形式 页1、4、12、29、35、71、76-79、81、86、99-100、102、106-109、112、115-116、页128注释、页140注27、页145、页149注45、页157、179-180

god 神 页32注57、页33、71、74-79、81-86、90、104、117

godlikeness 肖神 页62-63、74-82

Good 善/善好，Form of Good 善的形式 页122、157、168、172

Hare, R. M. 黑尔 页14

Heraclitus 赫拉克利特，Heracliteans 赫拉克利特派 页48、90-103；另见著作索引

Hesiod 赫西俄德 页169-170

Homer 荷马 页40

homoiôsis theôi，参见 becoming like god

irony 反讽 页31、40、150

judgement (*doxa*) 判断 页3、115、118、120-154、174-180

Jury passage 陪审团类比段 页149-151

justice 正义 页64-79,页81注46、82、100、128

Leucippus 留基波 页170

logos, 参见 account

Long, A. A. 朗 页6

maieutic interpretation 助产术式解释 页5-6

mathematics 数学 页27-28、70-71、155、172

Melissus 麦里梭 页90

midwifery 助产术 页11-12、28-37、48、67-68、83-85、104、109、113、116-117、129-130、134、179-181

misdescriptions (predicative errors) 错误描述(谓词错误) 页123-125、128、136,页142注释

Mussolini, Benito 墨索里尼 页121、123

myth 神话 页79-80

opaque context 含混语境, substitution in 替换 页22、131注释,页166

opinion (*doxa*) 意见,参见 judgement

Other-judging 相异判断 页124、127-134

Owen, G. E. L. 欧文 页7

Parmenides 帕默尼德 页90、100、105

perception 感知 页3、38-53、89-117、135-139、142、154、156、159-160

Phaenarete 菲娜瑞特 页28-29

piety 虔敬 页64-65、66、73-75,页77注38,页79注41,页81-86、100、143

Pindar 品达 页69-70

Plato 柏拉图; chronology and development 年代学和发展 页1-3、7-9、13-16、50-51、71、124、174、179、181; metaphysics 形而上学 页4,页5注8,页7-8、12、17、49、66、71-73、76-79、99-102、107-112、115-117、140、144、148-149、152、157、166-167、175、178-181; physics 物理学/自然哲学 页12-13,页28注47,页35、72、103-105、172-174、180; individual dialogues 各篇对话(另见著作索引): Alcibiades I《阿尔喀比亚德前篇》页114注41 Apology《申辩》页12、29,页34注释、66-67、80、85-86 Charmides《卡尔米德》页18 Cratylus《克拉底鲁》页18、49、50-51、118 Crito《克力同》页34注释 Euthydemus《欧绪德谟》页118-119 Euthyphro《游叙弗伦》页66 Gorgias《高尔吉亚》页34注释,页65、69、80、88、150 Hippias Major《希琵阿斯前篇》页130 Hippias Minor《希琵阿斯后篇》页141注31 Ion《伊翁》页18注28 Laws《法义》页2、15、76、80-81 Meno《美诺》页2、9,页11注19,页15、19-21、29-30、149-50 Parmenides《帕默尼德》页3、16-17 Phaedo《斐多》页1,页2注10、12、29、76、146-147、160 Phaedrus《斐德若》页1、71、80 Philebus《斐勒布》页2、15、18、118、139、145 Politicus《治邦者》页2 Protagoras《普罗塔戈拉》页50、82 Republic《理想国》页1、3、9-10、15,页34注释,页65-66、68、70、73-74、76-78、101、113、139、162-163、178 Sophist《智术师》页2、4、36,页100注15,页118-119、124-127、131-134、144、152、154、181 Symposium《会饮》页2注释,页30注释 Theaetetus,参见单独条目 Timaeus《蒂迈欧》页2、4、7-8、12、15,页28注47,页72、80-81、103-104、118、

139、163、172-173、179

potentiality and actuality 潜能与现实 页140-141

Presocratics 前苏格拉底 页49、158、160-161、170-172、180

privacy 私有性, epistemological privacy 认识论上的私有性 页40-42、58-59

Protagoras 普罗塔戈拉, historical Protagoras 符合史实的普罗塔戈拉 页38-39、50-53、56、119、121、123

Protagoreanism 普罗塔戈拉主义, broad and narrow Protagoreanism 广义和狭义的普罗塔戈拉主义 页49-53、54、62、89、105;另见relativism

Pythagoreanism 毕达哥拉斯主义 页143注36

recollection(*anamnêsis*)回忆 页28-30、35、144-145

relativism 相对主义 页13、38-88、103、117

rhetoric 修辞学 页56、74、87-88,页110注释,页143、150-151

self-refutation 自我驳斥 页57-62

Simplicius 辛普利丘 页52注释;另见著作索引

single-relativization assumption 单一相对假设 页58-61

Socrates 苏格拉底, historical Socrates 符合史实的苏格拉底 页3、48、67、76、85;Socrates in trial 受审的苏格拉底 页65-66、85、161

Socrates' disavowal of knowledge 苏格拉底对知识的否定 页31-33、48、130、177

"Socratic fallacy" "苏格拉底谬误" 页25-27、125

sophists 智术师, sophistry 智术 页35、61-62、119

soul 灵魂 页34、87; immortality of soul 灵魂不朽 页2、35; division of soul 灵魂分层 2、9-10、35,页114注40; cognitive functions of soul 灵魂的认知功能 页105-107、109-110、113-114、116-117、129-130、134-136、141、145、159，页167注25

statement（*logos*）陈述，参见account

stoicheia，参见elements and complexes

syllabai，参见elements and complexes

taxonomy（Collection and Division）分类法 页143-144、151、160、174、179-181

technê，参见expertise

Thales 泰勒斯 页63、69、71

Theaetetus（historical figure）泰阿泰德（符合史实的形象）页1注释，页15-16

Theaetetus《泰阿泰德》 遍及全书各处；interpretations of *Theaetetus* 对《泰阿泰德》的诸种解释 页4-6；prologue 序言 页1注释，页15-17；date of composition 成文时间 页1-3；dramatic date 戏剧背景时间 页15-17、36、39、181；structure 结构 页3

thought as internal dialogue 作为内在对话的思 页13、34、41-42、129-131、137-138、145、151

'twins' theory "孪生子"理论 页41注2，页91-93

Wax Tablet 蜡板说 页124、134-140、142-143、145、151、157

Williams, Bernard 威廉姆斯 页15

Wittgenstein, Ludwig 维特根斯坦 页15，页161注15

Xenophanes 克赛诺芬尼 页83注48

Xenophon 色诺芬 页48

Zeno of Elea 爱利亚的芝诺 页51-52

图书在版编目（CIP）数据

柏拉图主义的助产士：柏拉图《泰阿泰德》中的显白之辞与言下之意 /（英）赛德利（David Sedley）著；郭昊航译. --北京：华夏出版社有限公司，2020.8
（西方传统：经典与解释）
书名原文：The Midwife of Platonism: Text and Subtext in Plato's *Theaetetus*
ISBN 978-7-5080-9936-1

Ⅰ.①柏… Ⅱ.①赛… ②郭… Ⅲ.①古希腊罗马哲学 Ⅳ.①B502.232

中国版本图书馆CIP数据核字（2020）第073251号

© David Sedley 2004
The Midwife of Platonism: Text and Subtext in Plato's Theaetetus was originally published in English in 2004. This translation is published by arrangement with Oxford University Press. Huaxia Publishing House is solely responsible for this translation from the original work and Oxford University Press shall have no liability for any errors, omissions or inaccuracies or ambiguities in such translation or for any losses caused by reliance thereon.

版权所有 翻印必究
北京市版权局著作权合同登记号：图字01-2020-2772号

柏拉图主义的助产士——柏拉图《泰阿泰德》中的显白之辞与言下之意

作　者	[英]赛德利
译　者	郭昊航
责任编辑	李安琴
特邀编辑	朱绿和
责任印制	刘　洋
出版发行	华夏出版社有限公司
经　销	新华书店
印　装	三河市少明印务有限公司
版　次	2020年8月北京第1版 2020年8月北京第1次印刷
开　本	880×1230　1/32
印　张	9.25
字　数	210千字
定　价	68.00元

华夏出版社有限公司　地址：北京市东直门外香河园北里4号　邮编：100028
网址：www.hxph.com.cn　电话：(010)64663331(转)
若发现本版图书有印装质量问题，请与我社营销中心联系调换。

西方传统：经典与解释
Classici et Commentarii
HERMES
刘小枫◎主编

古今丛编

克尔凯郭尔 [美]江思图 著
货币哲学 [德]西美尔 著
孟德斯鸠的自由主义哲学 [美]潘戈 著
莫尔及其乌托邦 [德]考茨基 著
试论古今革命 [法]夏多布里昂 著
但丁：皈依的诗学 [美]弗里切罗 著
在西方的目光下 [英]康拉德 著
大学与博雅教育 董成龙 编
探究哲学与信仰 [美]郝岚 著
民主的本性 [法]马南 著
梅尔维尔的政治哲学 李小均 编/译
席勒美学的哲学背景 [美]维塞尔 著
果戈里与鬼 [俄]梅列日科夫斯基 著
自传性反思 [美]沃格林 著
黑格尔与普世秩序 [美]希克斯 等著
新的方式与制度 [美]曼斯菲尔德 著
科耶夫的新拉丁帝国 [法]科耶夫 等著
《利维坦》附录 [英]霍布斯 著
或此或彼（上、下） [丹麦]基尔克果 著
海德格尔式的现代神学 刘小枫 选编
双重束缚 [法]基拉尔 著
古今之争中的核心问题 [德]迈尔 著
论永恒的智慧 [德]苏索 著
宗教经验种种 [美]詹姆斯 著
尼采反卢梭 [美]凯斯·安塞尔-皮尔逊 著
舍勒思想评述 [美]弗林斯 著
诗与哲学之争 [美]罗森 著
神圣与世俗 [罗]伊利亚德 著
但丁的圣约书 [美]霍金斯 著

古典学丛编

赫西俄德的宇宙 [美]珍妮·施特劳斯·克莱 著
论王政 [古罗马]金嘴狄翁 著
论希罗多德 [古罗马]卢里叶 著
探究希腊人的灵魂 [美]戴维斯 著
尤利安文选 马勇 编/译
论月面 [古罗马]普鲁塔克 著
雅典谐剧与逻各斯 [美]奥里根 著
菜园哲人伊壁鸠鲁 罗晓颖 选编
《劳作与时日》笺释 吴雅凌 撰
希腊古风时期的真理大师 [法]德蒂安 著
古罗马的教育 [英]葛怀恩 著
古典学与现代性 刘小枫 编
表演文化与雅典民主政制
[英]戈尔德希尔、奥斯本 编
西方古典文献学发凡 刘小枫 编
古典语文学常谈 [德]克拉夫特 著
古希腊文学常谈 [英]多佛 等著
撒路斯特与政治史学 刘小枫 编
希罗多德的王霸之辨 吴小锋 编/译
第二代智术师 [英]安德森 著
英雄诗系笺释 [古希腊]荷马 著
统治的热望 [美]福特 著
论埃及神学与哲学 [古希腊]普鲁塔克 著
凯撒的剑与笔 李世祥 编/译
伊壁鸠鲁主义的政治哲学
[意]詹姆斯·尼古拉斯 著
修昔底德笔下的人性 [美]欧文 著
修昔底德笔下的演说 [美]斯塔特 著
古希腊政治理论 [美]格雷纳 著
神谱笺释 吴雅凌 撰
赫西俄德：神话之艺
[法]居代·德·拉孔波 等著
赫拉克勒斯之盾笺释 罗逍然 译笺
《埃涅阿斯纪》章义 王承教 选编
维吉尔的帝国 [美]阿德勒 著
塔西佗的政治史学 曾维术 编

古希腊诗歌丛编
- 古希腊早期诉歌诗人 [英]鲍勒 著
- 诗歌与城邦 [美]费拉格、纳吉 主编
- 阿尔戈英雄纪（上、下）
  [古希腊]阿波罗尼俄斯 著
- 俄耳甫斯教祷歌 吴雅凌 编译
- 俄耳甫斯教辑语 吴雅凌 编译

古希腊肃剧注疏集
- 希腊肃剧与政治哲学 [美]阿伦斯多夫 著

古希腊礼法研究
- 希腊人的正义观 [英]哈夫洛克 著

廊下派集
- 廊下派的苏格拉底 程志敏 徐健 选编
- 廊下派的神和宇宙 [墨]里卡多·萨勒斯 编
- 廊下派的城邦观 [英]斯科菲尔德 著

希伯莱圣经历代注疏
- 希腊化世界中的犹太人 [英]威廉逊 著
- 第一亚当和第二亚当 [德]朋霍费尔 著

新约历代经解
- 属灵的寓意 [古罗马]俄里根 著

基督教与古典传统
- 保罗与马克安 [德]文森 著
- 加尔文与现代政治的基础 [美]汉考克 著
- 无执之道 [德]文森 著
- 恐惧与战栗 [丹麦]基尔克果 著
- 托尔斯泰与陀思妥耶夫斯基
  [俄]梅列日科夫斯基 著
- 论宗教大法官的传说 [俄]罗赞诺夫 著
- 海德格尔与有限性思想（重订版）
  刘小枫 选编
- 上帝国的信息 [德]拉加茨 著
- 基督教理论与现代 [德]特洛尔奇 著
- 亚历山大的克雷芒 [意]塞尔瓦托·利拉 著
- 中世纪的心灵之旅 [意]圣·波纳文图拉 著

德意志古典传统丛编
- 论荷尔德林 [德]沃尔夫冈·宾德尔 著
- 彭忒西勒亚 [德]克莱斯特 著
- 穆佐书简 [奥]里尔克 著
- 纪念苏格拉底——哈曼文选 刘新利 选编
- 夜颂中的革命和宗教 [德]诺瓦利斯 著
- 大革命与诗化小说 [德]诺瓦利斯 著
- 黑格尔的观念论 [美]皮平 著
- 浪漫派风格——施勒格尔批评文集 [德]施勒格尔 著

美国宪政与古典传统
- 美国1787年宪法讲疏 [美]阿纳斯塔普罗 著

世界史与古典传统
- 伊丽莎白时代的世界图景 [英]蒂利亚德 著
- 西方古代的天下观 刘小枫 编
- 从普遍历史到历史主义 刘小枫 编

启蒙研究丛编
- 浪漫的律令 [美]拜泽尔 著
- 现实与理性 [法]科维纲 著
- 论古人的智慧 [英]培根 著
- 托兰德与激进启蒙 刘小枫 编
- 图书馆里的古今之战 [英]斯威夫特 著

政治史学丛编
- 自然科学史与玫瑰 [法]雷比瑟 著

地缘政治学丛编
- 克劳塞维茨之谜 [英]赫伯格-罗特 著
- 太平洋地缘政治学 [德]卡尔·豪斯霍弗 著

荷马注疏集
- 不为人知的奥德修斯 [美]诺特维克 著
- 模仿荷马 [美]丹尼斯·麦克唐纳 著

品达注疏集
- 幽暗的诱惑 [美]汉密尔顿 著

欧里庇得斯集
- 自由与僭越 罗峰 编译

阿里斯托芬集
- 《阿卡奈人》笺释 [古希腊]阿里斯托芬 著

色诺芬注疏集
- 居鲁士的教育 [古希腊]色诺芬 著

色诺芬的《会饮》　[古希腊]色诺芬 著

柏拉图注疏集
立法与德性——柏拉图《法义》发微　林志猛 编
柏拉图的灵魂学　[加]罗宾逊 著
柏拉图书简　彭磊 译注
克力同章句　程志敏 郑兴凤 撰
哲学的奥德赛——《王制》引论　[美]郝兰 著
爱欲与启蒙的迷醉　[美]贝尔格 著
为哲学的写作技艺一辩　[美]伯格 著
柏拉图式的迷宫——《斐多》义疏　[美]伯格 著
哲学如何成为苏格拉底式的　[美]朗佩特 著
苏格拉底与希琵阿斯　王江涛 编译
理想国　[古希腊]柏拉图 著
谁来教育老师　刘小枫 编
立法者的神学　林志猛 编
柏拉图对话中的神　[法]薇依 著
厄庇诺米斯　[古希腊]柏拉图 著
智慧与幸福　程志敏 选编
论柏拉图对话　[德]施莱尔马赫 著
柏拉图《美诺》疏证　[美]克莱因 著
政治哲学的悖论　[美]郝岚 著
神话诗人柏拉图　张文涛 选编
阿尔喀比亚德　[古希腊]柏拉图 著
叙拉古的雅典异乡人　彭磊 选编
阿威罗伊论《王制》　[阿拉伯]阿威罗伊 著
《王制》要义　刘小枫 选编
柏拉图的《会饮》　[古希腊]柏拉图 等著
苏格拉底的申辩（修订版）　[古希腊]柏拉图 著
苏格拉底与政治共同体　[美]尼柯尔斯 著
政制与美德——柏拉图《法义》疏解　[美]潘戈 著
《法义》导读　[法]卡斯代尔·布舒奇 著
论真理的本质　[德]海德格尔 著
哲人的无知　[德]费勃 著
米诺斯　[古希腊]柏拉图 著
情敌　[古希腊]柏拉图 著

亚里士多德注疏集
《诗术》译笺与通绎　陈明珠 撰
亚里士多德《政治学》中的教诲　[美]潘戈 著
品格的技艺　[美]加佛 著
亚里士多德哲学的基本概念　[德]海德格尔 著
《政治学》疏证　[意]托马斯·阿奎那 著
尼各马可伦理学义疏　[美]伯格 著
哲学之诗　[美]戴维斯 著
对亚里士多德的现象学解释　[德]海德格尔 著
城邦与自然——亚里士多德与现代性　刘小枫 编
论诗术中篇义疏　[阿拉伯]阿威罗伊 著
哲学的政治　[美]戴维斯 著

普鲁塔克集
普鲁塔克的《对比列传》　[英]达夫 著
普鲁塔克的实践伦理学　[比利时]胡芙 著

阿尔法拉比集
政治制度与政治箴言　阿尔法拉比 著

马基雅维利集
君主及其战争技艺　娄林 选编

莎士比亚绎读
莎士比亚的历史剧　[英]蒂利亚德 著
莎士比亚戏剧与政治哲学　彭磊 选编
莎士比亚的政治盛典　[美]阿鲁里斯/苏利文 编
丹麦王子与马基雅维利　罗峰 选编

洛克集
上帝、洛克与平等　[美]沃尔德伦 著

卢梭集
论哲学生活的幸福　[德]迈尔 著
致博蒙书　[法]卢梭 著
政治制度论　[法]卢梭 著
哲学的自传　[美]戴维斯 著
文学与道德杂篇　[法]卢梭 著
设计论证　[美]吉尔丁 著
卢梭的自然状态　[美]普拉特纳 等著
卢梭的榜样人生　[美]凯利 著

莱辛注疏集

汉堡剧评 [德]莱辛 著
关于悲剧的通信 [德]莱辛 著
《智者纳坦》（研究版） [德]莱辛 等著
启蒙运动的内在问题 [美]维塞尔 著
莱辛剧作七种 [德]莱辛 著
历史与启示——莱辛神学文选 [德]莱辛 著
论人类的教育 [德]莱辛 著

尼采注疏集

何为尼采的扎拉图斯特拉 [德]迈尔 著
尼采引论 [德]施特格迈尔 著
尼采与基督教 刘小枫 编
尼采眼中的苏格拉底 [美]丹豪瑟 著
尼采的使命 [美]朗佩特 著
尼采与现时代 [美]朗佩特 著
动物与超人之间的绳索 [德]A.彼珀 著

施特劳斯集

论僭政（重订本） [美]施特劳斯 [法]科耶夫 著
苏格拉底问题与现代性（增订本）
犹太哲人与启蒙（增订本）
霍布斯的宗教批判
斯宾诺莎的宗教批判
门德尔松与莱辛
哲学与律法——论迈蒙尼德及其先驱
迫害与写作艺术
柏拉图式政治哲学研究
论柏拉图的《会饮》
柏拉图《法义》的论辩与情节
什么是政治哲学
古典政治理性主义的重生（重订本）
回归古典政治哲学——施特劳斯通信集
苏格拉底与阿里斯托芬

***

施特劳斯的持久重要性 [美]朗佩特 著
论源初遗忘 [美]维克利 著

政治哲学与启示宗教的挑战 [德]迈尔 著
阅读施特劳斯 [美]斯密什 著
施特劳斯与流亡政治学 [美]谢帕德 著
隐匿的对话 [德]迈尔 著
驯服欲望 [法]科耶夫 等著

施米特集

宪法专政 [美]罗斯托 著
施米特对自由主义的批判 [美]约翰·麦考米克 著

伯纳德特集

古典诗学之路（第二版） [美]伯格 编
弓与琴（重订本） [美]伯纳德特 著
神圣的罪业 [美]伯纳德特 著

布鲁姆集

巨人与侏儒（1960-1990）
人应该如何生活——柏拉图《王制》释义
爱的设计——卢梭与浪漫派
爱的戏剧——莎士比亚与自然
爱的阶梯——柏拉图的《会饮》
伊索克拉底的政治哲学

沃格林集

自传体反思录 [美]沃格林 著

大学素质教育读本

古典诗文绎读 西学卷·古代编（上、下）
古典诗文绎读 西学卷·现代编（上、下）

中国传统：经典与解释
Classici et Commentarii
经典与解释
刘小枫 陈少明◎主编

《孔丛子》训读及研究 /雷欣翰 撰
论语说义 /[清]宋翔凤 撰
周易古经注解考辨 /李炳海 著
浮山文集 /[明]方以智 著
药地炮庄 /[明]方以智 著
药地炮庄笺释·总论篇 /[明]方以智 著

青原志略 / [明]方以智 编
冬灰录 / [明]方以智 著
冬炼三时传旧火 / 邢益海 编
《毛诗》郑王比义发微 / 史应勇 著
宋人经筵诗讲义四种 / [宋]张纲 等撰
道德真经藏室纂微篇 / [宋]陈景元 撰
道德真经四子古道集解 / [金]寇才质 撰
皇清经解提要 / [清]沈豫 撰
经学通论 / [清]皮锡瑞 著
松阳讲义 / [清]陆陇其 著
起凤书院答问 / [清]姚永朴 撰
周礼疑义辨证 / 陈衍 撰
《铎书》校注 / 孙尚扬 肖清和 等校注
韩愈志 / 钱基博 著
论语辑释 / 陈大齐 著
《庄子·天下篇》注疏四种 / 张丰乾 编
荀子的辩说 / 陈文洁 著
古学经子 / 王锦民 著
经学以自治 / 刘少虎 著
从公羊学论《春秋》的性质 / 阮芝生 撰

现代人及其敌人
海德格尔与中国
共和与经纶
现代性与现代中国
现代性社会理论绪论
诗化哲学 [重订本]
拯救与逍遥 [修订本]
走向十字架上的真
西学断章

编修 [博雅读本]
凯若斯：古希腊语文读本 [全二册]
古希腊语文学述要
雅努斯：古典拉丁语文读本
古典拉丁语文学述要
危微精一：政治法学原理九讲
琴瑟友之：钢琴与古典乐色十讲

译著
普罗塔戈拉（详注本）
柏拉图四书

刘小枫集

民主与政治德性
昭告幽微
以美为鉴
古典学与古今之争 [增订本]
这一代人的怕和爱 [第三版]
沉重的肉身 [珍藏版]
圣灵降临的叙事 [增订本]
罪与欠
儒教与民族国家
拣尽寒枝
施特劳斯的路标
重启古典诗学
设计共和

经典与解释辑刊

1 柏拉图的哲学戏剧
2 经典与解释的张力
3 康德与启蒙
4 荷尔德林的新神话
5 古典传统与自由教育
6 卢梭的苏格拉底主义
7 赫尔墨斯的计谋
8 苏格拉底问题
9 美德可教吗
10 马基雅维利的喜剧
11 回想托克维尔
12 阅读的德性
13 色诺芬的品味
14 政治哲学中的摩西
15 诗学解诂
16 柏拉图的真伪
17 修昔底德的春秋笔法
18 血气与政治
19 索福克勒斯与雅典启蒙
20 犹太教中的柏拉图门徒
21 莎士比亚笔下的王者
22 政治哲学中的莎士比亚
23 政治生活的限度与满足
24 雅典民主的谐剧
25 维柯与古今之争
26 霍布斯的修辞
27 埃斯库罗斯的神义论
28 施莱尔马赫的柏拉图
29 奥林匹亚的荣耀
30 笛卡尔的精灵
31 柏拉图与天人政治
32 海德格尔的政治时刻
33 荷马笔下的伦理
34 格劳秀斯与国际正义
35 西塞罗的苏格拉底
36 基尔克果的苏格拉底
37 《理想国》的内与外
38 诗艺与政治
39 律法与政治哲学
40 古今之间的但丁
41 拉伯雷与赫尔墨斯秘学
42 柏拉图与古典乐教
43 孟德斯鸠论政制衰败
44 博丹论主权
45 道伯与比较古典学
46 伊索寓言中的伦理
47 斯威夫特与启蒙
48 赫西俄德的世界
49 洛克的自然法辩难
50 斯宾格勒与西方的没落
51 地缘政治学的历史片段
52 施米特论战争与政治
53 普鲁塔克与罗马政治
54 罗马的建国叙述
55 亚历山大与西方的大一统
56 马西利乌斯的帝国